国家社科基金项目"民工荒视域下的新生代农民工价值观研究"（12

李贵成 ◎ 著

民工荒视域下的
新生代农民工价值观研究

Research on the Values of Migrant Workers of New Generation from
the Perspective of Migrant Workers Shortage

科学出版社
北京

内 容 简 介

本书运用社会学理论，在对"民工荒"研究的基础上，通过实证调查的方法，深入研究新生代农民工价值观现状、主要特征及产生的原因，有目的地探寻与关怀新生代农民工融入城市中的困境与苦痛，揭示他们与当下社会的物质与精神断层。同时在弥合和消解冲突的研究前提下，营造使他们"消解"负面价值诉求的环境。本书就新生代农民工的价值观教育如何融入社会主流教育体系，提出制度上和环境上的解决方法，以最终重新铸就新生代农民工的文化性格和价值观念，切实解决他们在生存与发展中面临的问题，破解"民工荒"难题。

本书适合各级党政干部、相关领域研究者阅读，同时也对关注"民工荒"问题的其他读者具有参考价值。

图书在版编目（CIP）数据

民工荒视域下的新生代农民工价值观研究 / 李贵成著. —北京：科学出版社，2016.10
ISBN 978-7-03-050315-2

Ⅰ.①民… Ⅱ.①李… Ⅲ.①民工-价值论-研究-中国 Ⅳ.①D422.62

中国版本图书馆 CIP 数据核字（2016）第 258093 号

责任编辑：孙文影　南一荻 / 责任校对：刘亚琦
责任印制：张欣秀 / 封面设计：楠竹文化
联系电话：010-64033934
E-mail: edu-psy@mail.sciencep.com

科 学 出 版 社 出版
北京东黄城根北街 16 号
邮政编码：100717
http://www.sciencep.com
北京京华虎彩印刷有限公司 印刷
科学出版社发行　各地新华书店经销
*
2016 年 11 月第 一 版　　开本：720×1000　B5
2016 年 11 月第一次印刷　　印张：17 1/2
字数：315 000
定价：88.00 元
（如有印装质量问题，我社负责调换）

前 言 Preface

　　1956 年社会主义改造完成后，城乡隔离的二元经济结构逐步形成。在此结构下，农村劳动力的流动被严格限制，农村人口众多，耕地相对较少，劳动力资源严重浪费，再加上农村经济体制存在的弊端影响了农民积极性的发挥，导致农业生产率低下。党的十一届三中全会以后，以家庭联产承包责任制为主线的农村经济体制改革调动了农民的生产积极性和主动性，促进了农业生产的发展，为农村剩余劳动力的流动提供了物质基础和推动力。

　　随着改革的深入，乡镇企业异军突起，走出了一条农村工业化道路，吸纳了大量的农村剩余劳动力。同时，由于政策的变化，严格的户籍制度开始有所松动，农民外出务工的欲望渐渐变得强烈。20 世纪 80 年代末期我国出现了"民工潮"。1992 年，邓小平同志的"南方谈话"及十四大提出建立社会主义市场经济体制，解放了人们的思想，促进了改革的深入。在农村，由于农业生产率的提高，农村劳动力出现大量剩余，人多地少的矛盾凸显。与此同时，高速发展的城市对廉价劳动力的需求激增，于是大量的农村剩余劳动力纷纷涌向东南沿海经济发达地区，掀起了新一轮的外出浪潮。"民工潮"成为媒体关注的焦点。20 世纪 90 年代中后期，由于非公有制经济飞速发展，珠三角、闽东南、浙东南和长三角地区的劳动密集型企业吸纳了大量农民工。据统计，农民工人数逐年递增。

　　从"民工潮"到"民工荒"，无论是在理论上还是实践上，都已成为我国经济社会发展中一个不容忽视的重大政治和社会课题，成为一种新的经济、社会现象。

　　"民工荒"已经不是新问题，其出现的真正缘由是什么，目前尚无定论，而笔者认为，"民工荒"的真正缘由与新生代农民工价值观的变化密切相关。

一项最新发布的调研报告显示①，"80 后""90 后"农民工目前是打工的主力军，新生代农民工占到了全国农民工总数的 61%。和上一代农民工相比，新生代农民工的价值观呈现出如下鲜明的特征。

1）自我发展意识增强，注重身份、地位的提升。老一代农民工进行的是一种地理上的"迁移流动"，外出就业的主要目的是"挣票子、盖房子、娶妻子、生孩子"，属于"生存型"务工方式。然而，新生代农民工所进行的则是一种"社会流动"，需要层次由生存型向发展型转变，不再把自己当作赚钱工具，追求的是身份和地位的提升，更多地把进城务工看作谋求发展的途径。用他们的话说，就是"体验生活、实现梦想"，把个人的成长与发展看得比"饭碗"更重要。具体表现为：①是创业意识增强。与老一代农民工相比较，新生代农民工的创业意识有了长足的进步，带有"闯天下，寻发展"的目的，也想逐渐从打工仔转变为"创业者"。2010 年 5 月，全国总工会进行的一项调查显示，对于"未来的发展"，新生代农民工中有 27%选择了"做小生意或创办企业"，高于老一代农民工近 10 个百分点。②重视学习和培训。在新生代农民工看来，有一门技能就等于有了金饭碗，而有了"人有我优"的现代技能，就等于给自己的跨越式发展搭好了上升阶梯。因此，在新生代农民工中出现了从老一代农民工"有工就打、有活就干"向"学技术、重发展"的积极转变。有条件的新生代农民工不满足于永远在流水线上干，开始去自考、上夜校和参加劳动培训，力争掌握真实本领，不断地充实自我、完善自身。③职业期望蓝领化。新生代农民工中的多数人不满足于做城市建筑工地的普工、做城市人不愿意做的脏活累活、靠打零工赚取血汗钱求生存；他们偏向于劳动环境和就业条件更好的行业，做有技术、有专业的蓝领工人；他们渴望到公司从事较稳定、较轻松的管理工作。

2）市民化意识增强，身份认同城市化。美国人类文化学家英格尔斯（A. Inkeles）在指明人的现代化的重要意义时指出："现代工业的程序设计体现了一系列现代行为准则，因而是培养现代人的最佳摇篮。广而言之，现代经济、政治和社会文化生活的实践，是造就现代人的土壤，我们应该全面正确地理解这种在现代化过程中人与物之间的辩证关系。"②此话表明，都市经验是个人现代性最有力的影响因素之一。新生代农民工平均年龄在 23 岁左右，近 80%未婚，对精神、情感和家庭归宿有更强的需求，不愿承受夫妻分居之情感孤寂，不愿重复"留守儿童""流动儿童"之亲情困惑，期望在城市建立新生社会网络，解决从恋爱、结婚、生育到子女上学等一系列人生问题，与更多的"当地人""城

---

① 杨前蓉. 2012. 新生代农民工就业问题及解决对策. 行政科学论坛，26（3）：13-15.
② 英格尔斯. 1985. 人的现代化——心理·思想·态度·行为. 殷陆君译. 成都：四川人民出版社：89.

市人"'"企业人"交往互动，增进相互之间的尊重和认可。尽管目前城市的管理、服务与新生代农民工的实际需要相差甚远，但是城市的"向心力"日益增强。这使得新生代农民工的思维方式和行为方式均以城市为坐标，渴望"市民"的身份认同及社会融合，渴望得到市民待遇，获得尊重、认可与接纳，且在潜意识里想"抛弃"农村。他们更倾向于把自己定位为城市人，希望拥有和城市人一样的户口、社保、住房、教育、医疗，能够和城市人一样过"体面的生活"。全国总工会的调查显示，89.4%的人基本不会农活，仅1.4%的人未来愿回乡务农，超过一半的新生代农民工愿在城市留下来。

3）维权意识增强，追求社会平等化。近年来，农民工的维权意识和维权方式都发生了较大变化。老一代农民工自我维权意识较弱，维权能力不高，权利被侵犯时往往采取忍气吞声或被动恳求的方式解决。然而，新生代农民工比上一代有更强的平等意识和维权意识，对获得平等的就业权、劳动和社会保障权、教育和发展权、政治参与权、话语表达权，以及基本公共服务权等方面，都比父辈有更高的期待，并表现出维权态度由被动表达向积极主张的转变。他们期待的不仅是外表的"进城"、一个饭碗，而是与他们切身利益相关的政治、经济和社会权利。他们要求优化他们成长的社会环境，在受教育权、生存权、发展权、参与权上得到和城市人一样的权利，按照学者的描述是享有"国民待遇"。近年来沿海地区出现的"民工荒"和"用脚投票"现象正是新生代农民工维权意识提高的有力表现。正如在郑州富士康工作的"80后"女工何某所说："作为新生代农民工，我们法律意识更强，不会逆来顺受，一样可以向老板提出自己的意见和想法。我觉得我的工作内容增多了，负担也比过去重，在春节前，我就和公司领导提出要加工资，这是我应得的报酬。领导虽然是我们的上级，但在工作中我们是合作的关系，不是强制命令。我这样做不只是为了钱，很大程度上是在告诉人们要懂得尊重我们这些新生代农民工。"由此可以说，新生代农民工维权意识的提高既是改革开放政策和国家意识形态塑造的结果，也是新生代农民工自我塑造和自我适应的结果。

4）功利意识增强，缺乏吃苦耐劳精神。马克思曾经说过："历史不过是追求着自己目的的人的活动而已。"身处经济、政治和文化高度发达并呈现出多元景象的城市之中，在城市物质精神高消费的熏陶下，新生代农民工在价值选择上趋向功利，表现出对金钱的渴望、对享受的追求。某些新生代农民工漠视集体、企业和国家的利益，只关注自己的利益，不出义务工、不主动纳税，权利与义务严重失衡。一些新生代农民工缺乏诚实守信的商业道德，偷税漏税，制假售假，利用虚假广告进行欺诈，欺骗消费者和其他经营者，获取非法利益。

有的新生代农民工为了满足贪欲，不惜牺牲个人的尊严，有的甚至因此而走上了犯罪的道路。同时，还要看到，新生代农民工生长在较为优越的环境中，从来没有接触过农业生产劳动，缺少艰苦锻炼的机会，属于"从校门到校门"的一代，心理预期高于父辈，耐受能力和吃苦精神却低于父辈。他们对工作岗位比较挑剔，怕吃苦，常常不能踏实工作。新生代农民工敬业精神差，且职业流动率较高，即使能够做到"敬业"，许多人也常常因为生活、生产环境不符合意愿或工作时间太长、劳动强度太大而频繁跳槽。

5）过客意识增强，对城市抱有冷漠态度。多数新生代农民工都已完全脱离农业生产，对农村生产方式不适应，不再带有"亦工亦农"的兼业色彩，在传统乡土社会中处于边缘位置；同时，新生代农民工生活在城市，不想只做城市的过客，他们渴望融入城市。而现实是，城市还没有完全做好接纳他们的准备：新生代农民工在户籍制度、就业培训、社会保障、子女入学等方面仍然面临诸多门槛，位于城市的底层。因此，他们在城乡之间都难以找到让他们心里踏实的落脚点，在城乡两端都处于某种边缘化状态。先赋性因素先天缺失，后致性因素后天流失。处于底层的新生代农民工由于融城的愿望难以实现，在城市得不到认同感，很多时候迷茫、彷徨、愤慨、无助、仇视、向往与长期遭受的歧视、轻视、鄙夷混合在一起，形成了新生代农民工复杂的人格和思维状态。这种感受极易使新生代农民工产生复杂的城市过客的不平心理，并对城市社会采取一种冷漠的态度。这种心理状况如果不能正确、及时地加以引导，势必会将这些新生代农民工置于社会正常秩序与制度之外，促使他们产生强烈的被剥夺感，并出现非社会性的或反社会性的行为。这种结局不仅给新生代农民工自身带来伤害，同时也会给社会带来安全隐患。

6）消费意识增强，生活方式多元化。受社会历史、生活环境、教育状况及文化程度等因素的影响，新生代农民工与老一代农民工在消费观方面存在着明显的区别。一是消费结构从简单转向复杂。老一代农民工是简单的食物和衣物消费支出，能温饱就行。现在，新生代农民工的消费结构发生了变化，对提高生活品位的专项消费（手机、上网、MP3）需求日益增加。二是消费工具从传统转向现代。过去，农民工用现金形式购买需要的东西。现在，不少新生代农民工的消费模式也日趋现代化，网上银行、手机银行、刷卡消费等先进的消费理念已经被他们接受。三是消费心理从传统转向前卫。老一代农民工在消费上一般不与城里人比，而是与没进城的乡亲们比，消费心理属于传统型的。然而，新生代农民工更乐于在衣食住行等各方面和城里人看齐，消费心理开始转向前卫，表现为对高档商品和时尚商品的消费有较强的渴求，休闲消费等已经进入了他们的视野甚至列入消费计划。新生代农民工在消费意识增强的同时，生活方式也日益多元化。与老一代农民工"白天机器人、晚上木头人"的单调灰暗生活相比，新生代农民工追寻多彩的娱乐生活，泡网吧、下迪厅、染头发、穿时髦服装。中山大学"农民工权益保护理论与实践研究"课题组的调查数据显示，"80后"农民工用于通讯、请客送礼、服装和文化娱乐等方面的费用分别是"80前"农民工的 1.2 倍、1.7 倍、1.8 倍和 2.2 倍。同时，"80后"的月工资却只有"80前"的 96%。①

由此可见，新生代农民工新的价值观加剧了"民工荒"。对于新生代农民工而言，仅靠工资的些许提高已经很难打动他们。因为他们比上一代农民工更珍惜自己的权利，养老、医疗等社会保障问题在他们眼里已经不再是可有可无的事情。劳动力本身的素质和要求显然有了大大的进步，而一些招工企业还未能适应新生代农民工不断变化的就业诉求。在新一轮"民工荒"中，这一重要因素绝对不可忽视。从这个角度来看，仅仅提高工人工资并非万能之策，从各方面完善当前的用工制度、保障农民工的种种权益才是解决"民工荒"的根本之举。

新生代农民工对现状的不满可以化为改革的动力，而社会为满足他们的发展诉求所做的种种努力，也会推动我们这个国家不断走向进步。

因此，本书的研究将有助于新生代农民工重新铸就新的文化性格，做好职业生涯规划，引导新生代农民工树立正确的择业价值观；有助于揭示制约当前新生代农民工理性择业的价值观方面的深层次原因，为政府有关部门提供一套关于促进新生代农民工理性择业、破解"民工荒"的咨询方案。同时，本书有目的地关怀与探寻新生代农民工在融入城市意识形态中的困境与苦痛，揭示他们与当下社会的物质与精神断层，在弥合和消解冲突的研究前提下，营造使他们"消解"负面价值诉求的环境，本书就新生代农民工价值观教育在内容、体系、方式与方法方面如何融入社会主流教育体系，提出了在制度上和环境上的解决方法，切实解决他们在生存与发展中面临的问题，最终有助于新生代农民工切实提升就业质量，实现构建社会主义和谐社会的宏伟目标。

本书按照发现问题、分析问题及解决问题的思路，从"民工荒"的角度来分析当前新生代农民工价值观出现的变化及原因，并提出新生代农民工价值观的引导对策。本书主要分为以下几部分。

第一章，绪论。主要介绍研究背景及意义，并综述了国内外关于新生代农民工价值观、"民工潮"及"民工荒"的研究成果。

① 梁宏. 2013. 生存还是发展，利益还是权利？新生代农民工集体行动意愿的影响因素分析. 中国农村观察，(2)：49.

　　第二章，核心概念和理论基础。其中，核心概念主要介绍"民工荒""民工潮"、农民工、新生代农民工及其价值观等；而理论基础部分则主要包括刘易斯（W. A. Lewis）模型、马斯洛的需要层次理论、"半城镇化"理论、推拉理论、"用脚投票"理论、人的全面发展理论及社会化理论等内容。

　　第三章主要分析"民工潮"和"民工荒"问题。关于"民工潮"，本书主要从近代以来"民工潮"的产生、新中国成立后"民工潮"的形成、主要特征、形成原因及影响等方面来研究；关于"民工荒"，本书主要从"民工荒"的产生、形成原因及影响等方面来研究。

　　第四章主要是关于新生代农民工价值观现状、主要特征及原因分析等内容。新生代农民工价值观现状主要包括政治价值观、道德价值观、闲暇价值观、消费价值观、职业价值观、婚恋价值观及自我价值观现状七个方面；关于新生代农民工价值观现状的主要特征，一是价值观矛盾的多样性，二是价值观冲突的潜在性，三是价值观塑造的可能性；关于新生代农民工价值观现状的原因分析，笔者则主要分析了制度的宏观影响、社会急剧转型的价值震荡、企业因素的制约、职业教育与就业培训的缺位、市场经济的价值误区和新生代农民工主体的内在作用等方面。

　　第五章是对新生代农民工价值观引导对策的研究成果。

目 录 Contents

第一章

绪　论

第一节　研究问题

一、问题提出

1984年1月，中共中央发布《关于1984年农村工作的通知》[①]，取消对农民非农就业权利的限制，允许具备条件的农民进入城镇从事第二、第三产业，鼓励和支持农村劳动力的地区交流，打破了"离土不离乡，进厂不进城"的限制。农村剩余劳动力纷纷进入城市，最终涌动成潮。

"民工潮"伴随着工业化和城市化而产生，它突破了数十年牢不可破的城乡二元分割制度，是中国现代社会发展史上的一个重大事件，是当代中国突出的社会问题和经济问题之一。"民工潮"导致劳动力在地域、城乡发展及社会转型上都有所变化，反映出中国数量庞大的农民群体的社会流动轨迹。"民工潮"折射出传统的农业大国向工业化迈进的历程，使我国城乡关系出现新的变化，对整个社会结构产生革命性的影响，社会利益群体之间产生了新的矛盾与摩擦。正是从这个意义上来讲，"民工潮"是一个社会学色彩极浓的概念，不再是一个纯经济学意义上的称谓。

正当企业陶醉于农民工的无限供给时，从2003年起，一种被媒体称为"民工荒"的现象开始在东南沿海部分地区出现。更令人难以理解的是，不仅东南沿海地区的企业出现了招工难，就连一些一贯是农民工输出地的内陆省份也不同程度地出现了"民工荒"，民工短缺现象开始在全国范围内出现。无数的空缺

---

① 1984年中央1号文件：关于1984年农村工作的通知. 中国经济网. http://www.ce.cn/cysc/ztpd/08/ncgg/ngr/200809/24/t20080924_16903356_1.shtml［2016-10-25］.

岗位与巨大的农村剩余劳动力之间出现了断裂，这一奇怪的现象一时间成为社会的热门话题。

2008年，由于受美国金融危机的影响，我国大量农民工返乡。后来，虽然我国金融危机得到了缓解，但金融危机时各个企业的大量裁员现象对农民工造成了很大的伤害。这就使得很多农民不愿意在经济恢复时再次回到沿海地区的企业去工作。很多农民选择在家乡附近就业，甚至是回乡创业，这就使得"民工荒"现象并未随着经济的发展而得到很好的解决。

随着我国经济的不断发展，"民工荒"现象进一步蔓延。很多学科的专家和政府部门开始对愈演愈烈的"民工荒"现象进行研究，可谓仁者见仁、智者见智。主要观点包括：①"刘易斯拐点"论，认为中国已经进入劳动力过剩向劳动力短缺转折点的时代，"民工荒"的出现表明中国已经进入了"刘易斯拐点"；②工资低且被拖欠严重是"民工荒"的瓶颈；③"民工荒"是在市场调节失灵、政府管理缺位和政策错误导向下产生的；④农民工的素质技能不能满足产业结构调整和升级的需要，等等。

"民工荒"现象在一定程度上说明，越来越多的农民工的权益意识在全面觉醒，他们"饥不择食"找工作的时代将逐渐消失；从生存理性向经济理性和社会理性过渡是农民外出就业时理性选择和跃迁的鲜明体现。

然而，无论是"民工潮"还是"民工荒"，对于农民工群体而言都是劳动力资源的社会流动。农民工为什么会在流动过程中选择拒绝返城，从而引发了很多企业甚至是社会的恐慌？在这种流动的背后，他们到底遇到了什么困境和阻碍，内心有着怎样的挣扎与困惑，导致了"民工荒"的形成？这才是需要真正研究的地方。可以说，在这种社会流动过程中，既有经济规律在起作用，也有社会规律在起作用。

当今的农民工已不再是一个高度同质的群体，新生代农民工逐渐成为农民工群体的主体，占农民工总数的60%以上。

"价值观是人们判定某种行为、事物的好坏、善恶、对错以及是否有价值或价值大小的看法和根本观点。价值观内容结构上分为三个领域：真假、善恶、美丑。"①新生代农民工受教育程度高，求职期望值较高，在工作中有较强的主体意识和进取精神。作为从农民工中分化出来的新群体，新生代农民工的价值观和老一代农民工相比，亦存在着明显的区别，具有鲜明的代际特征。他们更加注重对自身权利的维护，当权益无法满足时，他们便选择"用脚投票"的方

---

① 魏英敏. 2000. 新伦理学教程. 北京：北京大学出版社：1.

式离开。

二、研究意义

新生代农民工是在改革开放下成长起来的新一代群体，他们大量地从农村涌入城市，已经成为中国生产制造业一线工人的替代者。温家宝同志曾说：要像对待自己的孩子一样对待年轻的农民工。[①] 李克强同志也说：要让农民工生活有希望，奋斗有回报。[②] 新生代农民工目前在价值观上表现出有别于传统农民工的新特征、新诉求和新问题，并直接决定着我国经济、政治和社会的稳定与发展。

因此，本书的研究将有助于新生代农民工铸就新的文化性格、做好职业生涯规划，引导新生代农民工树立正确的择业价值观；有助于揭示制约当前新生代农民工理性择业的价值观方面的深层次原因，为政府有关部门提供一套关于促进新生代农民工理性择业、破解"民工荒"难题的咨询方案。同时，本书有目的地关怀与探寻新生代农民工在融入城市意识生态中的困境与苦痛，揭示他们与当下社会的物质与精神断层，在弥合和消解冲突的研究前提下，营造使他们"消解"负面价值诉求的环境，就新生代农民工价值观教育的内容、体系、方式与方法如何融入社会主流教育体系，提出制度上和环境上的解决方法，切实解决他们生存与发展面临的问题，最终将有助于新生代农民工切实提升就业质量，实现构建社会主义和谐社会的宏伟目标。

三、研究假设

根据上文所述，结合现阶段新生代农民工的实际情况，本书提出以下研究假设。

假设一：由于宏观制度，如城乡二元制度、社会保障制度、政治参与制度等的不完善，新生代农民工无法完全融入城市；因为长期远离农村，新生代农民工也不能成为纯粹的农民，从而导致新生代农民工价值观具有多样性、矛盾性。

假设二：市场经济的逐利性使得新生代农民工的行为取向具有功利性，而新生代农民工自我意识的觉醒则使得新生代农民工在理想与现实、个人与社会中产生冲突，这就导致新生代农民工的价值观具有冲突性。

---

① 政府应像对待自己的孩子一样对待年轻农民工. 新浪网. http://news.sina.com.cn/o/2010-06-15/025917658340s.shtml［2016-10-25］.

② 让农民工生活有希望奋斗有回报. 中国政府网. http://www.gov.cn/xinwen/2015-01/07/content_2801543.htm［2016-10-25］.

假设三：社会结构的急剧转型带来的思想多元化及各种社会冲突，新生代农民工接触的价值观念多元化，使得新生代农民工的价值观念具有多样性、可塑性。

假设四：宏观制度、社会转型及新生代农民工的自我意识觉醒共同影响着新生代农民工的价值观。

第二节　相 关 研 究

一、国外相关研究

农村劳动力向城市流动和迁移是西方发达国家大多都经历过的一个过程，因此，对农村劳动力流动的相关研究理论和成果，西方学者有很多，并形成了较为完整的体系。

自古代城市雏形产生之日起，国外学者对劳动力转移的思考和研究就已经存在了。古希腊思想家色诺芬（Xenophon，约公元前 430—前 354 年）就谈到了富有的外国人到雅典定居可能对雅典经济和社会带来影响的问题。实际上，色诺芬在这里就涉及了人口转移给城市发展带来的经济和社会意义。不过，色诺芬所提及的移民主要是以富有的人为主。

经济学作为一门独立的科学在 16 世纪资本主义时代开始后出现，关于剩余劳动力转移的理论也随之发生了重大改革。例如，马克思在《资本论》中有许多关于农业剩余劳动力转移问题的重要论述，为我们探索农业剩余劳动力问题提供了理论原则。他认为，不同的人分别从事不同的物质和精神活动皆缘于社会分工的不同，从而也就有了人口流动的需要。列宁认为劳动力流动的动因是社会分工和生产社会化。他认为，城乡经济差异是造成城乡人口流动的经济原因，而社会分工和劳动社会化对人口流动的形成起着决定性的作用。

然而，英国统计学家雷文斯坦（E. Ravenstien）认为人口迁移与技术发展紧密相关（田川，2016）。他对比了英国 1871 年和 1881 年的人口普查资料，提出了在历史上十分著名的移民七法则。移民七法则的主要内容是：一是长距离的流动基本上是向大城市的流动；二是流动的人口在迁居到城镇里面之前，要先迁居到城镇的周围地带；三是人口迁移从农村向城市集中是全国各地人口迁移具有的相似的流动特征；四是补偿的反向流动是在每一次大的人口迁移后带来的效果；五是城市居民流动率低，而农村居民流动率高；六是男性流动率要低于女性；七是扩散过程与正好吸引和展示相同特征的过程相反。[①]雷文斯坦的移民法则包含了移民动因的复杂性，但这些动因都比不上人们为追求物质生活条件的改善而产生的迁移动力。

雷文斯坦的人口迁移观点被后人视为开启人口转移推拉理论之先河。因此，雷文斯坦是最早对人口迁移进行开创性研究的学者。雷文斯坦将移民去向和来源分为吸引（absorption）中心和离散（dispersion）中心两个重要的方面。雷文斯坦认为迁移的流动意味着生存和进步。

近代，英国古典政治经济学创始人、统计学家威廉·配第（William Petty）和英国经济学家科林·克拉克（Colin Clark）在雷文斯坦的人口迁移观点的基础上提出了剩余劳动力会伴随产业升级而转移的观点。后人把配第和克拉克的发现称为配第-克拉克定理。（晏智杰，2006）

然而，美国经济学家库兹涅茨（S. S. Kuznets）认为美国经济增长波动的节律是由人口变动中的国外移民的迁入引起的，而劳动力增长和就业机会之间必然产生矛盾。他在1971年出版的《各国经济增长》一书中将经济活动中的被动与相应的移民波动联系起来。他指出，人口是经济活动的主要决定因素，就业机会和劳动力增长的不平衡必然会造成大量国内移民的产生。（吴勇民，2006）

唐纳德·博格（Donald Bogue）则在继承雷文斯坦等前辈学者思想的基础上，将推拉理论进一步系统化。唐纳德·博格认为：从运动学的观点来看，人口流动是由两种不同方向的力量作用的结果。在劳动力迁出地存在着一种把原居民推出其常居住地并起着主导作用的推力。但需要指出的是，在迁出地存在着人口转移推力的同时，在劳动力的迁入地也有一种占主导作用的拉力，如家人团聚的快乐、较高的经济收入水平、熟悉的社区环境及在农村熟人社会中建立起来的人际关系网络等。农村剩余劳动力总是在"推力"和"拉力"正负效益权衡中做出是否转移的决定。但相比较而言，"拉力"比"推力"更大，占有主导地位。（马雪鸿，2012）

关于劳动力迁移问题，美国芝加哥学派经济学家西奥多·舒尔茨（Theodore W. Schultz）提出了成本-收益理论（李珊，2009）。成本—收益理论将收益定义为迁移者预期到迁入地会取得比现在多的收益，因此劳动力迁移可以被看作一种带来某种经济收益的投资行为。成本-收益理论认为，劳动力在产业间或地区间的转移只有在迁移的预期收益大于迁移成本时才会发生。

---

① 魏津生. 1990. 八十年代中国镇人口增长趋势和镇人口迁入及其决定因素——两种人口转移的历史性汇合. 中国人口科学，（3）：34.

新迁移理论则对劳动力迁移问题作了进一步的深入地研究。新迁移理论的代表经济学家斯塔克（Stark）认为，三个因素决定了农村劳动力的流动或迁移。一是"风险转移"因素（王晓波，2012）。农产品价格的波动会给家庭收入带来不稳定性。为了规避这种不稳定性带来的风险，家庭就会决定让其部分成员外出打工或迁移，以减少家庭对农业收入来源的唯一依赖性。二是"相对剥夺"因素。一般而言，家庭在做出其成员外出打工或迁移的决策时会有一个相对的参照物，这个参照物就是本地区人群的收入水平。家庭会拿这个参照物来进行对比，而不会仅仅考虑绝对预期收入水平。所以，当自家的收入水平不及本地区的参照人群时，他仍然有种相对剥夺的感觉并且决定迁移以获得更高的收入。三是"经济约束"因素。资金约束、技术约束和其他经济信息约束等是在发展中国家许多农村家庭面临的发展羁绊。于是，为获得家庭生产发展所必需的资金、技术和信息，一些家庭决定部分成员外出打工或迁移，以期突破这些家庭发展的制约因素。[①]

二、国内相关研究

（一）关于民工荒的研究综述

自 2004 年出现"民工荒"问题以来，国内许多专家和学者从不同的学科领域对"民工荒"现象进行了大量研究。

1. 对"民工荒"成因的研究

（1）理性选择说

简新华和张建伟（2005）对造成"民工荒"的主要原因进行了认真的分析。他们认为企业用工不规范是造成"民工荒"的主要原因。一些企业由于过度追求利润的需要，给农民工的工资极低，而且还经常会以种种借口加以拖欠。另外，农民工的工作环境极差，人身安全、个人尊严等均得不到保障。不过，随着新生代农民工的法律意识逐渐增强，他们越来越懂得通过法律的途径来维护自己的合法权益。

梁雄军、林云和邵丹萍（2007）认为，农村劳动力跨地区的"二次流动"是"民工荒"产生的一个重要原因。事实上，劳动力的"二次流动"是农民工维护自身权益的举措，即当地的条件不足以留住农民工，在农民工的二次选择下被抛弃。

---

① 转引自：王晓波. 2012. 中国农村劳动力流动的"民工荒"现象分析. 黑龙江大学硕士学位论文：4.

张兴祥（2007）从博弈论角度分析，认为在工会缺位的前提下，理性的工人总是选择"不谈判"。因为工人之间存在着"搭便车"现象，即等待别的工人跟雇主谈判；在不存在"搭便车"现象时，谈判的结果往往取决于雇主的决定。在工人与雇主的谈判博弈中，个人的力量相比雇主往往是非常微弱的，雇主在谈判中具有绝对的优势。工人可以"用脚投票"选择离开企业，然而雇主可以招聘新的工人来企业工作。

刘忠良（2011）指出，我国城乡二元化的户籍制度是农民工遭遇不平等待遇的根本原因。农民工因为是农村户口而在城市得不到与城镇职工相同的待遇，甚至没有选举权与被选举权，基本无法参与当地管理，同时还有子女上学、医疗保险等问题。很多农民工甚至有"二等公民"的感觉，这就造成了很多农民工不愿意继续在城市工作。他还认为，农民工在珠江三角洲地区从事的都是一些脏、累、苦的岗位，并且工资极低。一些企业中拖欠工资、恶意欠薪等情况时有发生，企业甚至不能合理地赔偿农民工的工伤损失，导致农民工的合法权益受到严重侵害。然而，面对这些问题，农民工往往是求救无门，这也是农民工不愿在企业长久工作的原因之一。

经济学家梁小民（2010）认为，"民工荒"的根本问题是民营企业过弱，因为"民工荒"多发生在中小型企业，也就是民营企业。企业生产的产品多没有品牌知名度，没有技术含量，同时也没有较大的利润。所以，就算民营企业愿意给农民工较高的待遇，也留不住农民工。

鲁开垠（2011）认为，"民工荒"产生的直接原因是农民工社会保障的缺失。进城务工的农民工得不到与城镇职工同等的对待，农民工从事的是城镇职工不愿意从事的岗位，但是农民工并没有最低生活保障和最基本的失业保险。所以，在缺乏社会保障的情况下，很多农民工选择了回乡。

（2）结构失衡说

周大鸣（2005）以厦门为例，分析了农民工在工作中遇到的不平等待遇及他们的反应，思考了具有歧视性的就业制度产生和存在的原因，并且希望建设一个和谐的就业环境，为农民工就业提供便利。

章铮（2007）指出，"民工荒"的实质是青年民工荒，即缺少青年农民工。进入中年后的农民工很难在城市中的企业就业。中国的农民工大多从事劳动密集型行业，这种行业需要的文化程度低，技术含量少，农民工很容易掌握，但是这对工人的体力、反应能力有较高的要求，而进入中年后的农民工在这些能力方面逐渐下降。这就导致绝大多数进入中年后的农民工无法继续在城市就业。

张曙（2011）认为，由于受到国家经济发展战略的影响，出现了区域布局、产业结构与经济发展不协调的情况，这导致了"民工荒"现象的产生。此外，经济的快速发展导致第二产业和第三产业需要的工人数量骤增，于是出现了"民工荒"现象。

（3）数量减少说

蔡昉（2005）认为，城乡有别的户籍制度加大了农民工的进城成本，使得农民工的数量在一定程度上减少。蔡昉还认为，中国在2010年第六次人口普查中得到的结果是中国的劳动型人口绝对性减少，这就使得企业出现招工困难的现象，给我国经济增长带来了一定的影响。中国人口结构变化的结果是中国的适龄劳动型人口增长速度在逐年降低。

姚先国（2005）认为，很多企业错误地认为中国劳动力数量众多。在将农民工当作廉价劳动力的旧思维模式下，他们仍然按照劳动力"无限供给"的模式给工人发工资。事实上，长期的劳动力转移已经使得农村劳动力数量大大减少，劳动力供给的完全弹性区间早已不复存在。因此，很多企业已经无法吸引农民工，甚至无法留住企业的工人。

中国社会科学院课题组（2010）也认为，"民工荒"背后折射出来的是中国人口结构的问题。在20世纪80年代开始实行的计划生育政策实施30多年来确实对人口控制起到了积极作用，而人口出生率的下降也在一定程度上使得劳动力供给增长减缓，人口红利减少，"民工荒"就是其中的具体体现。

（4）教育缺失说

胡月红（2007）认为，"民工荒"的实质是劳动力供求结构不匹配，我国的技术型工人缺口巨大。这个问题是由中国职业教育目的和认识的偏差造成的。职业教育无论是在教学方法还是教学手段上，都有脱离实践的情况。这就使得职业教育培养出来的学生与市场需求脱节，不能满足企业对人才的需求，而解决这一问题的关键在于注重教育与实践的联系。

罗忆源（2007）认为，对农民工进行教育培训的必要性得到社会各界人士的认可，但却存在两个问题。首先是政府对农民工开展的教育在供给上是有限的，而需要进行培训的农民工数量过多，近乎"无限"。其次是农民工需要的教育是多方面的，而当前的教育模式却比较单一。解决之道则是政府做好协调工作，对资源进行合理的配置和整合，提高教育培训的效率。同时，调整农民工教育培训结构，加强市场需求与教育方向之间的信息交流，促进农民工职业教育有效展开。

刘忠良（2011）认为，我国现行的教育制度过于看重学历，学生学习的多是理论知识，而缺乏一定的实践能力，不能与企业接轨，无法在离开学校时就达到在企业工作的标准，这就使得很多企业出现有岗无人的现象。

（5）要素扭曲说

李士梅和徐志勇（2005）认为，我国"民工荒"的出现主要是受农民工的低工资与农副产品价格增长的影响；根本原因在于数目近乎无限供给的廉价劳动力阻碍了产业结构的升级。目前，我国很多企业工业化程度还很低，除了缴纳税收及水电房租等方面的开支外，无法再支付农民工更高的工资。他们主张将中小型企业迁往内陆。同时，在大型企业中引进更加先进的设备，做到技术升级，通过先进的技术来增加企业的利润。

罗永泰（2005）认为，我国技术型工人缺失的主要原因在于我国对工人的认识无法避开传统观念。我国古代讲究"士、农、工、商"，同时有"劳力者治于人"的说法，这就造成了很多人在接受教育时不愿意选择技术培训学校。并且，技术培训学校缺少强有力的保障，从而造成技术培训的技能比较分散且没有针对性。他认为解决之策需要改变传统观念，确立新的价值观，给技术培训营造良好的环境。同时，企业还应采用适当的奖励机制，以提高劳动者的素质。

刘艳丽（2010）认为，2008年全球金融危机发生后，国家宏观政策调控不当，大量资金投向了铁路、公路、机场和房地产等，导致这些部门吸收了过多的劳动力，给一些企业造成了用工困难，"民工荒"也就由此产生。刘艳丽还认为，要缓解"民工荒"，首先就要缓冲宏观调控带来的负面作用，鼓励中小企业发展，降低企业税率，防止农民工"被挤出"。

2. 对"民工荒"对策的研究

（1）完善政府政策和职能建设

1）深化户籍制度改革。我国将从"十二五"时期开始，用20年时间来解决中国的城市化问题。这是《中国发展报告2010》描绘的目标，而要指出的是，户籍制度是中国城市化问题的最大瓶颈。对此，刘忠良（2011）分析指出，现在应该尽快改革户籍制度，制定相关标准来审批农民工进城落户的要求，避免不平等待遇的产生。张学龙（2011）认为，户籍制度的产生有一定的历史因素和客观背景。但是，户籍制度已经不适应当今社会发展的现状，改革户籍制度已迫在眉睫，应该尽快启动户籍制度改革，确保农民工和城镇职工在就业和社会福利等方面拥有同等的待遇。徐海波（2011）认为，户籍制度的改革并非统一户口簿，而是取消加在户籍之上的种种附加性限制。首先，应该取缔限制人口流动的附加功能，放宽户籍迁移的限制；其次，取消由户籍制度带来的社会保障和社会福利的限制，以公平的态度对待农民工。王雨林和黄祖辉（2005）

认为，使农民工获得同城镇居民同等权力的最终出路，是取消户籍制度，彻底打破城乡二元结构，给农民工以市民待遇。

2）建立最低工资保障制度。赵婧（2010）在《城镇化进程中"民工荒"问题的成因及对策分析》一文中指出，可以设立专门的欠薪保障基金，即用人单位根据用工的数量，每月按照农民工工资的一部分进行缴纳。缴纳的资金可以交由政府部门进行管理，一旦企业出现拖欠农民工工资的现象时，农民工可以直接找到政府部门寻求救济和帮助。李秋萍（2010）指出，要努力提高农民工的工资，建立和谐的劳资关系。"民工荒"说到底主要是由农民工的低工资引起的。"民工荒"这一现象暴露了企业与农民工之间的问题。为了留住农民工继续为企业工作，企业就要想方设法来提高农民工的工资水平，这将会有利于"民工荒"问题得到彻底解决。

3）加强农民工权益保障政策的建设。针对近些年来发生的比较严重的农民工工伤无法获得赔偿的现象，刘忠良（2011）认为，相关部门应该制定相应的措施，确保农民工在工伤后能够及时得到救治及赔偿。同时，应该建立准确及时的企业诚信信息，向社会公开违反劳动保障法的企业，迫使企业诚信平等地对待农民工。各级政府部门应该起到监督作用，确保企业以正确的方式对待农民工，确保农民工的工伤能够得到合理及时的处理，工资能够按时按量发放。张学英（2005）认为，监管部门应该加大督查力度，确保国家关于农村剩余劳动力转移的政策得到有效实施。同时，应该注意杜绝对农民工乱收费的现象。政府应该制定农民工最低工资标准，采取合理的措施确保农民工工资足额按时发放。应该建立农村剩余劳动力转移政策的落实责任制，采取专人负责的方法，使国家关于农民工就业转移的各项政策能够得到有效实施。李玮（2012）认为，由于各方面的原因，绝大多数企业在缺乏外界有效监督的情况下很难自觉承担社会责任。所以，针对这一情况，政府部门不能寄希望于企业自觉善待农民工，必须加强法制建设，并起到良好的监督作用，以此维护农民工的合法权益。

4）做好农民工子女教育政策的实施。《流动儿童少年就学暂行办法》规定："流入地人民政府应为流动儿童少年创造条件，提供接受义务教育的机会。"[①]但由于上述规定并非法律规定，所以流入地多以经费不足为由并没有积极实施。针对这种情况，赵婧（2010）认为应该适时修改《义务教育法》，以公立学校为主要接收单位，采取多种渠道安排农民工子女顺利入学，保障农民工子女的受教育权。谢玉冰（2011）认为，各级地方政府应该加大对于农民工子女教育的

---

① 中国教育部. 流动儿童少年就学暂行办法. 中国教育部网站，http://www.moe.edu.cn/publicfiles/business/htmlfiles/moe/moe_621/200409/3192.html［2004-09-12］.

财政投入力度，加强学校基础设施建设；要做好引导和监督工作，既要对经济贫困的农民工子女实行免费的义务教育，也要确保农民工子女能够在政府设立的公办学校就学；同时，政府还可以引导社会力量兴办民办农民工子女学校，使农民工子女能够顺利入学；加大公私合办学校的扶助力度，最大限度地打破城乡教育的壁垒。贾楠（2007）认为，应该高度重视农民工子女的教育问题，政府部门应积极在公办学校安排农民工子女就读。同时，避免择校费、借读费等费用的出现，在收费标准上确保农民工子女与当地学生能够被一视同仁，避免加重农民工的经济负担。

5）改善住房条件，完善社会保障工作。李雄和刘山川（2010）认为，农民工的住宿问题是不容忽视的。各地政府应该发挥作用，妥善解决农民工的住房问题。应该建立健全廉租房制度，最大限度地降低农民工的住房负担。此外，还应该规范农民工的租房市场，严禁频繁地涨房租、涨水电费现象的发生。同时，建立有利于农民工买房的标准，在农民工有条件买房的情况下鼓励农民工在城市扎根。周健（2008）认为，农民工数量庞大、流动性较高且没有组织，加之农民工接受的教育程度较低，对社会保障制度的认识不够完善，这就使得目前农民工所得到的社会保障还不够完善，而解决之策则在于使农民工"有法可依"，即建立健全相应的保障农民工合法权益的法律，同时做到"严格执法"，以维护农民工的各种合法权益。刘忠良（2011）认为，要对农民工社会保障制度进行改革和创新，要建立最低投保金额，激发农民工投保的积极性。政府应出面确保用人单位雇佣的农民工均已投保，并加强监督力度，同时，不断推进失业保险和养老保险的实施，确保农民工的合法权益。

（2）完善企业建设

1）调整相关企业的发展战略。刘晋和孙业亮（2013）认为，实现低技术含量向高技术含量的转变，才是"民工荒"问题的解决之道。我国以往利用大量廉价劳动力创造利润的情况已经不再适用于当今的经济发展模式。由廉价劳动力带来的经济发展优势正在不断削弱，利用低素质的劳动者创造剩余价值的模式已经不再适用。舒建玲（2012）认为，产业升级首先应是产业内部的升级。透过"民工荒"现象，企业应该认识到只有通过技术创新才能够带来更好的发展。中国由廉价劳动力推动经济快速发展的模式已经逐步失去优势，企业应该采用先进的技术对企业内部进行改造与升级。徐海波（2011）认为，根据当前的经济发展模式，企业要顺应产业升级的发展要求，改变以往的用工态度，加强农民工的福利待遇和人文关怀。无论是老企业还是新企业，都应在经济发展的新形势下适时调整用工需求，使企业得到更进一步的发展。

2）加强企业文化建设，提高用工安全。韦陈锦（2008）认为，首先，企业应该在观念上重视农民工，充分认识到农民工是利润的创造者，不应再将农民工作为廉价的劳动力，甚至仅仅是当做一种低廉的工具来对待。其次，企业应该在行动上重视农民工。为了给农民工营造良好的就业环境，企业应多举办唱歌比赛、篮球比赛、乒乓球比赛等文娱活动，满足农民工的精神需求。张亮（2010）认为，企业应该以对农民工负责的态度，将农民工的工作环境安全作为重点关注对象，力争杜绝任何安全隐患。同时应该在农民工上岗前进行设备操作培训，考核通过后方准许正式上岗。此外，要对农民工加强安全教育，杜绝由玩忽职守造成的人身伤害。此外，对于突发性危机事故，企业应该做到"以人为本"，将救治农民工作为第一任务，使农民工感受到企业的负责精神，对企业产生归属感。

3）创新职业教育和培训。刘忠良（2011）认为，应该确立政府在技术培训教育中的主导地位。技术培训学校对于农民工的就业培训应该加强针对性，同时提供全面的就业信息、就业指导等方面的培训。农民工的就业培训，要以免费培训为主。同时，学校与企业应该建立良好的沟通桥梁，做到校企紧密结合，共同培养社会所需人才，以此来提高农民工的整体素质，促进企业更好地发展。张显学（2011）认为，农村劳动力的低素质是"民工荒"现象的一个重要原因。对此，劳动力输出地应该针对农民工的就业特点有针对性地进行培训，努力提高农民工的就业竞争力。李自忠（2011）认为，应该传授农民工必要的务工知识。政府应该将有外出务工意向的农民组织起来，聘请专业的技师对他们进行有针对性的培训。张丽（2012）认为，加强农民工的培训应该先统一劳动力市场。实行统一的就业管理，取消某些行业和岗位对于农民工的限制，同时根据农民工的就业需要和企业的招工标准来培训农民工的就业技能。张惠（2011）认为，农民工输入地和农民工输出地政府都应该将该地的实际情况与国家的政策结合起来，积极对农民工进行职业技能培训，以提高农民工的就业技能。李秋萍（2012）认为，企业应该充分重视对员工的技能培训，提高农民工的工作技能。同时，企业应该转变原有的利用廉价劳动力创造价值的观念，在企业管理和工作创新方面有所突破。此外，企业应在政府支持下，尽可能多地举办各种培训课程，提升农民工的整体素质。

（3）社会制度的创新

1）扩宽农民工利益诉求渠道，发挥社会舆论的监督作用。陈妍（2011）认为，应该落实农民工带薪休假的权利。政府部门应该加大对企业的监督力度，保证农民工带薪休假的合法权益得到落实。同时，工商、税务等部门可以联合起来，把执行这项规定作为考核企业诚信的一个重要内容，将它和企业的未来发展紧密联合起来。这样一来，企业为了更好地发展，就会变被动为主动，将农民工带薪休假的规定落到实处。张敏（2012）认为，应充分发挥社会舆论的监督作用。在社会舆论大范围的监督下，政府应褒奖表现好的企业，谴责表现差的企业。这样，企业为了更好地发展，不得不重视自己的名誉，从而能够更好地对待农民工。

2）加强思想文化建设，消除社会对农民工的歧视。陈秋（2013）认为，由于封建残留思想的存在，农民的社会地位不高，歧视农民的思想依然存在。受教育程度较低的限制，我国农民对于维护自身的权力并没有较为完整的认识。同时，我国某些政府部门在处理农民工与企业之间的纠纷时，多半会更加倾向于维护企业的利益。此外，"农民工"这一称呼也将他们与其他工人区分开来。因此，政府应采取有效措施加强思想文化建设，消除社会对农民工的歧视，提高农民工的社会地位。王易慧（2010）认为，农民工是我国经济飞速发展的重要支柱。然而，受城乡户籍二元结构的影响，农民工在城市中只能从事脏、乱、差的工作，甚至一些城市居民将城市的脏、乱情况完全归咎于农民工。在构建和谐社会的今天，政府应正确引导城市居民纠正对农民工的不正确看法，消除对农民工的歧视，给予农民工与城镇居民平等的待遇。

（二）关于"民工潮"研究综述

"民工潮"现象在我国已出现很多年，国内学者也就"民工潮"现象进行了深入的分析和研究，涌现了一批学术成果。

1. 关于"民工潮"成因的研究

（1）农村改革的成功

陈红（1998）认为，农村改革和经济的发展是"民工潮"产生的主要原因。我国农村普遍实行的家庭联产承包责任制直接导致了农业生产率的上升，并推动了我国农村经济的发展。这就打破了我国传统的自给自足的小农经济，更多的农民不再将目光仅仅投放在土地上，他们开始关注其他能够给他们带来收入的行业。此时，沿海地区开出高报酬以招募工人，吸引了数目庞大的农民毅然离开家乡到沿海地区或发达城市去寻找工作。于是，波澜壮阔的"民工潮"产生了。

栾敬东（2004）认为，十一届三中全会之后，家庭承包责任制的普遍推行给我国农村带来了两个方面的显著影响：一方面，农民获得了土地的经营权；另一方面，农业劳动生产率的提高，使得农副产品的产量得到大幅度的提高。这两个方面的影响都为农村剩余劳动力的流动提供了丰裕的物质条件。栾敬东还指出，随着经济体制改革的深入发展，劳动密集型企业出现蓬勃发展的好势头，并对廉价劳动力有大量的需求。事实上，我国自实行改革开放政策以来，沿海地区即开始将建立以外向型经济为主要特征的经济系统作为战略指导思想，经济得以率先发展。同时，我国逐渐允许农村剩余劳动力进入城市第二产业、第三产业，而"三来一补"等劳动密集型工业的迅速崛起，无疑给农村剩余劳动力提供了大量的就业机会。因此，"民工潮"产生的根本原因是农村改革的成功。

黄春红（2002）认为，我国农村农业的经营体制自党的十一届三中全会以来得到了深化改革，农村出现了大量隐形剩余劳动力。与此同时，城乡收入差距不断变大，城市的高收入和现代化的生活方式对农民产生了极大的吸引力，这就导致了持久的"民工潮"的爆发。

郭凯杰和梁聪生在《"民工潮"的现状分析及管理方法》（2012）一文中指出，我国"民工潮"现象的出现是政策所致。1979 年以前，我国实行的农村经济政策使得农民可以自由支配自己的劳动时间和合理配置劳动要素。由此，劳动效率得到明显提高，大量农村剩余劳动力得以产生。农村剩余劳动力在经济体制改革后开始向第二产业、第三产业转移。

韩福国（1999）认为，十一届三中全会以来，我国工业化进程速度不断加快，国有企业得到较好发展。通过"招收工人"等方式招到一批农民进入企业，使这批农民脱离了土地。同时，广大农民在不断寻求致富之路的同时，也找到了一条自我发展的道路，即建立乡镇企业，为中国农民的发展再次找到出路。相关资料表明（王盛开，2012），自改革开放以来，农民通过自我发展创造了近 2 亿个就业岗位，其中乡镇企业约占 1 亿个。

王镇文（2007）认为，"民工潮"产生的原因之一就是农村广大农民在家庭联产承包责任制后获得了土地经营自主权。土地经营自主权的获得使得农民在解决了最基本的生活问题的同时，也获得了务农之外的自由时间，这就使得农村剩余劳动力外出务工成为可能。

许宝林（2002）认为，我国"民工潮"形成的一个重要前提是，长期以来我国农村存在着大量的剩余劳动力，且这些剩余劳动力一直是以隐性失业的状态存在的。这些剩余劳动力存在的主要形式是，以在田地务农为主要生存手段，而务农仅仅使得他们维持正常的生存。他们没有其他的生存手段，而务农却无法充分利用所有的农村劳动力。因此，数量庞大且不断增长的农村剩余劳动力使得中国自 1949 年以来就一直面临着持久性的就业压力，而这些农村剩余劳动力就为"民工潮"的产生提供了有力的后备力量。他认为，改革开放政策的实施松动了我国特有的城乡二元化的社会结构。国家对农村劳动力流动的管理政策从初期的盲目流动到后来的允许有规划、有目的地流动，逐步打开了城乡隔绝的情形。农民在这一不断演变的进程中获得了一定限度的自主权力，开始自由地从农村向城市流动，使"民工潮"现象从可能变为现实。

（2）收入分配差距

吴鹏森（2001）指出，收入差距的扩大是引发"民工潮"现象的直接原因。由于我国是一个低生产率、低收入的传统农业部门与高生产率、高收入的城市工业部门并存的城乡二元化结构特征显著的国家，与城市第二、第三产业相比，农业所得的效益无疑是极低的。在这种情况下，一些农民不得不进入城市或其他地区寻找致富的出路。

许经勇（2005）在研究中认为，收入差距对于"民工潮"的影响也是不可忽视的。自家庭联产承包责任制开始实施后，农村农业效益并没有得到提升。而与之相对的是，改革开放后沿海地区及城市区域经济发展速度大大提升，对劳动力的需求较大。与农村几乎清贫的收入相比，企业付给劳动力的工资要比他们在农村务农所得高出许多，这就直接推动了"民工潮"的形成。

郑瑞和彭必源（2007）认为，"民工潮"现象的主要原因是农民为了改善自己的生活条件，获得更高的收入，大规模地从经济落后地区向经济发达地区流动，以使自己获得较高的工资。

王萍（1999）则认为，计划经济时期形成的城乡二元社会结构，造成了农民无法获得农业以外的其他收益，农业的低收入状况导致了农村的贫困现状。最初建立的这种城乡二元社会结构将社会成员的身份和职业固定起来，目的是防止农民涌入城市，对城市生活造成冲击，而将广大农民长期限制在农村里，但是这一政策严重牺牲了农民的利益。在城乡二元社会结构政策松动和解体过程中，大量农民工宁愿在城市干脏、累、差的工作，也不愿待在农村，从而使得"民工潮"如决堤之水，以迅猛的速度发展。

2. "民工潮"的应对措施

（1）改革旧体制，构建新体制

崔雪松（2003）指出，如果仍然沿用原有的体制，由国家出面将农村剩余劳动力全部承担下来，使用行政手段，有组织、有计划地为农村剩余劳动力统统安排工作岗位，那么可以预见，国家不知要花费多少资金、精力来解决此事，同时也不知道要耗费多少时间才能将此问题有效解决。因此，我们要从市场经济的角度出发，在尊重农民意愿的前提下，探索具有中国特色的农民就业之路，使农村剩余劳动力得到有效的转移。

程宏志（2008）认为，解决"民工潮"问题的根本措施就是要放开城门，让一切满足迁移条件的农民工迁入城市成为市民。从某种意义上来看，这也是我们所需要的城镇化。这比仅仅兴办农民工子弟学校、为返乡民工提供车票、帮他们向企业催讨所欠工资等要好许多。当然，解决农民工的市民化问题，还要求各地政府积极出台优惠政策，尽可能地降低农民进城标准，在满足迁移条件的情况下允许农民工在城市安家落户，让他们享受到和城市居民相同的"市民待遇"。事实上，农民工进城成为市民之后，不但能够顺利解决每年让人头痛的"春运"问题，而且作为消费欲望很强的消费者，他们必将极大地拉动城市消费市场，从而有利于城市经济的发展。

张军（2008）认为，尽管"民工潮"在一定程度上推动了经济的发展，但是作为改革开放的产物，它所带来的负面影响也是不可忽视的。政府必须根据我国国情，迎合广大群众的意愿和要求，消除农民工进城的各种阻碍，尽快改变以往城乡二元化的体制和户籍管理制度，让农民工彻底获得自由迁徙的权利，鼓励和引导农村剩余劳动力进城务工。只有这样，"民工潮"现象才能够得到根本解决，"三农"问题也才能得到彻底解决。

（2）挖掘农业潜力，增加农业内部就业容量

邓玲玲（2000）认为，要减少"民工潮"对城市的冲击，既要不断促进农村经济的全面发展，同时还要根据农村地区所处的地理位置及其周边的自然环境，开发非耕地资源，合理利用土地资源，提高土地耕种率，采取因地制宜的方针，充分做到宜牧则牧、宜林则林、宜农则农、宜渔则渔，积极开展多种经营形式，各种农副产品全面发展，最大限度地提高土地利用率。同时，还要进一步搞好土地的综合开发，尽可能多地吸纳更多的农业劳动力在农村就业。

刘志仁（2003）认为，解决"民工潮"问题离不开政策的支持。我国目前最主要的问题就是农村生产力水平低下，而解决之策就是快速提高农村的劳动生产力水平。他指出"民工潮"产生的根本原因是我国农村劳动生产力水平低下，而非大量的农村剩余劳动力的存在，而落后的生产力水平导致农村收入低下和较差的生活质量，从而致使农村剩余劳动力流向城市。刘志仁指出，还要看到"民工潮"给农村造成的一定的负面影响：首当其冲的是青壮年劳动力大量无目的、无节制地外流，而并没有得到预期的收入；同时还造成了农村大量田地的闲置和歉收。

郭圣乾（2005）认为，解决"民工潮"的应对之策就是要积极培养农村技术人才。首先，应该做到对农村劳动力进行统一培训，使农民都至少掌握一项

农业生产技术，将普通农民变为掌握农业生产技术的新型技术农民，为农业产业经济发展创造条件；其次，培训可以使普通农民拥有外出务工的技能，实现在农村和城市之间的双向就业；最后，为奠定农村经济发展的基础，政府要加大对农村的政策扶持力度，吸引包括农村大学生在内的优秀人才返乡创业，带动农村经济的发展。

张晓水（2007）认为，我们应做到因势利导，将"民工潮"变为"创业潮"。为此，政府部门要合理选择招商引资的目标人群，要重点关注在外地有一定的资金且有了自己企业的外出农民。政府要对这些人群介绍家乡发展的优惠政策及发展前景，以吸引有条件的外出农民回乡创业。要大力加强农村教育设施的投入，并且注重乡村基础设施的建设，为有意向回乡创业的农民提供较好的环境。同时，还要消除他们对子女教育的顾虑，并且保护他们的合法收入。

（3）积极疏导，建立全国统一开放的劳动市场体系

陆训（1998）认为，要建立流动人口的调节机制，为流动人口营造良好的居住条件和生活环境及就业条件。同时，要加强对大中型城市的周边城镇的建设，以缓冲城市对大量涌入人群的容纳，使之充分发挥收留的功能，达到将人口分流的目的。同时，应做到大力发展交通运输事业，加强铁路、公路在"春运"等情况下的运转功能，以满足客流量日益增长的需要，使流动人口有效地集聚和扩散。

陈红（1998）指出，建立全国统一开放的劳务市场体系，这就为农业剩余劳动力向城市流动创造了条件，从而也会有利于加强全国各地区之间的协作关系。在各个城市建立统一的劳务市场，管理部门的劳动计划中应包含各行各业的外来务工人员，禁止不正规招工现象的出现，使输入地农民工的流量更趋合理；同时，还可建立农业剩余劳动力转移信息网络，增加农民工流动的针对性，减轻"民工潮"对城市的冲击。

黄春红（2002）也认为，现在我国对农民工的管理制度还不健全，极其需要建立健全民工流动的协作管理机制。一方面，能够对本地农民工外出打工进行正确的引导，避免出现盲目流动的情况；另一方面，又能及时了解农民工的动态和出现的问题，把外出农民工的信息反馈回来。同时，输入地和输出地还要建立一种专门为农民工服务的信息网，使两地的相关部门及时获得有用的信息，有针对性地对农民工进行专业的指导，使"民工潮"向着良性的方向发展。

郑瑞和彭必源（2007）认为，要有效解决"民工潮"问题，就必须出台一系列的措施来保护农民工的合法权益。一是要加强对农民工的培训；二是要改革户籍管理制度，破解城乡二元结构，建立城乡一体化的户籍管理制度，保障

每个公民自由迁移的权利；三是加强对社会各界的思想宣传，灌输全民平等的思想，消除所谓的"城里人"对农民工的偏见和歧视，让全民认识到农民工的境况得不到改善最终会损害全体国人的共同利益；四是农民工对输入地的经济发展有巨大的推进作用，国家和输入地政府应该出台一系列有利于农民工更好的工作和生活的政策和措施。

（4）均衡生产力布局，合理整合资源

陈红（1998）指出，我国产业布局、经济发展、人口分布的地区差异十分明显。我国的中西部地区经济发展相对滞后，丰富的自然资源和充裕的人口优势尚未得到充分发挥，而东部沿海地区经济发展迅速。但不得不指出的是，东部沿海地区的大中城市人口稠密，处于超饱和状态，对劳动力的吸纳率很低。针对此种情况，国家可采取一定的优惠政策，增加对西部地区的投资建设，吸引更多的人口流动至此，以刺激该地区的经济发展，这有利于缩小东、西部差异，实现生产力布局的均衡化。

田永泽（2007）认为，把目前政府部门对农业的各种优惠和补给政策及资源进行整合，是解决"民工潮"问题的一个有效对策。他指出，由于目前我国政府部门中跟农业相关的部门太多，虽然政府扶持"三农"的文件很多，但政府下达的支农政策和补给农业的资源经过各个涉农部门的分割，很难再集中起来有效地补给农业，甚至对农业的发展有一定的阻碍作用。为此，我国应该加大对乡镇体制的改革力度，有效整合涉农资源，而解决之策是把目前政府部门对农业的补给资源进行整合。政府可尝试采取委托第三方部门的形式，利用第三方的中介身份来监督政府各种惠农政策的落实，以有效地服务于"三农"。这样，政府的政策才能发挥相应的作用，使农村经济得到更好的发展。

（三）关于新生代农民工价值观的研究综述

新生代农民工作为农民工的主体构成，逐渐成为考察中国社会变迁的重要研究对象，而学者们对新生代农民工价值观也进行了多维度、多角度的探讨和研究。

1. 对新生代农民工价值观现状的研究

（1）就业观

黄丽云（2012）在"新生代农民工工作满意度"的调查中发现，不到20%的受访者对自己目前的工作持满意或基本满意的态度。这说明新生代农民工对自己当前职业的满意度较低，对未来发展前景持茫然的态度，他们对自身向上发展的空间并不看好。

丁娅（2011）在《266名重庆市农民工价值观调查报告》一文中，通过大量的调查研究指出，在对待工作的态度上，新生代农民工不仅看中物质生活的改善，更看中工作前途及人生整体规划。相对于仅仅靠出卖体力劳动，他们更倾向于对未来前景更加有利的工作环境。同时，他们愿意利用更多闲暇时间通过学习各种工作技能来提高自身的综合素质。

杨梅（2009）认为，大多数新生代农民工积极追求自己想要的生活，强调个人价值的实现，更看重自身发展的"前途"，因此能够根据社会和市场的需求进行自我学习、自我养成。他们更加倾向于根据自己的兴趣、爱好和对将来的预期来选择自己的工作。

陶玲（2010）认为，在赚钱养家糊口和谋求长远的发展之间，新生代农民工更注重自身的长远发展。因此，他们对于职业的态度，更多的不是为了赚钱，而是谋求更好的发展。陶玲在研究中还发现，新生代农民工有自己的思想，有较强的拼搏意识和进取精神，对自身职业预期较高，有明确的职业规划。

（2）流动观

杨肖丽、张广胜和杨欣（2010）在新生代农民工的实证调查中发现，老一代农民工工作求稳，希望在企业老老实实地干，而出生在 20 世纪 80～90 年代的新生代农民工在一份工作上的时间及平均每份工作的时间明显低于老一代农民工，具有"高流动性"。

黄丽云（2012）通过访谈发现，新生代农民工的职业流动由一种价值策略在起作用。她以福建省新生代农民工为例，新生代农民工在找工作时一般职业期望值都很高。他们会对市场上提供的工作岗位进行分析，在权衡利弊之后再选择更有发展前景的职业。同时，他们还会与雇主进行博弈，以此谋求更好的工作环境和工作福利待遇。

（3）创业观

刘慧（2012）的研究发现创业已是新生代农民工的新追求。她的调查显示，55.5%的新生代农民工考虑过自己创业。许多新生代农民工认为，如果一直为他人打工，自己将永远无法获得经济地位的提升。

王晓梅和阴冠平（2011）认为，新生代农民工进入城市务工的目的很复杂。他们将外出务工作为自我锻炼的方式，更关心自身对于技术、知识的获得，而不仅仅是关心工资收入的多寡。许多新生代农民工萌生了自主创业的强烈意愿，并且认定这是改变生存现状的最佳途径。这表明，新生代农民工的自我创业意识已经十分强烈。

广东省青少年工作领导小组（2007）对在广东务工的新生代农民工作了一次详细的调查，并发表了《广东省青少年发展报告》。该报告指出，有 62.16%

的新生代农民工有在未来自主创业的规划。

（4）消费观

黄丽云（2012）在对新生代农民工消费问题的研究中发现，92.6%的新生代农民工在"居家过日子应量入为出"问题上选择"同意"或"非常同意"。这表明，节俭型消费观念仍是新生代农民工的主要选择。另外，黄丽云的调查还显示，不少新生代农民工的家庭经济责任较轻，他们认为一般只要能够养活自己就可以。

共青团福州市委编著的《海西战略视角下的福州青少年发展报告》（2010）显示，有储蓄习惯的新生代农民工占到56.9%的比例。

深圳市总工会（2010）也对新生代农民工的储蓄情况进行了一次摸底调查，发现"孝顺父母""回家盖房子"是21.3%的新生代农民工储蓄的主要目的。这也从另一角度说明不少新生代农民工的责任意识和担当意识较强，他们外出务工不仅仅是为了自己，而且还主动承担起家庭的责任。

许飞（2009）认为，相比老一代农民工而言，受社会历史、生活环境、教育状况及文化程度等因素的影响，新生代农民工的消费观念更加前卫和时尚。一些新生代农民工认为他们应该会挣钱、会花钱，挣得多就花得多。还有不少新生代农民工受到了城市高消费的影响，选择自己认为有品位的物质生活方式。

徐文财（2011）认为，社会主流消费文化对新生代农民工的影响非常大。在这种情况下，他们若不消费，上公交车都要被人另眼相看。徐文财还指出，很多人一方面批判农民工的消费，另一方面"衣着光鲜、追求消费"又成为对农民工的负面描述之一。

雷艳萍（2012）认为，新生代农民工挣钱养家不再是他们的目的，在消费观念上更加注重个人享受。这表明，新生代农民工在消费观念上大不同于老一代农民工，他们超前的消费意识相对于老一代农民工往往要强烈得多。

（5）权益观

黄丽云（2012）认为，较之老一代农民工，新生代农民工具有较强的法律观念，维护自身权益的意识较强。黄丽云的研究显示，由于新生代农民工接受教育的程度相对较高，大多数新生代农民工赞同签订劳动合同有利于自己的观点。因此，他们在找工作时希望与企业签订劳动合同，同时希望能够享有国家法定节假日。

丁娅（2011）认为，新生代农民工在自己的合法权益受到侵害时，会组成一个团体来向相关政府部门诉求自己的权利和保护自己的权益。然而，丁娅还认为，新生代农民工的维权经验不如老一代农民工。老一代农民工在其合法权益发生侵害时，多半会反复找老板来协调解决，而新生代农民工则少有这方面的耐心，表现出"维权理念先进，维权效果和能力一般"的鲜明特征。

陶玲（2010）在对南京市新生代农民工价值观的调查中发现，与有城市户籍的同代人相比，他们并没有受到同等的对待：同工不同酬、同工不同福利保障、同工不同权。这说明，新生代农民工公民平等权利依然缺失，而新生代农民工丧失基本权利的根本原因在于法律制度方面的欠缺。因此，新一代农民工和城市户籍的居民相比，从事的岗位依然是最苦、最累、最脏而又挣钱最少的。这种状况和老一代农民工没有太大的差别。

王晓梅和阴冠平（2011）认为，新生代农民工的维权意识及法律意识要比老一辈农民工更加强烈。他们遇到纠纷时一般都会拿起法律武器来解决。究其原因，主要是因为他们目睹了老一辈农民工维权的困难经历。因此，他们更希望运用法律手段来维护自己的基本权益。

2. 对新生代农民工价值观的引导对策研究

（1）政府的政策维权

郁建兴和阳盛益（2008）认为，目前，由于政府激励机制不够完善，致使相关部门的工作人员遇到问题时相互推卸责任，工作难以有效开展，城市推进农民工市民化进程的经费支出与人员配备无法满足农民工的需求。鉴于此，政府可以引入市场竞争机制，促使相关政府部门积极发挥政府社会管理与公共服务的职能，提高公共服务质量，真正解决新生代农民工的市民化问题。

张敏（2011）认为，政府在新生代农民工市民化过程中发挥着极其重要的作用，其作用主要体现在三个方面：一是相关部门要及时协调农民工与企业或者雇主之间的矛盾，保持社会秩序的正常运行；二是在农民工市民化进程中，政府要主动听取农民工的意见，并采取相关的政策维护农民工的权益；三是要高度重视农民工遇到的各种问题，并将之列入社会发展的总体政策中去对待、解决。只有这样，政府对新生代农民工的政策维权才能起到担负主体责任的作用。因此，政府必须发挥自身的保障职能，加强新生代农民工的技能培训，明确服务意识，努力为新生代农民工构建一个良好的工作环境，调动他们参与社会建设的积极性，继而树立正确的价值观念，从根源上免除他们进城务工的后顾之忧。

城乡有别的户籍制度使得新生代农民工在城市处于边缘状态，形成了一个阻止人口自由迁移的限制性壁垒。对此，刘传江、程建林和董延芳（2009）在《中国第二代农民工研究》一文中指出，加快户籍制度改革，最终建立以迁徙自由为基础、实现城乡一体化的管理模式，同时剥离户籍的附加功能，是真正解决新生代农民工市民化问题的首要之策。

（2）社会的组织赋权

1）社会赋权。社会赋权首要的任务是完善社区管理和服务。刘庆（2011）认为，社区可以为新生代农民工提供欠薪、工伤、劳动争议仲裁等方面的法律咨询。同时，社区也可以通过举办丰富多彩的文化娱乐形式吸引新生代农民工参加进来，使新生代农民工在心理层面上产生对社区的归属感，树立起社区共同体意识，从而更好地融入城市。

2）企业赋权。企业是新生代农民工权益保障的主体，也是新生代农民工工作的主要场所。杨静（2013）认为，为做好新生代农民工的价值观引导工作，企业要转变以往传统的管理模式，以平等的态度对待新生代农民工。企业应努力改善新生代农民工的居住和工作环境，积极促进员工的身心和谐与健康发展；应积极承担起社会责任，做好新生代农民工的培训工作，以适应企业不断发展而对员工提出技能素质上的更高要求；企业还要努力为新生代农民工营造和谐、健康的精神家园，促进其做到自我管理、自我提升、自我娱乐。

3）文化增权。新生代农民工虽然身在城市，心灵却无处栖息，精神家园的满足与现实社会条件之间存在着一条不可逾越的"鸿沟"。因此，对于新生代农民工而言，既关心他们的生存、工作等基本的权益问题，也关心他们精神家园等更高层面的需求与权利问题，无疑具有十分深刻的现实意义。

当前新生代农民工的文化增权主要表现在两个方面。首先是社区文化增权。社区与文化密不可分。任何一个有凝聚力的社区都必须有一些能连接各个个体的文化因素。关于加强社区文化在新生代农民工价值观中的塑造作用，黄丽云（2012）认为，关键是要加强城市社区对新生代农民工基本精神权益的保障作用。既可通过建立社区图书馆、文化馆等基础文化设施，为丰富新生代农民工的精神文化生活提供条件；也可通过建立社区"新市民学校"，以提供包括礼仪、法律等内容的培训形式，提升新生代农民工的人文素养；还可通过"露天电影""广场演出"及农民工文化节等形式，不断丰富新生代农民工的精神文化生活。其次是大众媒体的文化传播增权。随着现代电子技术的迅猛发展，当今社会已进入大众传媒时代。大众传媒为青少年提供了现实世界的图景和各种人生理想的模型，必将给他们带来一场价值观念的深刻革命。对于新生代农民工而言，大众传媒对他们的行为活动具有影响作用，对他们的价值观念具有塑造作用。

姚刚（2011）认为，任何一种传播媒介都会受驱于特定的经济或政治利益，承载着一定的价值理念。由于受经济水平和受教育程度的影响和制约，在新媒体时代的大背景下，新生代农民工作为城市中的"移民"，在其由农村向城市的转移中，随着生活空间的变换，信息传播水平高度发达的城市媒介反映的外部世界同农村社会的实际生活存在的巨大的反差得以显现，不可避免地会冲击他们的城市经历与认知，使他们比其他群体对传媒信息的反应更为强烈，进而发生思想与价值观念的改变。

冯诗礼（2013）认为，大众传媒要积极研究新生代农民工的心理、心态和情绪，为新生代农民工体验城市文化提供信息支持；同时，还要努力宣传积极正面的新生代农民工形象，切实承担起守护公平与正义的文化使命。

第三节 研 究 方 法

研究方法的选择要根据研究对象的特点来确定，它是研究取得预期效果的重要手段。"民工荒"视域下的新生代农民工价值观研究是一个理论探讨与实践探索结合较为紧密的课题。因此，既注重从理论上对价值观进行探讨，也注重从实践中汲取经验是本书在研究方法上的一个重要选择，因而本书在研究方法上运用社会学理论，以社会变迁与社会发展、社会流动与社会分层、社会风险与社会嵌入、社会心理与社会适应、社会冲突与社会和谐、社会化与城镇化为理论工具，通过访谈问卷、实地观察、文献分析，从理论到实践，从宏观到微观，对"民工荒"与新生代农民工价值观问题进行研究。

一、指标设计

价值观包含范围广泛，政治、经济、文化、道德等社会的各个领域内都体现着价值观，本书主要从政治价值观、道德价值观、闲暇价值观、消费价值观、职业价值观、婚恋价值观和自我价值观等几个方面来考察新生代农民工的价值观。笔者结合文献资料、实践经验与研究假设，采取主客观相结合的方式，在本次问卷调查中一共设置了 7 个一级指标、32 个二级指标、120 个三级指标。一级指标与二级指标具体情况如表 1-1 所示，因三级指标过多，详情请见附录问卷。

表 1-1　新生代农民工价值观指标体系

项目	一级指标	二级指标
新生代农民工价值观指标体系	政治价值观	政治意识
		政治认同

续表

项目	一级指标	二级指标
新生代农民工价值观指标体系	政治价值观	政治参与
		政治信仰
		政治满意度
	道德价值观	道德标准
		道德行为认识
		个人利益与集体利益
		道德影响因素
	闲暇价值观	闲暇时间
		闲暇费用
		闲暇对象
		闲暇方式
		闲暇作用
		闲暇影响因素
		闲暇满意度
	消费价值观	消费结构
		消费行为
		消费认识
		消费满意度
	职业价值观	职业认知
		职业态度
		择业意识
		择业动机
		择业标准
		职业满意度
	婚恋价值观	恋爱方式
		择偶标准
		婚恋态度
		生育意愿
	自我价值观	自我认同
		自我期望

二、调查过程

笔者通过对河南、湖北、陕西等地区新生代农民工进行问卷调查，随机抽取新生代农民工样本填写问卷，对新生代农民工价值观的影响进行定性和定量分析，全面掌握"民工荒"视域下的新生代农民工价值观的影响情况。笔者在调查的基础上发现问题、解决问题，使课题的研究有理有据，更具说服力；笔者通过访问一些新生代农民工、市民、企业及与新生代农民工研究领域的专家学者交流探讨，获取了第一手素材，保证了课题研究的可靠性。

为保证整个调查过程的信度和效度，本次调查过程如下。

第一步，确定调查目的。本次问卷调查立足于现阶段中国"民工荒"发展的基本情况，为实现全面建成小康社会的伟大目标，为加快中国梦的进程，实现个人梦与中国梦的结合，以发现与描述新生代农民工各方面的价值观现状、主要特征及产生的原因为重点，立足于引导新生代农民工形成正确的价值观念，对全国范围内具有代表性的省市进行科学的调查。

第二步，确定调查对象。本次调查对象主要是新生代农民工，即 20 世纪 80 年代以后出生的在城市务工或从事非农产业的农村劳动力。在本次调查中，首先确定调查省份，再确定调查县市，最后确定调查社区，再从社区新生代农民工中随机抽取农民工进行调查。整个过程中，选取调查对象的原则主要是依据以下几点：①所选区域必须是新生代农民工集中分布的地方；②所选区域代表了不同的经济发展水平；③所选农民工必须符合新生代农民工的前提要求。

第三步，确定调查问卷及访谈提纲。笔者在查阅大量文献的基础上，根据价值观的定义及分类，将价值观分为政治价值观、道德价值观、闲暇价值观、消费价值观、职业价值观、婚恋价值观、自我价值观 7 类。根据这 7 个方面，结合新生代农民工的具体情况，笔者设计出相应的调查问卷和访谈提纲。

第四步，调查员培训。在正式调查前，笔者对参与本次调查的调查员进行系统的培训。一是让调查员熟悉问卷，做到对问卷的每一个题目都理解透彻，从而方便在调查过程中能够解答被调查者的疑问；二是对调查员进行调查技巧的培训，如如何与被调查者接触、如何保证调查的质量等，尤其是访谈技巧的培训，旨在帮助调查者能够顺利地与被调查者进行谈话，从而完成访谈，收集到想要的资料。

第五步，进行预调查。在调查问卷及访谈提纲设计出来以后，笔者先在小范围内进行预调查，一方面对新生代农民工的价值观有个大致的了解与把握，另一方面可以检测调查问卷及访谈提纲可能出现的问题，从而进行及时的修正。

第六步，进行实地调查。修正好访谈提纲与调查问卷之后，笔者即对调查对象进行实地调查，在所选取的社区内对选取的新生代农民工进行问卷发放，采取一对一的形式，指导其填写问卷后进行回收。确保每份问卷的完整性与有效性，同时随机抽取新生代农民工进行深度访谈，记录下访谈内容。

　　为保证样本的代表性与随机性，问卷调查抽样过程如下。

　　第一步，确立总体。根据上文分析可知，2003 年以来，福建、珠江三角洲、长江三角洲等地出现的"民工荒"现象随着时间的推移逐步蔓延到中西部地区。因此，本次研究主要以"民工荒"严重的华中地区为主，并在西北地区与华南地区各选取一个省份作为代表。华中地区选取湖北、湖南、河南、江西 4 个省份，西北地区选取陕西省作为代表，华南地区则选择农民工流入量最大的广东省作为代表。

　　第二步，多目标分层复合抽样，即先对省份进行分层，再对每一个省份中的地区进行分层，从而扩大层间差异，减小层内差异，提高精度，尽量减少抽样误差。所选取的每一个省份都可以看作是一个子总体，因此可以分别进行抽样调查。调查总体内的每一个新生代农民工都可以看作是一个调查单元。本次分层抽样采取等比抽样的模式，即各省各地区调查总数相等。

　　第三步，简单随机抽样，即在各省份选取的地区中进行简单随机抽样。该步骤分为两个阶段。第一阶段对地区内的县级单位或者街道居委会进行随机抽取，首先根据现有行政区划，对地区内的县级单位和街道居委会进行编码，然后使用计算机程序所产生的离散均匀分布随机数，当随机代码与随机数相应时，则视为抽中，一直到抽够足够的样本数为止；第二阶段则是在抽中的县级单位或街道居委会中抽取新生代农民工。首先取得该地区农民工的名单，从中筛选出新生代农民工，然后将新生代农民工排序编码，然后采用简单随机抽样，确立初始值及抽样间隔，然后进行抽取，直至达到所需样本数。

三、样本特征

　　本书数据来自国家社科基金一般项目"'民工荒'视域下的新生代农民工价值观研究"课题组于 2013 年 3～5 月组织的全国性调查。本次调查覆盖河南、湖南、湖北、江西、广东、陕西 6 个省份的新生代农民工，共发放问卷 3600 份，各省均为 600 份。最终回收有效问卷 3050 份，有效率为 84.7%，表明问卷调查结果较好，即样本具有较好的代表性。新生代农民工的政治价值观、道德价值观、闲暇价值观、消费价值观、职业价值观、婚恋价值观、自我价值观等 119 个与价值观有关的方面是本次问卷调查涉及的主要内容。

　　样本的主要结构情况如下。

　　1）性别情况。在回答问卷的新生代农民工中，男性占 58.7%，女性占 41.3%，这说明男女性别结构较为均衡。

2）年龄情况。在回答问卷的新生代农民工中，"80后"占44.5%，"90后"占55.5%，年龄结构也比较均衡。

3）受教育情况。在回答问卷的3050名新生代农民工中，初中及高中毕业的占80.3%，这说明相对于老一代农民工，大多数新生代农民工文化水平有了较大提高。

4）外出打工时间情况。59.8%的受访的新生代农民工表示他们外出打工时间为3~6年，因而大多数有一定的务工经历。

5）婚姻情况。受访的新生代农民工中，已婚者占20.8%，未婚者占79.2%。一方面，这说明新生代农民工大部分未婚；另一方面，这也意味着我们在考察新生代农民工价值观问题时一个不可忽视的问题是，他们的恋爱、结婚、生育等婚姻家庭问题。

6）收入情况。在回答问卷的新生代农民工中，13.5%的农民工月收入在1500元及以下，68.8%的月收入在1501~3000元，仅有2.3%的月收入在5000元以上。总体来看，在人均收入方面，城镇就业者普遍高于新生代农民工。因此，新生代农民工在扣除城市生活成本后，所剩无几，"月光族"现象比较普遍。

具体情况如表1-2所示。

表1-2 新生代农民工基本情况简介

变量	类别	频数/人	百分比/%
性别	男	1790	58.7
	女	1260	41.3
年龄	"80后"	1357	44.5
	"90后"	1693	55.5
受教育程度	小学	381	12.5
	初中	1257	41.2
	高中	1192	39.1
	高中以上	220	7.2
打工时间	1~2年	817	26.8
	3~4年	1016	33.3
	5~6年	808	26.5
	6年以上	409	13.4
婚姻状况	已婚	634	20.8
	未婚	2416	79.2

变量	类别	频数/人	百分比/%
月收入/元	1500 及以下	412	13.5
	1501～3000	2098	68.8
	3001～5000	470	15.4
	5000 以上	70	2.3

第四节 研究特色

　　法学家把法律理解为一个封闭的、固定的规则和命令体系，但是社会学家把法律看成是开放的、运动的体制。社会学关注的是行动的法或作为行动的法，关注法律的一般规则与其贯彻实施之间的差异，法律的目的与其实践结果之间的差距。社会学不仅关注法律本身，更多的是关注法律的实际操作过程和行动者可以采用的行动策略。所以，要从社会学方面寻求法律文本和实践之间产生极大矛盾的根本原因，就只有通过宏观的社会结构性因素的限制和微观的行动者具有利用和操纵相关制度的能力这两方面来解释这一现象。[①]

　　当下，不少农民工从信访走向信法，从法盲走向法忙（以法助权，以法维权），借助法律手段讨要公道，成为我们法治建设中的一个新现象，这与国家社会大众对弱势群体的关心，与不断完善的法律、法规和政策是分不开的。但是，我们也要看到看似完备的制度努力的背后，农民工维权之路并不平坦，他们在城镇化的进程中的各种保障也没有获得实质性的提高。这既有农民工自身的原因，也有其深层次的社会原因。[①]本书将"民工荒"问题置于新生代农民工价值观这一学界研究较少的视角下进行专题探讨，有助于打破当前学者对新生代农民工价值观问题缺乏系统性专题研究的僵局，突破和增强新生代农民工价值观研究的视野与深度。因此，分析民工荒与新生代农民工价值观的问题，成为本书的重要支点，我们在前人研究的基础上，注重自己的研究特色。

一、跨学科研究

　　跨学科研究是近来科学方法讨论的热点之一。在全球知识经济发展的大背

---

　　①　谢建设. 2011. 新生代农民工融入城镇问题研究. 北京：人民出版社：55.

景下，跨学科研究已经演变成为科学研究实践的重要形式之一，不管是对国内外研究资助的观察还是对有关高等教育变革的研究，人们都会发现，跨学科的研究和教学活动正在进入主流，并因此特别需要引起研究决策、资助和管理等相关领域的关注。近年来一大批使用跨学科方法或从事跨学科研究与合作的科学家陆续获得诺贝尔奖，再次证明了这一点。就其深刻性而言，跨学科研究本身也体现了当代科学探索的一种新范型。

本书适时采用学科交叉和相互移植的研究方法，质性与量化有机结合，横向与纵向双向并重，宏观与微观协调统一，实现多学科交叉整合，这也是本课题研究的难点所在。本书打破传统单一的社会学视角，从社会学、传播学、心理学、经济学、教育学和伦理学等多学科视角比较全面地进行分析；既有文献综述、观察走访等质性探索，又有问卷调查、量表测量等量化分析；既有具体到某一个农民工的微观定位剖析，又有大到不同地区农民工群体的宏观整体审视，从信度和效度上保证了研究结果的可信度和有效性。

二、规范研究与实证研究相结合

本书在实证调查的基础上，遵循从实然到应然的思路，从规范研究与实证研究相辅相成的论证中提出系统分析框架，概括出新生代农民工价值观矛盾的多样性、冲突的潜在性、塑造的可能性等主要特征，全方位描述了新生代农民工的价值观现状，在此基础上深入分析了新生代农民工价值观现状产生的原因，并提出具有建设性、科学性和可行性的对策与思路。这既能反映民工荒视域下新生代农民工价值观引导的努力方向，又符合当前国家加强和创新社会管理的要求，具有明显的可操作性。

三、理论分析与政策分析相结合

民工荒视域下的新生代农民工价值观研究本身就是一项理论性与政策性很强的研究。因此，坚持理论分析与政策相结合是其中一个重要特色。新生代农民工的价值观问题是作为一个特殊的群体特征而存在的。如何应对新生代农民工价值观"破"与"立"的冲突，是本书在研究过程中必须要应对和解决的问题。本书运用马克思主义基本理论为指导，着眼于对新生代农民工价值观教育的理论升华，使社会主义核心价值观成为新生代农民工的德性，为社会主义核心价值体系教育的丰富和创新提供可资借鉴的案例。

核心概念和理论基础

第一节　核 心 概 念

一、民工荒

"民工荒"，顾名思义就是指民工短缺现象。"民工荒"是一个相当复杂的社会问题，是近几年来社会关注最深的问题之一，而且有愈演愈烈的趋势。"民工荒"现象最早出现在南方一些主要城市，并在春节时期尤为明显。"民工荒"现象是中国经济发展中出现的一种新的现象，是经济、政治、文化、道德等多重因素造成的必然结果，绝不是某一原因造成的。"民工荒"既包括"普工荒"，也包括"技工荒"，但无论哪种类型，其所反映出的"荒"的特征都可以概括为一种结构性短缺。

二、民工潮

"民工潮"是指伴随我国农村改革的深化和城市化进程的加快，农村剩余劳动力在外出务工的过程中所形成的潮流。1984年中共中央发布《关于1984年农村工作的通知》，标志着实行30年的限制城乡人口自由流动的制度开始松动。大量农村剩余劳动力由农村流向城市，其浩瀚之势至今仍方兴未艾。如今，"民工潮"现象已遍及全国各个角落。

总的来看，农民工的跨省流动，是一个巨大的历史进步；"民工潮"的奔涌，是一个跨世纪的壮举。亿万农民进城务工，为我国经济发展做出了重要贡献，既极大地支援了发达地区的经济建设，也在一定程度上加快了欠发达地区农村的脱贫步伐，产生了极其明显的经济和社会效应，取得了一举多得的奇效。

目前，就农村劳动力外出打工的整体而言，由农民外出务工而派生出来的打工经济已成为城市中一些产业的中坚力量，同时也成为农民增加现金收入的主要途径。

三、农民工

农民工是世界工业化史上的一个新概念，是农村剩余劳动力向城市流动过程中形成的一个独特的社会阶层。在世界范围内的城市化过程中，农民工在其他国家却未曾出现和存在过，它仅是中国在特殊历史时期出现的一种独特的社会现象。

1991 年，国务院发布了《全民所有制企业招用农民合同制工人的规定》，明确指出"农民工是指企业招用的农民合同制工人"，这是在国家文件中最早使用"农民工"一词。

对于何谓农民工，不同的学者在不同的研究语境下给予了不同的定义，有的将其称为"流动民工""农村流动劳动力""农村劳动力""进城农民""农民流动人口"及"外来人口"等。1984 年，中国社会科学院张雨林在《社会学通讯》（内部发行）上发表了《县属镇的农民工》一文。在该文中，张雨林首次使用"农民工"一词[1]。中国社会科学院副院长李培林教授把农民工界定为"流动民工"。他认为从农业工商服务向工商服务等非农产业流动、从欠发达地区向较发达地区流动、从低收入阶层向高收入阶层流动是"流动民工"的三个主要流动方向。[2] 国务院研究室课题组在《中国农民工调研报告》中从广义和狭义的角度对农民工进行了界定。所谓广义的农民工即包括县域内在第二、第三产业就业的农村劳动力，而狭义的农民工多指跨地区外出进城务工人员。[3] 中国社会科学院教授陆学艺在《当代中国社会流动》一书中，从地域、职业、劳动关系和制度身份四个方面来认识和界定农民工。王琳琳和冯继康等学者认为，农民工仅是一种职业上的称谓，其户籍仍在农村、身份仍然是农民的那部分人，而其经济和生活重心已从农村转移到城市，从事各种非农产业活动而获得工资收入。然而，王琳琳和冯继康还指出，农民工特指进城务工的数以万计的农民群体，这与最初进入乡镇企业工作的农民截然不同。[4] 赵文斌、袁积盾和樊德勇

---

① 李雪. 2012. 我国新生代农民工教育培训策略研究以社会融合为视角. 四川师范大学硕士论文：56.
② 李培林. 1996. 流动民工的社会网络和社会地位. 社会学研究，（4）：44.
③ 国务院研究室课题组. 2006. 中国农民工调研报告北京：中国言实出版社：1.
④ 王琳琳，冯继康. 2004. 社会转型期农民工"国民待遇"问题研究. 吉林省行政学院学报，（1）：74.

等认为，农民工是指非城镇户口，主要在第二、第三产业的单位工作，不从事农业生产经营而领取工资的人员。农民工从农村来到城镇，既是消除城市文明与乡村文明隔阂的积极实践者，也是社会主义物质文明和精神文明的建设者。①杨艳、陈力坤和唐荣等认为，从工作性质来看，农民工具备工人阶级的一般特征，是中国工人阶级的一部分。因此，他们把农民工界定为户籍仍在农村，尚未获得城镇人口户籍，因而身份户籍都是农民的人；同时，他们都从事非农产业，主要收入来自劳务工资收入。②刘秀英和孟艳春认为，农民工是指在我国改革开放后离开土地进入城市，成为从事工商业活动的个体农民。③

综合学者对农民工概念的界定，本文所定义的农民工是指拥有农业户口、被人雇佣从事非农活动的农村劳动力。

农民工是中国特有的户籍制度下的产物。把农民工看成一个过渡性范畴或历史性范畴是政府部门和学术界在界定农民工的含义时共同的认识。然而，我们不得不看到，由于各种原因，近些年农民工群体在市场经济加速发展、社会转型急剧变化的情况下，不仅没有消失，反而呈现出逐步扩大的态势，并且在农民工阶层中出现了显著的分化，即新生代农民工已经登上历史的舞台，成为农民工群体的主要依靠力量。

四、新生代农民工

（一）新生代农民工的定义

当今我国农民工内部已经产生了较大的代际分化，"80后""90后"的农民工群体约占农民工总数的 60%以上。这表明，农民工已不再是一个高度同质的群体；这类农民工群体被学者称为新生代农民工，并已成为改革开放以后成长起来的新一代劳动者。

作为一个极具中国特色的专有名词，新生代农民工包含了"新生代"和"农民工"两个基本元素。新生代农民工这一在社会上发挥出日益重要作用的新生群体，引起了国内学术界的热烈探讨。然而，对于其概念，却是仁者见仁，智者见智，并没有统一的界定。

中国社会科学院研究员王春光首次提出新生代农民工这一概念，不过他当时称其为"新生代农村流动人口"。他在《新生代农村流动人口的社会认同与城

① 赵文斌，袁积盾，樊德勇. 2002. 浅谈职工维权. 中国职工教育，（11）：39.
② 杨艳，陈力坤，唐荣. 2005. 农民工医疗保障问题探讨. 北京市计划劳动管理干部学院学报，（3）：12.
③ 刘秀英，孟艳春. 2004. 论农民工与中国工人阶级队伍的两重化. 求实，（3）：59.

乡融合的关系》一文中认为，20 世纪 90 年代初次外出务工的"新生代流动人口"没有务农常识和经验，文化程度相对于老一代流动人口要高，且外出动机开始从经济型转到经济型和生活型并存。在这里可以看出，王春光研究员主要是从务农经历、外出动机、年龄特性和教育特征等维度来界定"新生代农村流动人口"。这也是比较早地从社会学角度关注到不同个体特征的农村流动人口并提出相关概念。[①] 许传新认为新生代农民工是指介于第一代与第二代之间，于 20 世纪 90 年代外出务工经商，年龄在 25 岁以下的过渡性的农村流动人口。[②] 刘传江认为新生代农民工对农村和城市有着不同于前辈的社会认知、认同度和工作生活期望值，主要以"80 后"和"90 后"农民工群体为主。他还据此认为新生代农民工是一个社会学而非人口学的概念。[③] 朱力从"准市民"的角度来界定新生代农民工。他认为新生代农民工是形成了"准市民"身份定位的一个特殊的群体。因长期在城市打工，这一特殊群体逐步适应了城市生活而对农村没有过多的眷恋。[④] 全国总工会曾组织学者对新生代农民工问题进行系统研究，并撰写出了《关于新生代农民工问题的研究报告》。全国总工会在《关于新生代农民工问题的研究报告》中将新生代农民工界定为出生于 20 世纪 80 年代以后，在异地以非农就业为主的农业户籍人口。[⑤]

综合上述研究，本书将新生代农民工界定为：20 世纪 80 年代以后出生的、在异地以非农就业为主的农村劳动力。

（二）新生代农民工的特征

新生代农民工受教育背景、时代环境、务工经历等方面的影响，呈现出与老一代农民工明显不同的特征。

1. 大部分具有初、高中学历，受教育程度较高

在回答本书问卷的 3050 名新生代农民工中，初中及高中毕业的占 80.3%。本课题组的调查表明，新生代农民工平均受教育时间为 9.68 年，而老一代农民工的平均受教育时间只有 6.12 年，新老生代农民工平均受教育的时间相差 3.56 年。这说明相对于老一代农民工，大多数新生代农民工文化水平有了较大提高。

究其原因，这应该与这一群体受惠于义务教育和计划生育政策有关。新生代农民工得益于 20 世纪 80 年代开始实行的义务教育政策而享有更多的受教育

---

① 王春光. 2001. 新生代农村流动人口的社会认同与城乡融合的关系. 社会学研究，（3）：64-76.
② 许传新. 2007. 新生代农民工的身份认同及影响因素分析. 学术探索，（3）：58.
③ 刘传江. 2010. 新生代农民工的特点、挑战与市民化. 人口研究，（2）：34.
④ 朱力. 2000. 准市民的身份定位. 南京大学学报（哲学社会科学版），（6）：113-122.
⑤ 全国总工会新生代农民工问题课题组. 2010. 关于新生代农民工问题的研究报告. 江苏纺织，（8）：8.

机会。另外，在笔者对新生代农民工的调查中也显示，独生子女占到了 64% 的比例，独生子女自然是教育资源得天独厚的享有者。为了更详细地了解新生代农民工的情况，本课题组成员多次在河南省人才市场和郑州市人才市场实地踩点调查，发现第一代农民工很少前去求职，基本上都是新生代农民工在应聘。同时我们发现，由于文化素质相对较高，不少新生代农民工开始利用报纸和网络去寻找和捕捉就业信息。

2. 维权意识更强，也会"炒"老板鱿鱼

新生代农民工的待遇与城市职工相比，他们月平均收入只有城市职工的一半多一点，严重地存在同工不同酬的不平等现象，而且新生代农民工工资的增长幅度没有随着工龄的增加而增加，与城市职工工资的增长幅度相比，也要小得多。国家规定的节假日大部分新生代农民工并没有享受到。城市职工在节假日可以休假、可以旅游，但新生代农民工只能是加班加点。除此以外，很多企业存在严重歧视新生代农民工的行为，没有为新生代农民工提供相应的社会保障。大部分老一代农民工由于受教育程度较低，对相关劳动权益的认知也相对较低，只要能拿回自己辛辛苦苦挣得的血汗钱，饭碗不丢失，对遭受的种种不公平待遇往往是能忍则忍。他们觉得背井离乡，多一事不如少一事，因此即使自己受点委屈，也多半会选择默默忍受。

与老一代农民工不同的是，在社会经济等状况都发生了较大改变的背景下，新生代农民工由于文化水平相对较高，他们具有更强的平等意识和维权意识。当自己的合法权益受到侵害时，其维权态度与维权方式开始由被动表达向主动主张转变，积极寻求法律援助、社会救助、朋友帮助，而不再选择忍气吞声。本课题组的问卷调查显示，在遇到困难或纠纷时，45.8% 的人选择寻求法律途径来解决问题；在应聘到企业工作时，68.7% 的新生代农民工与其所在单位签订了劳动合同。

由此可见，新生代农民工不会再像老一代农民工那样遇事忍气吞声，而是更加重视自身合法权益的维护和保障。他们有自己的人格尊严和价值诉求，他们也会以"炒"老板的形式来维护自己的合法权益。

3. 乡土意识淡化，城市认同感增强

新生代农民工是在改革开放的大背景下成长起来的新一代，这与老一代农民工有很大不同。他们几乎没有什么务农的经历，从小也没吃过什么苦，大多时间都是在上学读书，很少干农活。许多新生代农民工不认可自己与父辈有着同样的身份特征，因而对农村生活较为排斥。本课题组的调查数据显示，在新

生代农民工中，37.9%的人从来没有务工经验，89.4%的人基本不会农活。可以看出，与老一代农民工相比，所谓的新生代农民工只是在户籍制度上的称谓而已，仅仅只是一种身份的象征。他们大多数不熟悉农业生产，对土地也没有什么依赖感。从某种意义上说，他们已经不再是传统意义上的中国式农民。

费孝通曾说："我们若肯仔细分析自己烦恼的原因，时常会发现我们心中有着两个自我在纠缠：一个是理想的自我，一个是现实的自我。"[①]新生代农民工的成长经历更趋于城市同龄人。因此，相比农村的生活，新生代农民工的社会认同感加强，他们进城后很快就会受到城市生活方式、价值观念等方面的影响。他们渴望融入城市，渴望社会的认可，做个真正的城里人，而对农村却产生了疏离感。王丽霞（2010）的研究发现，新生代农民工即使面临就业困境，仍渴望在城市生活并能够在城市安家立业，他们对城市的认同感远远高于对农村家乡的认同感。许传新（2007）的研究发现，新生代农民工希望留在城市生活的意愿十分强烈，他们较少认为自己是农民。刘传江和程建林（2008）设计了一套市民化进程指标体系，专门研究新生代农民工的市民化情况。罗霞和王春光（2003）的研究发现，新生代农民工对城市的认同感正在加强，他们希望留在城市，真正成为城市人，摆脱目前所面临的双重身份的尴尬境遇。

总之，从本课题组的调查及学者的研究来看，新生代农民工更向往城市的生活，有着执著的"城市梦"。

4. 精神生活孤岛化，依旧属于城市"边缘人"

经济的发展必然带来观念的更新。近年来，农民工的精神文化生活在各级党委政府和社会各界的关心重视下尽管有了明显改善，但仍然存在很多现实问题，新生代农民工群体的精神生活总体上仍处于匮乏状态。例如，工作、生活环境不够好，经常加班加点，劳动强度大；必要的休闲娱乐活动和设施贫乏，很难享受到基本的公共文化服务，生活单调；长期在外，社会交往范围有限，社会资本狭窄，友情、亲情交流缺乏，容易形成"信息孤岛"，生活圈子趋向封闭；收入相对较低，竞争压力大，缺少安全感和稳定感。因此，新生代农民工对人文关怀、情感交流等方面的精神文化生活需求日益迫切。

本课题组的调查显示，33.6%的新生代农民工没有参加过工作所在单位组织的文化活动，47.9%的被访者没有参加过打工城市的社区文化活动，他们的业余生活是看电视、上网、睡觉、打牌，文化生活呈现"孤岛化""沙漠化"的状态。这说明，一方面，城市里的新生代农民工对城市精神文化的接触面可能要远远

---

① 费孝通. 2007. 乡土中国. 上海：上海人民出版社：356.

低于城市青年，人均占有资源也是少之又少，他们在城市社会的公共参与方面几乎处于空白；另一方面，社会对新生代农民工这一群体的人文关怀还远远不够，远远满足不了他们对精神文化生活的需求。

5. 择业动机发生转变，心中充满梦想

带着黄色安全帽，在建筑工地上施工的工人一直以来是 20 世纪 80 年代进城的老一代农民工给城市留下的永恒印象，但本课题组的调查数据显示，大部分新生代农民工不愿意选择收入低、劳动强度大的工作，而是依据自身的条件选择职业，谋求以更轻松的劳动获取更高的收益。因此，他们在建筑业从业的比重不断下降，而在服务业从业的比重则有大幅度的提升。学者高颖（2008）的研究发现，新生代农民工外出务工看重的因素是开阔眼界、寻求个人发展机会；许叶萍和石秀印（2010）的研究发现，新生代农民工的发展取向和个人取向不断增强，而经济取向、城市取向和家庭取向等则在不断弱化；郑凤田（2010）的研究发现，在利益诉求与价值观方面，新生代农民工与老一代农民工出现重大的分化。这说明，新生代农民工的择业动机发生了较大的转变。他们更加注重自身价值的体现，希望在打工的城市生活得更好。

总之，较之老一代农民工外出务工为"多挣钱，改善生活条件""挣钱回家盖房子"的目的不同，新生代农民工形成了"个体＋发展"的价值取向，因而对劳动保险、劳动条件、劳动权益及未来职业发展等有了相对更高的诉求。

6. 自我期望与自我认知较高

首先，新生代农民工的自我期望较高。希望自己最终创业做老板是新生代农民工们外出打工的最终目的。来自湖南在信阳市做某化妆品品牌促销工作的小梅说："我现在有着自己的梦想，就是尝尝做老板的滋味。为此，我和男朋友平日里省吃俭用存钱，等积累到一定资本后，就自己开店当老板。"

在访谈中我们还发现，新生代农民工对工作的忠诚度不高，"跳槽"成了他们的口头禅。笔者发现，受调查的新生代农民工人群中，有过 1 次以上跳槽经历的新生代农民工占到 66% 的比例。新生代农民工给出的跳槽理由有 N 种，如"加班多，休闲时间少""环境差，不利于身心健康""工资待遇低，养活自己都困难"等，其中"没前途，不利于个人发展"是新生代农民工提及率最高的理由。在笔者调查的过程中，刚刚跳槽到郑州某一电子厂工作的小刚说："由于受同行竞争太大的缘故，原先老板给的月薪只有 1500 元，而我现在刚刚签的这家企业开的月薪是 1800 元，且每天中午管一餐饭，一年内还有两次出去学习培训的机会。原先那个单位，干一辈子也就是那么回事了，而现在的单位不仅工资

高，而且还能给我提供更多的发展机会。毕竟我还年轻，我总要趁年轻多碰碰运气，找个发展机会好的单位好好发展发展。我很有信心成为一个管理者，等我成为部门经理，赚到第一桶金，我就自己当老板。"

其次，新生代农民工自我认知较高。在调查中笔者发现，只有 26% 的新生代农民工自认为与城市同龄人有一定的差距，而高达 56% 的新生代农民工感觉到自己在素质和能力上与城市同龄人没有什么区别。比如，在调查中我们发现，尚未结婚的新生代农民工占到 78% 的比例，而在 20 岁以下未婚者当中表示"已有对象"的高达 87%。这表明，与同龄的城市人一样，新生代农民工在恋爱婚姻方面同样呈现出早恋与晚婚的趋势。同时，新生代农民工不断地更换"对象"是他们在恋爱到结婚的过程中呈现出的一个十分鲜明的现象。这表明，已经很少有新生代农民工像他们的父辈们那样选择"一次定终身"。有学者称之为新生代的"去农村化"。不过，新生代农民工婚恋观念发生的这种较大的变化，至少在一定程度上说明了新生代农民工对农村传统伦理观念的背弃。由此可见，新生代农民工已经具有了与城市同龄人进行横向比较的冲动与意识，表现出较强的自信心和较高的认知度，反映出他们对自我发展追求的强烈欲望。

五、价值观

（一）价值的内涵

所谓价值，就是客体对主体的意义或作用。[①] 正如马克思所说："价值是从人们对待满足他们需要的外界物的关系中产生的。"[②] 具体来说，人们的活动都包含有一定的价值目标。

在这里，强调主体的重要地位，就是要求从人类本身的立场出发，而不是把人当作绝对的中心和绝对的主宰。比如，在人与自然的关系中，应从人与自然环境协调发展的角度出发，寻求价值的最大化。在保护自然环境时要充分考虑到人的利益；同时，也不能为了满足人的欲望而去肆意破坏自然环境。

价值通过评价而被掌握和揭示。评价是对客体价值的主观反映，即对客体做出有无价值和价值大小的一种判断。不过，这种价值判断也是建立在主体自身需要的基础之上。在日常生活中，我们经常要对事物做出"善、恶、美、丑"的认识和"好不好""值不值"的判断。事实上，这种价值认识和价值判断就是

---

① 袁贵仁. 2006. 价值观的理论与实践. 北京：北京师范大学出版社：3-4.
② 中共中央马克思恩格斯列宁斯大林著作编译局. 1963. 马克思恩格斯全集（第 19 卷）. 北京：人民出版社：406.

价值评价。

（二）价值观的内涵

价值观是人们对价值问题的根本看法，是人用于区别好坏、分辨是非及其重要性的心理倾向体系。它成为人们判断事物有无价值及价值大小的评价标准，凝结为一定的价值目标和价值准则等。

从阶级的角度说，价值观受制于人们的阶级地位。不同思想信仰的人价值观是不同的，没有超阶级、超信仰、超社会制度的价值观。在阶级社会里，人们的价值观都具有一定的阶级性。否定阶级性，否定不同社会制度的本质差别，就是否定现实，是唯心主义和形而上学。从根源的角度说，价值观受制于人们的经济和社会地位，他同主体的需要、理想联系在一起。不同的主体，需要不同，价值观也不同。从微观的角度说，价值观是人们世界观的重要组成部分；从宏观的角度说，价值观是社会文化体系的核心。（袁贵仁，2006）

（三）价值观的特点

与动物只能适应环境不同，人能够发现事物对自己的意义，确定并实现奋斗目标。在这一过程中，人受价值观的支配和影响，不仅能认识世界是什么，而且知道应该要什么和选择什么。价值观具有以下五个特征。

1）主观性。价值观本来就是人们的一种态度和思想观念，属于主观世界的东西，是用以区分好与坏的标准，我们把这种标准称为价值观。不过，这些标准是根据个人内心的尺度进行衡量和评价的。

2）选择性。价值观本质是选择的排序。一个人从儿童期到青年期的成长实际上反映了其社会化过程中的哲学选择。儿童期还未形成真正的价值观，其"价值观"只能称为价值感。因此，儿童期的"价值观"具有明显的感性形式，是通过对父母和亲人言行的模仿而形成的，是对成人价值观的照抄照搬。这个时期，价值观是这么一种东西：什么好，什么不好。这不需要你自己动脑，自会有家长、老师、学校来向你灌输。到了青年期，人的自我意识不断成熟和独立，价值判断也不断趋向理性化。这个时期，人们会发现世上多数东西都介于好与不好之间。个体开始有意识地选择符合自己价值观的评价标准。这样，价值观就转变成另一种东西：什么有用，什么没用。

3）稳定性。个人的价值观在特定的时间、地点、条件下，一旦确立就不易改变，因而具有相对的稳定性。价值观的这种稳定性会通过兴趣、愿望、目标、理想、信念和行为等多种方式表现出来。

4）差别性。在任何一个社会形态中，由于每个人的先天条件和后天环境不同，价值观既有一致性，也有差别性。比如，在同样的客观条件下，不同性别的人由于人生经历不尽相同，形成迥异于他人的价值观和价值观体系，从而产生不同的动机模式和动机行为。

5）社会历史性。所谓价值的社会历史性特征是指价值会因时间、地点和条件的变化而不同。一个人的价值观是从出生开始，在家庭和社会的影响下逐步形成的。这说明，在不同历史时期、不同社会生活环境中会形成不同的价值观。把握价值的社会历史性特征，有助于人们正确评价历史和现实中的各种价值观念，从而做出正确的价值判断，进行正确的价值选择。

（四）价值观的形成

人的价值观是在一定的社会环境、社会活动中形成的，而不是先天就有的。自我意识和主体需要是价值观形成的两个前提条件。自我意识是对自己身心活动的觉察，是价值观形成的主观前提。主体需要从它的意识属性而言也可叫主观需要，它是与意识反映属性相对的另一面特性。主体需要不同，自然其价值观也不同。主体需要有好与坏，合理与不合理，或者说积极与消极之分，只有好的、合理的，或者说积极的主体需要，才是社会文明进步的动力。然而，主体需要中的坏的、不合理的，或者说消极的东西，就不利于社会的文明与进步。

价值观作为一种社会意识，是在后天的实践活动中形成的。因此，个人的社会实践活动是价值观形成的现实基础，是通过社会化过程逐步培养的。社会存在决定社会意识。个人价值观的形成是从一出生开始，受一定社会的物质生产方式、政治法律制度、文化传统等的影响，随着个人知识的积累、能力的增强和生活阅历的丰富逐渐确立的，且是在家庭、学校、社会的影响下逐渐形成的。

同时，一定的社会主导价值观也在很大程度上影响着价值观的形成。社会主导价值观是一定社会的统治阶级通过积极倡导和推行代表统治阶级利益和意志的思想观念，来有目的、有计划地灌输他们所倡导的价值观，以期统一人们的思想和行为。它反映了社会价值理想，具有鲜明的价值导向功能，是社会主流意识形态在价值观上的表现。

教育在人的价值观形成过程中起着重要作用。社会、学校、家长、老师都有自己的价值观，这些价值观对个人价值观念的形成都有重要影响，而且是那种不易觉察且深入的影响。正如袁贵仁指出："任何一个社会，总是企图利用教育来向年青一代传递、灌输一种特定的价值观念，以使其尔后真正成为该社会中的一分子。"（袁贵仁，2006）

第二节　理论基础

一、刘易斯模型

1954 年，诺贝尔经济学奖获得者刘易斯（Lewis A，1954）在其成名作《劳动力无限供给条件下的经济发展》一文中最先提出这一模型。他尝试运用古典经济学的结构，研究经济增长问题，明确提出了二元经济结构的理论模式。这篇发表在英国曼彻斯特大学学报上的论文具有里程碑式的意义，标志着二元经济模型超越了思想阶段而成为一种具有严格内部一致性的经济学理论，对二元经济下的劳动力转移理论做出了开拓性贡献。

刘易斯认为发展中国家一般存在经济二元结构，即农业部门和城市工业部门这两个截然不同的经济部门。[①] 农业部门只能维持最低生活水平，生产方式落后，含有大量剩余劳动力；而城市工业部门则以现代化生产方式为特征。由于发展中国家资本稀缺、土地相对有限、人口增长较快，在农业部门，经济的货币化程度很低，维持全体共同体成员的生存是其主要的生产目的，并且农业部门通行的是共同体原则，哪怕劳动力的雇佣量超出了实现最大利润所容纳的最佳水平，经营者也不会或不可能解雇多余的劳动力。于是就业的劳动力在农业部门与有劳动能力并愿意从事劳动的人口规模是相等的。这样就必然造成生产率低下，有的为零甚至为负，因而存在相当部分的剩余劳动力。与此相对，由于城市工业部门的市场化程度高，且企业的生产经营活动通行的是利润最大化原则，这意味着企业家以边际劳动生产率等于工资的原则决定雇佣规模，剩余劳动力将不存在，而且城市工业部门由于生产率比农业部门高就会使城市工业部门的劳动者的工资比在农业部门的劳动者的工资水平高，这样就会吸引农村剩余劳动力从农业部门向城市工业部门流动，直至两部门的工资水平相等才会达到均衡。

刘易斯模型的目的是促进不发达经济发展，其动力是使劳动力转移和城市化，这较多地与经济发达国家早期工业化的历史经验相吻合。对中国而言，在20 世纪 80～90 年代，由于中国还处于欠发达阶段，所以刘易斯模型特别适合这

---

① Lewis A. 1954. Economic development with united supply of labor. The Manehester School, （3）: 338.

一时期的中国。但到了 21 世纪，由于农村劳动力出现了短缺，而城市工业部门，特别是劳动密集型企业的工资增长缓慢，实际工资甚至负增长，这就对农民没有吸引力了。显然，不可能简单地用刘易斯模型来解释中国在大量农村剩余劳动力条件下出现的"民工荒"现象。

二、马斯洛的需要层次理论

马斯洛需要层次理论是行为科学的理论之一。美国心理学家亚伯拉罕·马斯洛（Abraham Maslow）在 1943 年出版的专著《人类动机的理论》中首次提出了需要层次理论。

马斯洛坚信人有能力实现自己的潜能和价值，即达到自我实现，坚信人有能力创造出一个对整个人类及每个人来说都是更好的世界。为此，马斯洛对人的需要进行了系统的、独到的研究，对心理学和行为科学产生了巨大的影响。他把人的需要描述成具有五个层次的"金字塔"，并由较低层次到较高层次，依次生发出生理需要、安全需要、社交需要、尊重需要和自我实现需要五类需要（图 2-1）。马斯洛理论中各层次需要的基本含义如下。

图 2-1　马斯洛的五个需要阶段

1）生理需要（physiological need）。生理需要包括分泌、生理平衡、睡眠、呼吸、水、空气、阳光、食物及性等，是人们最原始、最基本、最强烈、最底层的需要。这是人类维持自身生存所必需的最基本的要求。只有在这些需要（除性以外）得到完全满足的情况下，才不会有生命危险，人类个人的生理机能才能够正常运转。显然，这种生理需要以饥渴为主，是人类个体为了生存而必不可少的需要，具有微观的自我保护和宏观的种族延续的意义。马斯洛认为，其他的需要要想成为新的激励因素，只有在这些最基本的需要满足到维持生存所必需的程度之后。而到了那时，已相对满足的需要也就不再成为激励因素了，其他层次的需要基本上不会对其产生刺激。客观上说，作为一个人来讲，有什么比吃饱了穿暖了活着更重要呢？

2）安全需要（safety need）。马斯洛认为，当生理需要得到满足以后人们就自然而然地会对自己身心的安全感提出要求。如果一个人所处的社会法制健全，居住的小区物业完善，工作单位保险齐全，工资稳定，这个人的安全需要就得到了满足。安全需要比生理需要较高一级。人的安全需要是在生理需要得到一定程度的满足之后产生的，是防止身体和生理需要被剥夺的状态。具体可以表现在：①如劳动保护、操作安全、所处城市的整体风气和保健待遇等物质方面的；②如职业安全、生活稳定、养老保障等经济方面的；③如希望免受不公正待遇、工作有应付能力和信心并希望解除严酷监督的威胁等心理方面的。

3）社交需要（social need），也叫归属与爱的需要，是在生理需要和安全需要得到一定程度的满足之后人类要实现的需要。社交需要主要是对友情、信任、温暖、爱情的需要。人类是社会存在，具有从属于某集团的需要，喜欢在各方面与同事关系密切，希望与异性交往和结婚，并且渴望得到家庭、团体、朋友、同事的关爱和理解。马斯洛认为，当生理需要和安全需要得到满足后，社交需要就会突出出来，进而产生激励作用。社交需要是层次更高的一种需要。社交需要主要包括以下内容：①社交欲，希望得到互爱、友谊与忠诚的伙伴关系等；②归属感，每个人都希望自己归属于某一个或多个群体，以摆脱孤独和寂寞，并从群体中得到温暖，获得帮助和爱；③爱的需要，包括给予和接受爱，而不单是指两性间的爱，体现在互相信任、深深理解和相互给予上。

4）尊重需要（esteem need）。尊重需要是较社交需要而言更高一级的需要，它是在前三种需要得到一定程度的满足之后产生的。尊重的需要包括自我尊重、自我评价及尊重别人，是大多数当代人所追求的。人们都希望受到别人的重视，并指望有出头的可能、有成长的机会，且借以自我炫耀。可以说，没几个人会不在乎自己被别人瞧不起。这就是马斯洛所谓的尊重的需要。尊重需要是一种高级需要，这时人们不仅希望自己成为某些集团的成员，还产生自尊心和希望从别人那里得到尊重的需求。受尊重的需求获得满足之后，自信心、名誉、力量等才会出现。

5）自我实现的需要（self-actualization need）。马斯洛认为，在人的需要层次中，自我实现的需要是最高层次的需要。在人自我实现的创造性时刻，是最激荡人心的时刻。这时刻的人产生出一种所谓的"高峰体验"的情感，具有一种欣喜若狂、如醉如痴、销魂的感觉，是人的存在的最高、最完美、最和谐的状态。这就能够解释为什么科学家在做无比枯燥的数学计算题的时候会把马车当作草纸，并追着马车跑了数十米却浑然不知，他们在他们的那个境界里如痴如醉。这，外人是体会不到的。

在马斯洛看来，自我实现的需要完全是一种超我的境界，不是弗洛伊德的超我，而是超越自我的境界，是一种创造的需要。世界上能有百分之一的人达到自我实现的需要就很不错了：像爱因斯坦、贝多芬、盖茨、罗永浩、《正道》里的瞿恩等。自我实现的需要强调的是自己喜欢的事业，自己愿意为之去奋斗，并不仅仅是一个能养家糊口的工作。在这个前提下，为成为所期望的人物，人就会最充分地发挥自己的潜在能力去完成这份工作。之所以说能真正达到自我实现的人少之又少，是因为首先在这大千世界，从事自己真正喜欢并可以为之奋斗的事业的人就很少，加上还要发挥自己的潜能，达到自己的最大期望值，并持续下去，这样的人根本就是凤毛麟角。当然，为满足自我实现的需要所采取的途径是因人而异的。

综上所述，五种需要由低到高依次排成一个阶梯。这样一种发展趋势理念与生活质量所关注的社会个体的发展与进步存在不谋而合之处。从某种意义上说，个体层面的生活质量测量就是强调自由、资源、自主、自我实现的可能性。这种个体主义的研究视角一直以来都受到以马斯洛为代表的社会心理学家的重要影响。很多学者在从事生活满意度的研究时沿袭了马斯洛的分析思路，从个体主义立场出发，研究不同层面个体需要的满足程度，并且将个人成长和自我实现作为衡量高质量生活的重要内容。

马斯洛的需要层次理论学说不仅具有重要的理论价值，而且具有重要的实用价值。在每个新生代农民工身上这五种层次的需求都是同时存在的。因此，应该全面地了解和关注每个新生代农民工不同层次的需求问题。只有这样，解决"民工荒"问题才会有针对性、可行性和科学性。

三、半城镇化理论

半城镇化的概念主要是从地理学和人口学两个方面来释义的，即半城镇化区域和人口半城镇化。

不过，半城镇化最初是个地理学概念，被称为半城镇化区域，用以描述城镇周边的任何地区，源自法国古典地理学词汇"périurbanisation"。半城镇化区域指的是人口、产业结构及空间景观等方面从城到乡村的过渡性特征。加拿大地理学家麦吉（T. G. McGee）在对亚洲一些国家进行长期研究后提出了"desakota"概念。从地理学的角度来讲，"desakota"被用来表示在亚洲大城市之间交通走廊地带的农村地区所发生的乡村城镇化发展过程。[1]Gottmann 在大

---

① MeGee T. The emergence of Desakota regions in Asia：expanding a hypothesis//Ginsburg N，Koppel B，McGee T. The Extended Metropolis：Settlement Transition in Asia. Honolulu：University of Hawaii Press，1991.

都市带理论中指出，半城镇地区的景观和产品与中心城市不同，并非传统意义上以农业经济活动为主的乡村地区为城市人口提供游憩场所，并接受中心城市各种服务的辐射。[1] 德国学者赫伯特·路易斯（Hezber Louis，1936）在研究柏林城市地域结构时发现，城市新旧区的分界是早期以独特的景观为特征的分布在柏林城镇的边界地带。[2] 这是最早涉及城乡过渡地域的概念。韦伯斯特（D. Webster，2002）认为，半城镇化的特点为农业比重高于10%，但逐渐减少；而制造业占 GDP 比重超过40%，且不断增加。工业用地与农业用地在地理景观上"犬牙交错"。[3]

与国外学者的研究不同，半城镇化的概念近年来在我国城乡规划学、地理学及社会学相关研究中得到广泛应用。国内学者主要从地理特征与界定、类型等方面对半城镇化进行研究。例如，贾若祥和刘毅将半城镇化定义为从乡村到城市的过渡[4]。郑艳婷等将"我国部分区位禀赋条件较好的农村地区由于农村的户籍、土地、行政等管理体制改革滞后，从而导致人口与非农产业的空间转移滞后于其产业非农化、城市化滞后于工业化"的现象定义为"半城镇化"。[5]

随着学者研究的不断深入，半城镇化逐渐从地理学上的概念发展到人口学上的概念。美国学者米斯克尔（Miskel）指出，数以千万的背井离乡的难民流入非洲大湖地区、苏丹及约旦河西岸和加沙等地区。这些地区处于半城镇化状态，形成了城市的贫民窟，因而也成了社会动荡的沃土，并有可能形成其他一些黑暗地带。长期生活在那里的人们没有机会，没有希望。[6] 保罗（R. E. Paul，1965）认为，半城镇化地区主要是指中等阶层家庭从城市迁入半城市化地区且带来新的价值观和意识形态。[7]

国内较早关注到人口半城镇化的是王春光。王春光（2006）在博兰尼整合理论的基础上将农村进城人口没有彻底融入城市社会的状态定义为"半城镇化"。这种状态的主要特征是：在社会层面，农村流动人口的生活、行动与城镇居民处于隔绝状态，且在医疗、就业、住房等方面没有享受到完全的市民权；在心理层面，农村流动人口不认为自己是市民，在社会认同上出现内部化、边

---

① Gottmann J. 1957. Megalopolis: The urbanization of the Northeastern Seaboard. Economic Geography, 33: 121-132.

② Louis H. 1936. Die Geographische Gliederung von Gross. Berlin: Stuttgart Engelhorn: 146-171.

③ Webster D. 2002. On the Edge: Shaping the Future of Peri-urban East Asia. Stanford University: The Asia Pacific Research Center.

④ 贾若祥, 刘毅. 2002. 中国半城市化问题初探. 城市发展研究, (2): 20.

⑤ 郑艳婷, 刘盛和, 陈田. 2003. 试论半城市化现象及其特征——以广东省东莞市为例. 地理研究, (6): 762.

⑥ 李爱民. 2013. 中国半城镇化研究. 人口研究, (4): 81.

⑦ Paul R E. 1965. Urbs in Rure: The Metropolitan Fringe in Hertfordshire. London: London School of Economics and Political Science: 2-20.

缘化倾向；在系统层面，农村流动人口与城市社会、体制和文化不整合。①

这一概念大致描述了目前我国农民工存在的基本面相。它表明，进城谋生在多年发展后依然是农民工群体的主要目标。在实践进程中我们仍然没有看到他们能否融入城市社会或"嵌入"到城市社会系统之中的清晰路径。因此，农民工的基本面仍然没有改变。

不同于世界其他国家的城镇化道路，中国的半城镇化模式是在改革开放以来特殊的制度环境下形成的一种经济发展模式，它始终伴随着特有的户籍制度改革和市场化开放历程，进而决定半城镇化现象的广度和深度。一方面，农民可以自由地离开农村进入城镇并实现就业；另一方面，户籍制度直接决定着人口流动并把农民工牢牢地锁定在农村原籍，出现了很多农民工"就业在城市，户籍在农村；劳力在城市，家属在农村；收入在城市，积累在农村；生活在城市，根基在农村"的半城镇化现象，而这种独特的经济发展模式的本质就是秦晖所说的"低人权优势"。②事实上，建筑在低人权优势基础上的半城镇化经济发展模式是不可持续的，而愈演愈烈的"民工荒"现象就是这种模式不可持续的一种表现。

然而，"民工荒"就是"半城镇化"的一种鲜明表征。"民工荒"证明半城镇化经济发展模式走到尽头。首先，劳动密集型制造业工资成本不断上升。长期以来，部分沿海地区之所以能够实现经济的高速增长，其中一个主要的原因就是依靠技术含量低的劳动密集型产业。但劳动密集型企业有限的利润压制了农民工工资收入的上升渠道，而工资成本受产业结构转型、市场供求因素及国民经济水平提高等因素的影响而不断上升将是一种长期趋势。因工资低而引发的"民工荒"问题就成为一些劳动密集型企业不得不面对的现实。可以说，农民进城务工的积极性正由于工资低、收入增长有限且无法满足他们转为城市居民所需要的大量支出而正在不断下降。这样，越发严峻的用工荒现象自然就会在经济发达地区的劳动密集型产业中出现。

其次，在积极推进城市化进程中，政府没有足够的财力建立惠及全体国民的社会保障体系。如果农民工可以获得社会福利体系的保障，那么他们在向城市迁移的过程中，即便是放弃了土地也不会产生后顾之忧。因此，农民工群体还不太愿意放弃土地，没有社会福利制度的保障是一个主要原因。

再次，近些年来中央逐步加大对农业的投入力度，提高了农民种粮的积极性，农民务农的收入有了上升的趋势，农民种粮的收入与外出务工人员的收入

---

① 王春光. 2006. 农村流动人口的"半城市化"问题研究. 社会学研究，（5）：109.
② 熊培云，秦晖. 2009. "低人权优势"惊人竞争力. http://business.Sohu.com/20090715/n270317722/shtml.

差距逐渐减小。选择在距离家较近的城市打工开始成为一些生活在城市边缘的低收入农民工的首选。

最后，由于我国特有的城乡二元结构，农民工成为来往于城乡的"候人"，被排斥在城市社会体制之外。"我走近你的身体，却走不到你的心里，我与你近在咫尺，但却相隔很远。"有位诗人因无法与恋人继续牵手而写下这样一首凄美诗句。如今农民工群体的心态也像这位失恋的诗人所描述的那种既酸楚又无奈：他们向城市走来，却没有被城市所接受；他们脚步匆匆地奔波在城市的街道上，但却永远走不到城市的核心；他们居住在城市中，却常常有找不到家的感觉。于是，有社会学家就给这一群体起了个十分专业的名字，叫作"城市边缘人"。这种"城市边缘人"的尴尬地位使得新生代农民工难以真正融入城市，对城市缺乏归属感。同时，农民工的夫妻生活问题、孩子教育及赡养老人问题因长期的离家生活，而显得日益突出，使得他们外出务工的社会成本大幅增加，某种程度上也降低了他们外出的愿望。

四、推拉理论

推拉理论是研究流动人口和移民的重要理论之一，最早可以追溯到19世纪末。推拉理论的思想较早见于英国的雷文斯坦的"人口迁移法则"。他在1880年发表的一篇题为《人口迁移之规律》的论文中指出："追求生产和生活条件的改善是迁移者最主要的动机。在市场经济和人口自由流动的情况下，人们可能不断地进行迁徙以改变受歧视、受压迫的环境以及摆脱沉重的赋税、气候不佳等不良条件的制约。于是，流出地中那些使移民生活条件得不到改善的因素就成为推力，而在流入地中那些使移民生活条件得以极大改善的因素就成为拉力。人口迁移就是在推力和拉力的两种力量的共同作用下得以实现。"

另外，雷文斯坦在《人口迁移之规律》这篇论文中系统地总结了人口迁移的七条规律：①人口迁移的方向主要是短距离地朝着工商业发达的城市迁移；②长距离的流动基本上是向大城市的流动；③流动的人口在迁居到城镇里面之前，要先迁居到城镇的周围地带；④从农村向城市集中人口迁移是全国各地人口迁移具有的相似的流动特征；⑤补偿的反向流动是在每一次大的人口迁移后带来的效果；⑥城市居民流动率低，而农村居民流动率高；⑦男性流动率要低于女性。雷文斯坦的人口迁移观点被后人视为开人口转移推拉理论之先河。因此，雷文斯坦是最早对人口迁移进行开创性研究的学者。

在雷文斯坦之后，西方学者在对人口迁移的研究中不断丰富和完善了推拉理论。郝伯拉（Herberla）和米切尔（Mitchell）分别在 1938 年和 1946 年提出了这一推拉理论[①]。他们指出，在人类历史上人口的不断迁移过程就是原住地的外推力与目的地的内拉力共同作用的结果。具体而言，在原住地产生的人际关系紧张、自然灾害频繁、耕地不足、就业缺乏及基础设施落后等因素就构成了促使人们迁移的推力；而迁移目的地人际关系融洽、生产和生活条件优越、就业机会较多及更好的教育和卫生设施等因素就构成了吸引人们前往该地的拉力。

唐纳德·博格则在继承雷文斯坦、郝伯拉和米切尔等前辈学者思想的基础上，将推拉理论进一步系统化[②]。唐纳德·博格认为，从运动学的观点来看，在劳动力迁出地存在着一种把原居民推出其常居住地并起主导作用的推力。这是人口转移的两种不同方向的力相互作用的结果。但需要指出的是，在迁出地存在着人口转移推力的同时，在劳动力的迁入地也有一种占主导作用的拉力，如家人团聚的快乐、较高的经济收入水平、熟悉的社区环境及在农村熟人社会中建立起来的人际关系网络等。人口的迁移就是在这对力的作用下进行的，但相比较而言，迁入地的"拉力"比"推力"更大，占有主导地位。

郝伯拉、米切尔和博格三人的推拉理论为人口迁移奠定了理论基础，但在理论上无法满足对人口迁移更深入的研究需要，从实际应用的角度来看也显得过于简化。因此，他们关于推拉理论的认识仍具有一定的局限性。一方面，郝伯拉、米切尔和博格三者的推拉理论仅仅强调外部因素在人口迁移中的作用，而完全忽视了个人的作用；另一方面，如果从迁移者个体的行为决策过程来看，推拉理论建立在迁移行为是迁移劳动力的一种趋于理性的选择及迁移劳动力在信息上对迁出地和迁入地有较为充分的了解这两个最基本的假设基础之上。这样劳动者就可以从增加收入、有利于发展或者获得更多享受的追求出发，在对所掌握的迁出地和迁入地情况进行全面的分析判断之后，做出迁移与否的理性选择，但并不是每个迁移者都可能在信息上对各个地区有非常充分的了解和认识，也就更谈不上理性的决策了，因此在现实世界中这两个假设往往不能完全成立。

针对郝伯拉、米切尔和博格三位学者的这种局限，美国学者李（E.S.Lee）又补充了中间障碍作为第三个影响人口迁移的因素，从而进一步完善了迁移的解释框架。李于 20 世纪 60 年代出版了《移民人口学之理论》一书。在《移民人口学之理论》这本书中，李首次划分了影响人口迁移的因素，认为人口迁移

① 蔡阳. 2014. 我国省际人口迁移与区域经济发展关系研究. 天津财经大学博士论文: 28.
② 马雪鸿. 2012. 少数民族农村富余劳动力转移动因及障碍研究文献述评. 北方经济, (13): 66-67.

就是"推力""拉力"和中间障碍这三个因素综合作用的结果。李的贡献在于使得人们对推力和拉力有了更进一步的认识。

总之,西方古典推拉理论认为,人口迁移是推力和拉力两种力量相互作用而引起的。推力(或称排斥力)是由原住地的不利因素所引起的;拉力或称吸引力是指迁入地的有利条件,如诱使人口迁移的因素。[①] 而现代推拉理论则认为,城镇有利的经济发展条件导致人口从农村向城镇转移,如基础设施较好、教育环境好、医疗条件好、收入高等;也可能因农村不利的经济发展而产生,如迁出地就业机会缺少、农业收入水平低下、社会关系不和、居住环境恶劣等。例如,东印度农民迁往加尔各答并不是由于这里有很多的就业机会和丰厚的收入,而是由于当地农村情况日益恶化。

发展中国家的实际情况表明,一方面,人口的快速增长和有限的土地供给,加深了农村的人地矛盾,而某些土地制度的限制没有起到平衡土地占有的作用,不利于农产品交易,剩余劳动力从农业生产中排斥出来,从而形成劳动力转出农村的推力;而另一方面,城市拥有较高的工资水平、更多的就业岗位等因素构成劳动力向城市迁移的拉力,促使广大农民纷纷流入城市。

用推拉理论来解释中国农村剩余劳动力和人口的迁移,最基本的问题是迁移的自由流动选择,在曾经的计划经济体制下,户籍制度、就业制度等严格限制了农民的迁移。改革开放以来,一方面劳动力自由迁移就业被部分放开,并且对我国经济发展做出了很大贡献,如东部沿海城市的发展和建设都离不开农民工;但另一方面受保护的合法的迁移还存在包括户籍制度、就业制度等在内的多方面的限制和约束,而形成了一种特殊的迁移状态,即劳动力的就业和生活在某一地区却不具有当地居民身份认可,我们称为"准迁移人口"或者外来人口。总数不断增加的这一特殊社会群体是中国经济社会发展的产物,为我国经济发展做出了巨大贡献,也深刻地影响着中国经济结构改革发展和社会的稳定。

作为"理性人"的农民工承受着很大的边缘化下的生存压力,在城市得不到应有的如就业、医疗、住房等方面的社会保障,工资收入低下,这必然会对农民工产生一种外向的"推力";同时,随着国家一系列惠农政策的陆续出台,农业收益有了实质性提高,农村的生产和生活条件的日益改善,从而形成一种"拉力"。一些农民工理性地对农村和城市中的推力和拉力进行分析,最终做出是否迁移的选择,进而造成"民工荒"。因此,推拉理论能够很好地解释我国出现的"民工

---

① Ravenstein E G. 1980. The laws of migration. Journal of the Royal Statistical Society, 48(2): 167-235.

荒"现象。这说明，他们的流动是经过理性的选择而做出的明智行为。

五、人的全面发展理论

马克思的人的全面发展理论就是人的各种素质和潜能都得到充分的展现，其最根本的目的就是寻求人类真正得到全面发展和彻底解放，而素质和潜能、心灵和个性的充分发展就是"一切天赋得到充分发展"。

对于马克思主义的全面发展理论，我们可以从三个层次上来理解：一是"使社会全体成员的才能得到全面发展"；二是人的社会关系的全面丰富；三是人的个性的全面发展。

实现每个人全面而自由的发展，是马克思主义一以贯之的根本价值追求。马克思主义的人的全面发展理论的具体内涵主要包括以下几方面。

第一，人的劳动活动及人的需要和能力的全面发展。马克思主义的创始人认为劳动活动是提高社会生产力的一种方法，每个人按自己的天赋、特长、爱好，自由地选择劳动活动领域，因而人们不再屈从于被迫的分工和狭隘的职业，在参加物质生产劳动的同时，还要从事科学艺术等精神劳动。因此，劳动活动作为人的需要，体现了人的本质所在，是人类生存和发展的根本条件，是人的智力、体力的本源。由此可见，马克思主义一贯是将劳动活动放在整个社会发展的背景下来思考问题、解决问题的。

人的全面发展还表现为人的需要和人的能力的全面发展。需要是人的本性，是有机体感到某种缺乏而力求获得满足的心理倾向，而能力就是掌握和运用知识技能所需要的个性心理特征。

人的需要的全面发展意味着个人按照自己的自主活动来发展一切合理的需要。马克思在《1857—1858年经济学手稿》中，不仅探讨了人的需要从极少的需要转化到多方面的需要对人的全面发展的影响，还探讨了历史地自行产生的需要和社会需要同人的全面发展的关系，而且提出了现阶段培育"社会的个人需要"的指导性建议，即要培养社会的人的一切属性，要发现、创造和满足由社会本身产生的新的需要，要把自然科学发展到它的最高点，从而对人的需要的发展提出热切的期待。因此，在培育"社会的个人需要"的过程中，为直接满足发展"自由个性"最高层次需要，人们就需要将较低层次的需要当作前提和基础，从而形成包括生存、享受和发展等层次递进的丰富体系，显示了人自由而全面发展的历史趋势。这表明，人的需要理论体现于马克思早期关于人的本质理论的逻辑跃迁中。

人的能力的全面发展，即是指人所从事各种创造活动的全部才能和力量的发展达到普遍性和全面性。作为人全面发展的核心部分，人的能力的全面发展是实现人全面发展的先决条件。人的能力是掌握和运用知识技能所需要的个性心理特征，是人的本质力量的公开展示。马克思把人的能力全面发展当作目的本身，作为未来理想社会的基本原则。他认为一个人人自由而全面发展的社会，也是一个真正健全的社会。

第二，人的社会关系的全面丰富、社会交往的普遍性和人对社会关系的控制程度的发展。所谓社会关系，是指人们在生产和共同生活过程中形成的人与人之间的关系。马克思曾指出，人的本质是一切社会关系的总和。[①] 人的社会关系的全面丰富性意味着生活中的个体不可能单身独处；意味着个人在交往中取长补短，不断摆脱个体的、地域的、民族的狭隘性；意味着现实的个人只有在社会性的相互作用和社会化的建构中，才能使其具有一种存在论意义上的公共性品格。这表明，社会关系的全面发展是人的能力的形成、人的心理情感发展的基础，且只有在社会关系的丰富性和处在社会关系中的人的丰富性都得到实现的情况下，才能得以实现。

另外，人的社会交往的普遍性内在地包含于人的社会关系的全面丰富之中，只有开展普遍交往，才会促进人的社会关系不断丰富和全面发展。人的交往的普遍性意味着个体之间的交往，个体、群体和社会之间的交往，分工和交换的发展均随着生产力发展而得以广泛建立和实现；意味着人的发展无不现实地表现在具体的人的物质交往和精神交往所形成的良性互动之中，因为一定的精神生产和精神交往与一定的物质生产和物质交往相适应；意味着个人越来越成为世界性的公民，从而人的交往就从自发的社会共同体交往转向世界共同体交往。

第三，人的个性的自由发展和人的素质的全面提高。"自由个性"和"人的全面发展"是理解马克思人学思想的关键所在，也是马克思用以标示和表征人的发展状态的两个重要概念。也就是说个性的单调化、定型化被每个人呈现出的与众不同的差异性所打破，每个人显现出自己的不可取代性和不可重复性，社会因此而充满生机和活力。

党的十八大报告强调了提高人的素质问题，提出要通过发展文化和培育民族精神，不断提高人的素质，促进人的全面发展。因此，提高人的素质是一项综合工程，要不断学习，思想不断进步，道德觉悟不断提高，科学文化渐进丰富，与时俱进，全面发展，使全体公民成为具有高尚的社会主义思想道德素质

---

① 中共中央马克思恩格斯列宁斯大林著作编译局.2012.马克思恩格斯选集（第1卷）.北京：人民出版社：18.

的党员干部和社会主义社会的公民。

对于新生代农民工来说，无论融入城市社会成为城市市民，还是返回农村参加社会主义新农村建设，其在现阶段都存在诸多问题。一是将就式的生活方式，温饱层次的生活水平。虽然新生代农民工的生存状况得到了明显改善，但是相比之下他们的工资水平仍低于城镇人口的在岗职工平均工资，工作和居住环境依然不容乐观，形势依然严峻。二是始终奔波在城乡之间。相对于大多数老一代农民工而言，新生代农民工虽然渴望融入城市，但他们不被城市所接纳，始终奔波在城乡之间，他们清楚地知道自己只是城市的"过客"。三是轻农弃农意识严重，耐受力低成为劣势。与面朝黄土背朝天的父辈相比，新生代农民工多数不懂种地，因而对土地没有依恋，而对城市的依恋更为强烈。另外，新生代农民工由于成长环境得天独厚，经受挫折较少，阅历较浅，缺乏吃苦耐劳的精神，在应聘时会明确提出种种待遇要求，工作中频频跳槽的情形也屡见不鲜。

因此，要真正使新生代农民工实现个人的全面发展，就必须充分考虑他们作为一个人是否具备现代人所必需的素质而充分发展了自己的现代性。就目前新生代农民工的实际情况来看，由于制度性歧视、身份认同危机、劳资关系失衡及没有话语权等诸多问题，他们远远没有实现个人的全面发展。以马克思主义的人的全面发展理论做指导，实现新生代农民工的全面发展具有十分重要的现实意义。

六、社会化理论

社会化理论是社会学的基本概念之一，最早出现于西方国家。社会化理论是由美国经济学家萨缪·鲍尔斯（Samuel Bowles）和赫伯特·金迪斯（Herbert Gintis）首次提出的。1976 年，他们出版了《资本主义美国的学校教育：教育改革与经济生活的矛盾》一书。该书出版后，成了激进派经济学家和社会学家选修的教育经典著作，受到西方教育理论界的高度重视。

所谓"社会化就是指个人学习知识、技能和规范，取得社会生活的资格，发展自己的社会性的过程"[①]。人的社会化问题是社会学、心理学和人类学共同的研究对象。德国社会学家齐美尔（G. Simmel）认为，社会是由人组成，人们在社会中以一定的形式互动和交往，而这种互动和交往的过程就是社会化的过程。在这里，齐美尔用社会化的概念来描述社会群体的形成。结构功能主义学

---

① 《社会学概论》编写组. 1984. 社会学概论. 天津：人民出版社：54.

派的美国社会学家帕森斯（T. Parsons）在其出版的《社会系统》与《关于一般行动理论》等著作中认为社会化的过程就是角色学习的过程。我国社会学家费孝通认为："社会化就是指个人学习知识、技能和规范，取得社会生活的资格，发展自己的社会性的过程。"①

社会化理论揭露了资本主义教育的阶级实质，但它对教育在整个社会经济发展中所起作用的论述仍带有片面性。自 20 世纪 70 年代筛选理论、劳动力市场划分理论和社会化理论出现，并对人力资本理论构成挑战以后，伴随着八九十年代世界经济的复苏和新经济的到来，以及人力资本理论的进一步发展和回归主流地位，一些采用新方法、修正旧观点的研究相继出现，诸如关于信息技术与教育的关系、过度教育对生产率的影响、学校规模效益、教育成本及其分担、教育与劳动力市场和收入分配、教育财政、教育与经济全球化、教育与以信息为基础的新经济的关系等方面的研究，这些都使教育经济学在广度、深度上又有了进一步的发展。

人的社会化包括传递社会文化、教导生活技能、培养社会角色和完善自我观念等方面。新生代农民工的年龄一般在 18～30 岁，正处于青年期。新生代农民工从农村来到城市，面临着一次全新的再社会化过程。对于新生代农民工而言，作为边缘性特征明显的社会群体，在融入城市社会过程中，面临许多实际问题与困境。新生代农民工的社会化就是自觉学习和接受、创造社会文化的社会性发展过程。在社会化过程中，新生代农民工需要掌握生活技能和社会主导的行为规范；需要与政府、企业、社区打交道以建立良性互动的社会关系；需要转变自身的价值观念和行为方式以适应环境的变化。

七、社会资本理论

社会资本是由经济学的"资本"演变而来的。资本和土地、劳动作为三大生产要素在古典经济学中得到充分肯定，但非物质因素在经济生活中的积极作用也早就有所发现，如斯密在《道德情操论》中提出市场需要某种道德情操，认为道德情操是保证经济在市场条件下良性运作、健康发展的重要因素。舒尔茨（Schuhz）把人力资本理论引入到经济学分析之中，认为拥有受过教育和训练的健康工人决定了资本、土地和劳动诸生产要素的利用率。他提出的人力资本概念为社会资本理论的提出奠定了基础，具有积极的意义。

---

① 李贵成. 2013. 大学生闲暇生活质量研究. 北京：新华出版社：79-80.

一般认为，最早提出社会资本概念的是经济学家卢里（G. Loury）。他从社会结构的角度解读经济活动，认为除了金融资本、人力资本外，还有家庭关系和社区社会组织之中的社会资本。卢里虽然最早提出社会资本这一概念，但他并没有对此进行系统研究[①]。

自将社会资本概念引入经济学研究之后，有关社会资本的概念逐渐引起不同学科领域学者的兴趣。社会学家布迪厄（P. Bourdieu）（1986）率先对社会资本与经济资本的关系、社会资本的积累和维护、社会资本的定义及其运作条件等进行了系统的分析和研究。布迪厄认为"社会资本是实际的或者潜在资源的集合体，这些资源与某种持久的网络的占有密不可分"。[②] 在布迪厄之后，美国著名社会学家科尔曼（J. Coleman）则进一步发展了社会资本理论。他从功能的角度来定义社会资本的概念，认为"社会资本有两个共同特征：其一，它们为结构内部的个人行动提供便利；其二，它们由构成社会结构的各个要素所组成。它不是某种单独的实体，而是具有各种形式的不同实体"[③]。

在布迪厄和科尔曼的基础上，波特斯（A. Portes）（1995）指出社会资本是"个人与他人关系中包含着的一种资产"。帕特南（R. Putnam）也提出，社会资本不仅包括正式社会及政府组织构成的社会网络，还包括非正式的社会网络，如因业缘和地缘而结识的一群人，即"只要能够产生互动的社会网络都可以被视为社会资本"[④]。特纳（J. H. Turner）从结构性角度指出，社会资本"可以在宏观、中观、微观三个层次上进行分析，宏观层次指社会制度，中观层次指社团单元和组群单元，微观层次指面对面相互作用的交往"。我国学者边燕杰认为："社会资本本质是这种关系网络所包含的、可转移于社会行动者之间的资源。"[⑤] 边燕杰是从人的能力的角度来定义社会资本的，其意指人际能力是社会资本理论体系中重要的能动因素，它使用说服、操纵与协商等手段来实现影响力。

随着研究的深入，社会资本理论日趋完善，成为具有重要的跨学科影响的思潮之一，其解释力亦在不断增强。迄今为止，社会资本并无统一的定义，但由上可知，个体与他人在社会互动过程中通过建立关系，再将关系转化为社会资源，从而构成了社会资本的基础。

之后，国内外众多学者对社会资本进行了相关研究，但是将社会资本引入

① 陈柳钦. 2007. 社会资本及其主要理论研究观点综述. 东方论坛，（3）：23.
② Bourdieu P. 1986. The Forms of Capital. In//John G. Richardson（ed）. Handbook of Theory and Research for the sociology of Education. New York：Greenwood Press：342.
③ Coleman J. 1994. Foundation of Social Theory. Cambridge：The Belknap Press of Harvard University Press：321.
④ 任远，陶力. 2012. 本地化的社会资本与促进流动人口的社会融合. 人口研究，（5）：45.
⑤ 张文宏. 2007. 中国的社会资本研究：概念、操作化测量和经验研究. 江苏社会科学，（3）：142.

移民群体研究，其中较著名的是波特斯。他认为，"社会资本是移民个人通过其在社会网络和更为广泛的社会结构中的成员身份而获得的调动稀缺资源的能力，移民可以利用这种成员身份来获取工作机会、廉价劳动力以及低息贷款等各种资源"[①]。王春光在跨国移民研究中发现，中国移民通过乡土性社会关系资源实现迁入地的经济融入。[②] 在对国内流动人口的研究中发现，学者也很重视以社会关系为网络基础的社会资本对融入的影响，主要研究结论为乡土阻碍说和城市促进说。有学者将流动人口在城市生活中建立的社会关系分为以乡缘为主的初级关系网络和以业缘为主的次级关系网络，提出了"再建构社会网"，建立"新型社会资本"，主张流动人口在城市生活中应突破"乡土社会"中形成的"原始社会资本"的束缚[③]。对此，有学者认为流动人口在城市生活中，若是过多依靠在血缘和地缘关系基础上建立的原始社会资本，则会阻碍他们与城市居民的交往，进而阻碍他们融入城市生活，只有建立更多的以友缘和业缘为主的弱关系，才能更好地融入城市社会[④]。此外，也有研究发现，只有政府机构提供的正式社会支持更能促进理想城市融入的实现，而过多地依靠血缘、地缘、友缘和业缘建立的非正式的社会支持，更容易导致城市融入的失败。[⑤] 这就意味着，若是流动人口在城市生活中，过多建立非正式社会关系，则会阻碍其融入城市，只有建立起其与政府组织机构的正式社会关系，才能促进其融入城市。

　　结合国内外关于社会资本的解释，有四点需要明确：①社会资本的功能是使人们倾向于互相同情、信任、合作和理解，因而具有工具理性价值。②社会资本包括社会结构，在结构内有助于推动社会行动和把事情搞定。③现代组织关系就是一种组织型社会资本，是一种非个人的、不具有感情色彩的次级社会关系。④社会资本是一种制度型社会资本。在制度领域中，组织的生存与延续取决于经济的（技术的）和社会的（制度的）绩效。它可以克服"集体行动的困境"（the dilemma of collective action）、"公有物的悲剧"（the tragedy of the commons）或"囚徒困境"（the prisoner's dilemma）和"搭便车"（the free-ride）。

　　综合以上对社会资本的阐述，笔者认为社会资本是那些嵌入在个人社会网络中的资源，是社会主体间紧密联系的状态及特征。

　　随着学者对社会资本理论研究的不断深入，其解释力亦在不断得到拓展和增强。其中，科尔曼关于社会资本形式的分析框架比较适用于解释新生代农民

①　张延珍. 2014. 社会资本视角下的新生代农民工社会融入分析. 农村经济与科技，（2）：67.
②　王春光. 2003. 中小企业家社会资本积累的策略选择. 荆州师范学院学报，（6）：43.
③　赵延东. 2003. 社会资本理论的新进展. 国外社会科学，（3）：29.
④　刘茜，杜海峰，靳小怡，等. 2008. 留下还是离开政治社会资本对农民工留城意愿的影响研究. 社会，（4）：76.
⑤　朱考金，刘清瑞. 2007. 农民工社会保障问题研究述评. 农村经济与科技，（3）：78.

工的社会资本问题研究。根据科尔曼的论述，我们把科尔曼运用社会资本理论提出的解决社会问题的假设归纳为以下四个方面：①信任关系假设。之所以把信任关系要素称作"社会资本"，主要是因为它们存在于社会关系之中并能带来增值，是一种无形资产。②参与网络假设。社会资本的一种主要形式是利用已存在的社会关系来获取信息，为行动提供便利。因此，社会关系构成了一种社会资本，利用这种资本可以获取信息。③制度规范假设。有效的制度规范是一种广泛存在于社会生活中的社会形式，其最基本的功能是对组织的活动及其成员的行为进行规范、制约与协调，以保证有效实现组织的目标，因此制度规范是一种及其重要的社会资本。④多功能组织假设。在缺乏权威的条件下，为实现既定的目标，共享同一利益的众多行动者由于无法解决搭便车问题而自愿建立起组织。行动者可以以组织成员的身份享用组织提供的内部资源，因而形成了可以使用的社会资本[①]。

　　由于社会资本具有工具理性的特征和功能，新生代农民工的社会资本在解决其子女在务工城市的教育问题、婚姻和职业发展等发展性问题，以及他们所遭遇的那些因社会保障、社会福利的制度性缺失而产生的现实问题等方面往往能发挥较大作用。可以说，是否拥有足量、成熟的社会资本直接关系到新生代农民工能否有效进行社会参与、维护自身权益，真正融入城市生活，在城市获得更大的生存和发展空间。因此，新生代农民工作为流动人口的主体，重构其社会资本，有利于突破新生代农民工融入城市的实践瓶颈，实现充权目标，从而建立长效机制，这具有突出的现实意义。

　　新生代农民工从农村迁入城市，一方面依赖以地缘和血缘关系为基础的初级关系实现，另一方面也因职业和生活方式的变化而对其社会关系网络产生重大影响。然而，职业转换和身份变化等结构性问题并没有因乡土网络移植入城市而得到解决，这必将推动新生代农民工的社会资本进入一个解构和建构并存的阶段。新生代农民工入城后社会资本发生了以下四方面的演化。

　　1）血缘关系功能的降低和非血缘熟人关系功能的上升。中国文化一向重视血缘关系，人们可以通过这种社会关系获得自己所需要的社会资本。社会关系网络在一个人的一生中是动态的、不断变化的，有扩张，也有收缩，但血缘关系始终在这种关系网络中起到中心纽带作用，一旦凝聚起来，其力量是相当大的。依赖血缘关系为基础的初级关系实现向外流动，是新生代农民工在信息不畅通情况下一种不自觉的选择。当新生代农民工进城打工时，往往会集合在一

　　① 崔华华，刘信鹏. 2012. 社会资本视域下新生代农民工社会融入路径研究. 未来与发展，（9）：41.

起，形成具有血缘关系特征的特殊农民工群体。这种以血缘关系为基础的初级关系主要给新生代农民工提供情感和生存支持。在陌生城市里，情感支持贯穿于新生代农民工的流动、生活和交往的全过程；而对于没有权力、没有金钱的新生代农民工来说，血缘关系可以降低他们流动的风险成本，关照到他们的工作和生活，对新生代农民工的初次流动给予一定的生存保障。然而，由于中国正处于社会转型期，传统社会更多依赖的"关系化"在日益增强的社会流动中出现了一些新的改变，即"关系的类别化"。"关系的类别化"源于人们对人际关系愈来愈多样化的社会现实予以积极回应和有效把握的需要，是"类别化"这一最为普遍而有效的认知策略在人际交往中的具体应用，有助于简化认知，帮助人们更好地应对环境的复杂性。新生代农民工进城后，随着选择和交往范围的不断扩大，其所依赖的血缘关系逐渐弱化，让位于基于友缘和业缘而形成的非血缘熟人关系，出现了"关系的类别化"。血缘关系总是有限的，非血缘熟人关系则是多种多样的。与乡村生活相区别，城市生活的本质在于交换，非血缘熟人关系的优势正在于此。这些非血缘的社会关系网络所含资源丰富，异质性较强，往往意味着更多机会的涌现，是新生代农民工在城市里进一步发展的潜在社会资本。

2) 强关系与弱关系的相互转换。强关系与弱关系是由美国著名社会学家格兰诺维特提出来的。格兰诺维特指出，在传统社会，每个人接触最频繁的是自己的亲人、同学、朋友、同事……这是一种十分稳定而传播范围有限的社会认知，这是一种强关系现象；同时，还存在另外一类相对于前一种社会关系更为广泛的，然而却是肤浅的社会认知[①]。例如，一个被人无意间提到或者打开收音机偶然听到的一个人……格兰诺维特把后者称为弱关系现象。就新生代农民工而言，其强关系主要是以血缘、亲缘、地缘为纽带而形成的初级关系型社会资本，而其弱关系则是以趣缘、业缘、友缘为依托的次级关系型社会资本。初级关系型社会资本人际交往遵循的是供给法则，具有先天性，注重人情、面子和缘分，个体同质性高，强调信任有亲疏远近之分，获得的信息资源重复性高，资本缺乏相对价值，容易自成一个封闭的系统。新生代农民工在这种社会支持下能够获得进入城市的门禁卡。然而，次级关系型社会资本人际交往遵循的是需求法则，具有自致性，注重制度、规章和组织，个体异质性强，其社会支持有助于新生代农民工打破层级限制，为其很好地融入城市创造优越条件，进而在城市的社会结构中实现向上流动。新生代农民工初次进城大多只能靠以血缘

---

① 冯建蓉. 2011. 从强关系到弱关系：农民工社会网络转变的社会学分析. 西南农业大学学报（社会科学版），(12)：79-83.

与地缘为基础的强关系去寻找工作。随着新生代农民工在城市工作的时间越长，在城市认识的人越多，强关系和弱关系开始发生转化，即在强关系中去寻找弱关系，将弱关系转化为强关系。不过，总体而言，新生代农民工的实际支持网、情感支持网和交往支持网依然是以强关系为主。

3）从维持原有社会网络到构建新型社会网络。社会网络作为一种社会学视角发端于德国社会学家齐美尔，并在 19 世纪 60 年代随着西方普遍出现的社会动乱开始在西方广为发展。社会网络是由许多节点构成的一种社会结构，关注的是人们之间的互动和联系。任何一个社会实体或社会单位都可以看成是社会行动者或一个点。社会网络这一概念的兴起，源于其对社会互动的恰当描述。社会网络代表各种社会关系，社会中的每一个人为了其自身安全、生存和幸福的需要都须与他人打交道，社会个体成员之间因为互动而形成相对稳定的关系体系。社会网络分析不把人看作是由个体规范或者独立群体的共同活动所驱动的，相反，它关注人们的联系如何影响他们行动中的可能性和限制性。在中国，费孝通的"差序格局"是对社会网络理论的形象阐述。在差序格局下，每个人都以自己为中心结成网络①。新生代农民工从农村到城市，除了经历生活地点和职业身份的转变外，还要经历一个社会网络的转型过程。与老一代农民工相比，新生代农民工对乡土社会网络的依赖和借重程度大大降低。他们有着强烈的市民化意愿，渴望得到城市社会和居民对他们的认同，且在城市务工的过程中逐渐建构起新型社会网络。新生代农民工在城市构建新型社会网络的过程，就是与城市市民发生互动、建立联系的过程。这种新型社会网络对新生代农民工在城市的生存和发展具有重要意义。一方面，新生代农民工的流动更多地需要依赖社会网络的支持和帮助，社会网络因此是决定新生代农民工职业地位和社会流动的关键因素；另一方面，新生代农民工只有通过社会网络中的互动，特别是与城市居民的互动，才能不断学习城市文化、学习在城市生存的技能、内化新的规范和价值取向，从而融入城市社会，提高对城市的满意度和认同感。

4）传统共同体的失落与现代共同体的缺失。作为一个基本的社会学概念，共同体最早可以追溯到德国社会学家滕尼斯 1887 年发表的《共同体与社会》。自滕尼斯提出共同体概念的一百多年来，涂尔干、韦伯等推进了共同体的多元释义，提出了利益共同体、政治共同体、经济共同体等非常宽泛的衍生概念，而以帕克为首的美国芝加哥学派则进一步拓展了共同体的地域视野，将它应用于城市研究——社区。当前，共同体的内涵和外延又得到了丰富和发展，社会

---

① 费孝通. 1985. 乡土中国. 北京：生活·读书·新知三联书店：87.

资本、社会网络和权力组织等元素融入到共同体概念之中。因此，共同体被赋予了更多功能性的内涵，也为社会资本研究提供了新的视角。近年来，随着通信交通的日益便利，特别是全球化的扩展，人与人之间、群体与群体之间联系和交往的纽带已经不再受到传统的血缘和地域的局限，出现了现代化对共同体的肢解。吉登斯就认为："现代性的一个特点是远距离发生的事件和行为不断影响我们的生活。"① 滕尼斯也指出，在现代社会中共同体已经成为人们久远的集体记忆，现代社会已经取代了传统社会中共同体的存在②。而在中国，在社会关系意义上传统性社会资本并不缺乏，关键在于如何完成向现代公民意义上的社会资本转变，实现帕森斯现代化模式变项中从"特殊取向"到"普遍取向"的转变。新生代农民工的社会资本具有传统与现代的双重特征。在乡村空间，宗族、乡缘、村落形成村落宗族共同体。这种村落宗族共同体不仅是新生代农民工社会认同和身份归属的重要传统共同体，也是他们在城市打拼的重要动力和主要社会支持。但在当前我国快速城市化进程中，这些珍贵的传统共同体资源正随着村落的日益空心化而变得碎片化，村与村之间、干部与村民之间、村民与村民之间关系的利益化，新生代农民工家庭的离散性，现代化对老乡等乡缘网络的肢解等，使得共同利益、成员归属感、集体行动等传统共同体资源正在成为稀缺品。传统共同体的失落加剧了新生代农民工城市融入的困境。与此同时，在工业化和城市化的迅猛冲击下，新生代农民工由于就业流动性和职业更换率较强，没有一个固定的职业共同体可以长久归属，导致其在城市空间中能够认同和归属的现代共同体处于缺失状态。他们没有被纳入城市社会保障体系，干着城里人不愿干的脏活累活，是社会中的弱势群体。

当然，我们还要看到，新生代农民工入城后在社会资本发生演化的过程中，其社会资本存量严重不足。

1）关系型社会资本狭窄。关系型社会资本存在于个人关系网络中。美国著名社会学家马克·格兰诺维特（Mark Granovetter）提出了著名的"弱关系假设"③。他指出，在传统社会，每个人接触最频繁的是自己的亲人、同学、朋友、同事……这是一种十分稳定的而传播范围有限的社会认知，这是一种强关系现象；同时，还存在另外一类相对于前一种社会关系更为广泛的，然而却是肤浅的社会认知。例如，一个被人无意间提到或者打开收音机偶然听到的一个

---

①　安东尼·吉登斯. 2000. 现代性的后果. 田禾译. 北京：译林出版社：301.
②　斐迪南·滕尼斯. 1999. 共同体与社会：纯粹社会学的基本概念. 林远荣译. 北京：商务印书馆：221.
③　冯建蓉. 2011. 从强关系到弱关系：农民工社会网络转变的社会学分析. 西南农业大学学报（社会科学版），（12）：79-83.

人······① 格兰诺维特把后者称为弱关系现象。我们可以依据格氏的"弱关系假设",来探讨新生代农民工的关系型社会资本问题。就新生代农民工的弱关系与强关系而言:前者以业缘、友缘为依托的次级关系型社会资本关系为基础,人际交往遵循的是需求法则,具有自致性,个体异质性强,是新生代农民工在理性权衡的基础上为谋求自身利益而发展起来的,人们可以依靠它获得更多的就业机会;而后者则主要是以血缘、亲缘、地缘为纽带而形成的初级关系型社会资本为基础,个体同质性高,人际交往遵循的是供给法则与人情法则,是从人一出生就伴随着的,具有先天性,网络内部带有明显的情感色彩。需要指出的是,以血缘、地缘和亲缘为主要纽带的初级关系型社会资本注重人情、面子和缘分,是以特殊信任为内容的,强调信任有亲疏远近,获得的信息资源重复性高,资本缺乏相对价值,容易自成一个封闭的系统。初级关系型社会资本的这种特性极大地强化了新生代农民工生存的亚社会生态环境,而这种亚社会生态环境又极大地减少了新生代农民工与市民互动的广度和深度,凝固了新生代农民工所具有的传统观念和小农意识,严重阻碍着其对城市的认同与归属。因此,具有明显的狭隘性是新生代农民工关系型社会资本的一个重要特征。

2)制度型社会资本缺乏公正。制度型社会资本为生活于其中的个体提供制度上的保障和便利,它是社会生活的普遍准则。制度是组织成员关系有序化、正常化的重要基础;离开制度,组织成员就无法建立正常的、稳定的社会关系。因此,制度是一种重要的社会资本,在社会发展中起着根本性的作用②。由于社会资本必须在正式制度引导和支持下显现效用,对社会成员不像其他正式制度那样具有强制的约束力,"通常制度设计的主体是政府,如果制度公正,可以增加人们对政府的归属感、信任感;反之,则社会问题接踵而至,严重的时候甚至会影响政府本身的公信力"③。因此,要保证社会资本有一个稳定的培育环境,就必须依靠法律和政治规则对有碍社会发展的行为进行惩罚,从而创造一个公正的制度型社会资本。这样,有了公正的制度型社会资本,才可以增加人们的归属感,增强社会成员之间的互信。新生代农民工尽管长期在城市工作和生活,但其依然是农民工的身份,所获得的制度型社会资本远远少于城市居民。当前,新生代农民工制度型社会资本缺乏公正,最明显地体现在社会保障制度上。在城乡二元分配背景之下,他们在实际工作中却很少能享受到如就业、住房、教育、医疗等应当由政府提供的最基本的公共服务,我们把这种现象称为"制度

---

① 张淑华. 2012. 微博在突发事件中的"扩音效用"的理论探析. 今传媒,(6):14.
② 道格拉斯·诺斯. 1994. 制度、制度变迁与制度成就. 刘瑞华译. 台北:时报文化出版企业有限公司:6.
③ Lin N. 1996. Social Capital: A Theory of Social Structure and Action. London: Cambridge University Press: 19-20.

的断裂和失效"。

　　3）组织型社会资本不足。组织是由人构成的，有人的地方就会有人际互动，持续的人际互动最终会形成社会网络。如果对这种网络加以维护、利用，使其可以为行动者的目标服务，那么这样的网络就会因行动者的努力而诞生出所谓的"社会资本"。从这个角度来说，组织与社会资本有着千丝万缕的联系。更进一步来讲，社会资本作为一种可动用的资源，本身就是组织的一部分，就像制度、目标、成员等组织的构成要素一样，影响着组织的运行和发展。从社会资本的定义可知，社会资本是人与人在联系中产生的，而组织作为人的一个集合，无论其外部还是内部都有大量的人际联系存在，社会资本不可避免地渗透进组织内部，特别是对于一些非正式组织来说，由于其本身就是人际关系社会网络的产物，这些组织和社会资本的关系就更加紧密了。帕特南指出："社会资本具有诸如信任、规范以及网络等社会组织的特征。这种组织的特征使得它们能够通过促进合作行为来提高社会的效率。"① 由此我们认为组织型社会资本是个人从组织中可以取得和利用的资源。法国著名社会学家、历史学家托克维尔（Alexis de Tocqeville）认为"在民主国家里，全体公民都是独立的，但又是软弱无力的。他们几乎不能单凭自己的力量去做一番事业，其中的任何人都不能强迫他人帮助自己。因此，他们如不学会自动地互助，就将全都陷入无能为力的状态"②。为此，人们为了维护共同的利益或是实现共同的主张而结成利益集团。各利益集团希望通过种种方式去影响政府，以获得有利于自己的分配结果。现代政治实践证明，组织化程度的高低，是公民进行有序表达利益的重要渠道，是公民社会发育成熟程度的一个重要标志，也是一个阶层或集团利益表达的力度与有效性的重要标志。社会组织可以使公民在有组织地参与政治活动中强有力地增强其利益表达的分量，进而引起政府和决策部门的关注和重视，并充分考虑其利益要求。而原子化的个人利益表达，不能促进社会健康有序的运转，只能导致社会失序和政治不稳。当代中国利益表达机制的构建，在利益表达主体方面，即"谁来表达"方面不能定位在原子化的个人，而只能是社会化组织。在社会利益分化日益加速的时代，各个利益阶层和利益群体都有代表自己的利益表达组织，如工会、工商联、青联、妇联等组织，而新生代农民工是新兴城市"居民"，在城市化过程中自主地由农村大规模流向城市，缺少代表自身利益的社会组织。《半月谈》杂志针对湘、粤两地农民工的专项调查表明，只有21.5%的农民工所在单位成立了党、团组织；农民工所在单位或社区成立工会的比例只有

---

① Putnam R. 1993. The prosperous community: Social capital and public life. American prospect，(13)：35-42.
② 李贵成. 2013. 人的尊严视域下的新生代农民工利益表达机制研究. 东南学术，(5)：169.

16.2%，专门代表农民工权益的组织几乎没有；75.6%的农民工没有参加任何打工地组织，参加过所在单位民主管理活动的农民工也仅占12.9%[①]。在仅有的少数能代表农民工权益的组织中，能发挥作用的很少。分散的新生代农民工是无法与有组织的机构相抗衡的，而借助组织载体可以把新生代农民工在公共问题上分散的、模糊不清的个别意志和行为转化为明确的、共同的组织意志和集体行动，从而影响政府决策和其他公共管理活动。因此，没有组织性致使新生代农民工的利益无法"自致其上"，在进行利益诉求表达时，意见和行动都比较分散，缺乏话语权，不能形成统一声音，即使有声音，也难以到达决策的终端。而持续不断的维护自身权利的利益表达成本很高，耗时、耗力、耗钱，个人难以承担，严重挫伤了新生代农民工的利益表达积极性。这也使大多数新生代农民工不得不选择了忍耐和沉默，最终导致了新生代农民工尊严感的下降。正如美国著名学者阿尔蒙德（G. A. Almond）提出："利益表达是要付出代价的，坚持持续不断的利益表达，其耗费量很大，靠公民个人无力承担。"因此，利益表达的组织载体缺失是广大新生代农民工利益表达陷入困境、尊严严重受损的一个重要成因[②]。

4）权威型社会资本缺乏。权威型社会资本是指人们因拥有权力、声望、身份和地位而给自己带来利益上的回报。科尔曼（J. Coleman）将其定义为"拥有控制他人行动的权力"[③]。从新生代农民工角度来看，他们一直以来都是城市社会中的"沉默阶层"，往往难以拥有一定的权威资本，话语权缺失，更多的只是被关注、被影响、被帮助的弱势群体。"话语权"的概念是法国后现代思想家福柯（M. Foucault）最早提出的。他说："话语就是权力，人通过话语赋予自己以权力。"[④]布迪厄则进一步揭示了语言与权力的关系，他指出："语言的运用充分体现了权力的运作，人类的每一次语言交流都体现了权力关系，每一次语言的表达都应该视为一次权力行为。"新生代农民工在遭遇有形和无形的障碍后，才勉强在城市里栖居下来，但他们的民主政治权益却很难得到切实维护，缺乏对城市社会的话语权。由于新生代农民工缺乏话语权，不能参与同自己的权利相关的社会事务的发言权，许多政府部门缺乏为他们提供相关公共服务的意愿，在制定政策时很少考虑到他们的权益，自然而然地，他们在经济、文化、健康等方面的权益就难以得到保障，严重阻碍了他们的政治参与，加剧了城市社会对他们的排斥。新生代农民工作为我国城市生产业的主力军，如今已经成为当

---

① 李贵成. 2013. 人的尊严视域下的新生代农民工利益表达机制研究. 东南学术，（5）：167-173.
② 李贵成. 2013. 人的尊严视域下的新生代农民工利益表达机制研究. 东南学术，（5）：169-170.
③ 尉建文，赵延东. 2011. 权力还是声望？——社会资本测量的争论与验证. 社会学研究，（3）：64-83.
④ 赵秀芳. 2010. 从公民话语权看弱势群体利益的维护. 理论与现代化，（3）：10.

今中国社会结构中的一个重要组成部分。新生代农民工的社会资源则是指新生代农民工个体从自身社会资源和其身处的社会阶层中所可能获得的资源。社会资本理论对于分析新生代农民工在社会资源方面所存在的问题，具有一定的解释和指导作用。对于新生代农民工而言，其社会资源可分为两个层面：一是新生代农民工个体从社会关系网络中获取的资源；二是新生代农民工个体从社会联系和社会制度（如组织、制度和规范等）中获取的资源。由于社会资本具有工具理性的特征和功能，新生代农民工的社会资源在解决子女在其务工城市的教育问题、婚姻和职业发展等发展性问题，以及他们所遭遇的那些因社会保障、社会福利的制度性缺失而产生的现实问题等方面往往能发挥较大作用。是否拥有足量、成熟的社会资源关系到新生代农民工能否有效进行社会参与、维护自身权益，而且真正融入城市生活，在城市获得更大的生存和发展空间。

八、"用脚投票"理论

"用脚投票"一词最早来源于股市。投资者以其股权比重参与公司的重要决策和利润分配，并通过公司股东代表大会、董事会选择经理层。反之，投资者还拥有另一种选择权，即理都不理你的"用脚投票"——对股市政策和上市公司的不满，投资者没有办法来发表自己的意见，只能用卖出股票走人，再也不和它玩了的方式来回应它，这就是"用脚投票"。

美国经济学家蒂伯特（C. Tiebout）最早提出"用脚投票"理论。50年前蒂伯特通过对美国城市化的研究得出结论：在人口流动不受限制的条件下，居民可以根据各地提供公共产品和税负情况自由选择到公共服务和税收的组合令他们最满意的社区去住。也就是说，居民可以"用脚投票"来展现其偏好并做出选择哪个政府的决定。①

蒂伯特的"用脚投票"理论是基于以下假定提出的：①政府活动不产生外部性；②辖区政府、辖区间无利益外溢、信息完备，人们对于每个社区的公共服务和税收情况了如指掌，并能够对这些掌握到的情况做出反应；③人们可以充分自由流动；④存在着足够多的每个人都能够流向那些能够更好地满足他们的既定偏好模式的社区；⑤公共服务用比例财产税来筹资且公共服务的单位成本不变；⑥所提供的公共服务在各个社区之间存在外部经济或者外部不经济；⑦社区可以颁布禁止土地用于某些用途的法律或排他性区域规划法。蒂伯特还提出

---

① 李贵成. 2015. 用脚投票：权利自救下民工荒的一种解释框架. 理论探讨，（3）：154-157.

当满足了这些假定之后，各地方资源配置和各社区规模均达到最优，就不再通过流动来改善境况，从而达到帕累托效率均衡。政府不再需要实施有效率的措施，使有相似偏好的人聚居在一起，共同享受地方公共产品。①

随着时代的发展，源于股市专业词汇的"用脚投票"如今由原先的经济术语演变为一个常用的普通短语，即用来比喻对某事的失望或抵触，从而选择离开或者放弃。

改革开放以来，我国经济的持续发展和城乡壁垒的松动使得大量农民涌入城市就业。当今我国农民工内部已经产生了较大的代际分化，"80后""90后"的农民工群体约占农民工总数的60%以上，逐渐成为农民工群体的主体。这表明，农民工已不再是一个高度同质的群体。与老一代农民工相比，"80后""90后"的农民工呈现出显著差异，诸多学者将这类农民工群体称为"新生代农民工"。

新生代农民工的价值观和老一代农民工相比，亦具有代际特征。他们受教育程度高，带着更大的期望来到城市，更加注重对职业前景的选择和自身权利的维护。当权益无法满足时，新生代农民工便选择了"用脚投票"的最后方式以应对那些不信守社会责任的企业，用他们自己的"脚"来抗衡资本的"脚"。

"公民在法律面前一律平等"，是我国宪法赋予公民的基本权利，但应然的平等保护与实然的非对等对待的矛盾使农民工的平等权受到不同程度的侵害。在国家和资本的双重控制下，由于劳资双方地位悬殊，农民工合法权益时常受到侵犯，一个失语的阶层无法实现组织化。农民工在城市工作的早期，在农民增收停滞和劳动力无限供给的双重压力下，老一代农民工从事着收入最低和工种最差、最脏、最险的工作。这时期，善良的农民工甚至连"用脚投票"的资格和勇气都没有。而对于新生代农民工而言，"用脚投票"的可能不仅使他们挺直了腰杆，可以大声地对那些任意践踏他们人格尊严和劳动权利的企业和组织说不，更是他们自我价值及有权选择自己更好生活的无声宣言，成为新生代农民工就业择业时的新特征。

从企业来看，出现招工不足的多半是从事"三来一补"的劳动密集型企业。这些劳动密集型企业主要是从事服装加工、制鞋等产品竞争较激烈的中小型私营企业。一些企业社会责任缺失，企业利润主要依靠压低工人的工资水平来获取。在某种意义上来说，他们也是"血汗工厂"的典型代表。因此，"用脚投票"是农民工对工资长期徘徊停滞不前、劳工权益保障缺乏的抗争，是作为劳资博弈中的一种重要的抗争手段，是对一种公平制度环境的呼唤。

---

① 李贵成. 2015. 用脚投票：权利自救下民工荒的一种解释框架. 理论探讨，（3）：154-157.

从这个角度来说，民工荒的背后是农民工"用脚投票"的一次权利自救。它告诉我们，人作为生产力中最活跃的因素，具有双重属性：自然属性和社会属性。如果城市政府和企业只看到农民工的自然属性，把其简单地当作资源来利用，而没有看到他们的社会属性，这必然会导致农民工权利的缺失。农民工"用脚投票"的权利自救，则不仅会产生"民工荒"，更会让社会经济后继乏力。

九、增权理论

增权理论（Empowerment Theory）产生于 20 世纪 70 年代，又译为充权、赋权、激发权能理论，意指赋予或充实个人或群体的权力。随着所罗门（Solomon）所著的《黑人增权：受压迫社区中的社会工作》（《*Black Empowerment: Social Work in Oppressed Communities*》）一书的出版，增权理论成为西方社会工作领域重要的理论和实践模式，同时增权作为社会工作中一个实践取向、一种理念，走进了众多学者的视野。所罗门认为"增权"就是通过处理问题中的特殊障碍，改变受到外在社会污名化的团体界定，使团体内的成员，重新界定及认识该团体，以拾自信与自尊[①]。在实际生活中，处于社会底层或社会边缘的弱势群体因为社会利益的分化和制度安排等方面的因素总是缺乏维权和实现自我利益主张的权力和能力，而增权理论的提出就是使弱势群体这样一个"无权的一群"减少无权感，对社会权利、个人权利、政治权利有更深刻的认识，并因此变得足够强壮而足以参与影响他们生活的事件和机构，进而促进主体角色意识的提升、尊严感和福祉感的增强。

增权涵盖三个层面的意义，即个体层面的增权、社会关系层面的增权和社会参与层次的增权。就个体层面的增权而言，其意义包括实际控制能力和心理控制能力两个方面，是指个体对所处环境的融合与影响能力及有效控制自身的生活能力。不过要说明的是，不同的弱势群体，其个体增权的各元素的权重不同，侧重点也有所不同。就社会关系层面的增权而言，能够增加弱势群体一定的社会资本，为其争取到公平的社会环境。社会资本是指嵌入个体人际关系网络中的一种社会性资源，它不依附于个人的存在而存在，而是通过个体的社会关系获取，具有资本的特征。利用这种社会性资源能够使弱势群体降低行动成本、获得必要的信息支持，实现特定目标。而离开人与人之间的关系，任何人都无法提升自己的权力和能力。就社会参与层次的增权而言，社会参与层次的

---

① Solomon B B. 1976. Black Empowerment: Social work in oppressed communities. New York: Columbia University Press: 45.

增权目标是弱势群体能够表达自己的利益诉求和参与社会资源的分配，并对政府的有关决策产生影响，透过社会政策和计划，去为自己争取到与健康社会和进步文化相匹配的社会公正和社会平等待遇，从而为社会民众提供平等的接近资源的能力和机会，为弱势群体增权赋能。

通过对增权理论的内涵揭示，不难发现，增权的目标是为了进一步增加、强化权力、权利和利益，从而减少社会不平等，实现社会正义；增权的价值在于协助弱势群体及其成员，透过行动，去增强调适的潜力及提升环境和结构的改变。因此，增权既是一个动态的过程，又是活动所力图达到的目标；不仅有微观层面的，也有中观层面的，还有宏观层面的。[①] 可以说，增权理论为新生代农民工权益的维护提供了可能性与现实性；而增权理论的内涵、目标及价值为其介入新生代农民工维权的有效性也提供了充分的理论依据。

按照马斯洛理论，人类需求由较低层次到较高层次分成：生理需求、安全需求、社交需求、尊重需求和自我实现需求五类。目前新生代农民工的需求愿望正处于由较低层次向较高层次转变的过程中，他们不再仅仅满足于收入的增加和生活的改善，在政治参与、社会保障、民主权利、子女上学、家庭安居、实现自我价值等方面的需求越来越强烈。但是，相应的社会机制却跟不上新生代农民工的迫切需求，使得他们遭受着多方面的尊严缺失。

1）政治尊严缺失。政治尊严是一个国家民主政治的体现，其具体内涵体现为公民所享有的平等的参政、议政、选举与被选举的权利。恩格斯认为，"在社会主义社会，一切人，或至少是一切国家的一切公民，或一切社会的一切成员，都应当享有平等的政治地位和社会地位"[②]。每个劳动者，不管他的职业、性别、收入等如何，都享有平等的社会地位和政治地位。这既是法律赋予公民的基本权利，也是社会主义的本质要求。与老一代农民工相比，新生代农民工政治参与意识增强，他们力图通过参与政治来实现自己的利益诉求。但新生代农民工政治参与机制不健全和参与渠道不畅通，存在制度供给困境，政治尊严严重缺失。由于制度的原因，在城市生存的新生代农民工在政治上始终无奈地扮演着局外人的角色，城市尽管与他们的利益有着直接关联，但由于制度安排无法参与城市公共事务的管理，无法表达和维护自身利益。他们无权参与城市社会的管理与决策，只能回到本村参加选举，而不能在居住地参加选举。然而，由于远离家乡、信息不通等原因，众多新生代农民工也不愿意回乡参加选举。于是，

① Lee. 1994. The Empowerment Approach to Social Work Practice. New York: Columbia University Press, 78.
② 中共中央马克思恩格斯列宁斯大林著作编译局. 1995. 马克思恩格斯选集（第3卷）. 北京：人民出版社：31.

就出现了新生代农民工既没有参加原籍选举，又没有参加居住地选举的"悬空"状况，"两不靠"新生代使农民工成为日益边缘化的群体。"城市边缘人"的尴尬地位和城市社会组织结构的封闭性，严重削弱了农民工的整体政治话语权。而新生代农民工的话语权在政府过程的利益表达和政府监督中起着不可替代的作用，他们是弱势群体的代言。从政治系统的输入与输出关系和政府与公民的互动视角来看，新生代农民工由于缺乏政治话语权，不能发挥民主监督的作用，在政治参与中是一个"沉默"的阶层，许多政府部门制定政策时很少考虑他们，缺乏为他们提供相关公共服务的意愿，也导致新生代农民工群体对政治的疏离感，加剧了城市社会对新生代农民工的排斥，阻碍了他们的政治参与，进一步弱化了他们在就业市场上的竞争地位和维护合法权益的能力。

2）社会尊严缺失。社会尊严是指与个人建立了社会关系的他人、群体和社会对个人的品格、才能等价值的社会评价和社会认同，以及由此而获得的个人在社会中的地位、身份、声望等。社会尊严具有个体差异性，反映了个人被社会接受和认同的程度，是社会秩序形成的价值基础。社会尊严需要一种价值"认同"作为基础，没有他人、群体和社会的"认同"，"社会尊严"就失去了存在的根基。如何获得"认同"？个体必须在社会交往中发现和展示自己的价值，所以社会尊严无法以一种"独白"的形式存在，人们只能在某种关系中获得"认同"，社会尊严的真正起源是"对话"式的。具有内在品性的"尊严"的发生，本质上不是"我"在孤立状态中的主观任意"炮制"，相反，"我"的尊严只有通过与"有意义的他者"的对话才能获得。现代尊严观念的内源性特质，深刻揭示出"自我意识"本质上依赖于我和他者对话关系的事实——真正的自我发现和自我只有把某种关系作为背景才是有可能和有意义的[①]。但是，由于长期的城乡二元分割，人为形成的"两个世界"，新生代农民工与城市居民之间形成种种隔阂。城市居民由于拥有相对优越的资源、利益分配权力、身份、地位意识和观念而对新生代农民工怀有偏见，刻板地将他们视为"外地人""乡巴佬"，认为他们素质低下、"小农意识"强烈，不属于现代化发展的城市，从而在思想和行为上都表现出排斥性。城市居民对新生代农民工的社会排斥使他们普遍具有被歧视感，这种被歧视感又进一步在心理上影响到他们与城市居民的交往，使新生代农民工交往的对象和范围主要局限于基于血缘、亲缘和地缘关系的家人、亲戚、朋友和老乡之间，由此导致新生代农民工群体与城市市民群体之间存在着严重的心理隔阂，形成新生代农民工城市生活的另一种"内卷化"状态

---

① 李贵成. 2013. 增权理论视域下维护新生代农民工尊严问题研究. 郑州大学学报（哲学社会科学版），(5)：29-32.

和"心理孤岛"现象，造成新生代农民工与城市市民共同生活"有交往没有交流"，处于一种"镶嵌式"状态。这表明，由体制原因造成的不平等而形成的歧视，使得新生代农民工的交往有很强的同质性和内倾性，一般在农民工之间互动，很难与城市居民融合，造成新生代农民工社会尊严的严重缺失。

3）就业尊严缺失。劳动是人最基本的权利和尊严，是人们生活的核心。它不仅是人们生存和发展的基础，也是人的尊严实现的基本条件。对于每一个有劳动能力的人来说，自尊是更重要的一面。只有用劳动实现自身的价值，自信心和自尊心才能得到满足。就业权利是现代化工业社会中劳动者最基本、最重要的权利，就业权利能否实现决定了劳动者的基本生存权与基本发展权。当前，新生代农民工就业尊严的缺失，总体上并不表现为失业引发的社会权力失落，而是表现为就业过程中的权利沦落。Emma Grant 在比较第三世界和发达国家的情形时曾指出，由于就业方面立法的不完善，第三世界许多劳动者只能从事缺乏保障、低收入和被剥削的工作；因此，劳动力市场对劳动者的包容或吸纳，本身便是一种排斥形式，是一种不平等的包容或吸纳①。传统新古典经济学认为，劳动力市场是一个连续的竞争性市场，劳动力价格即均衡工资决定于劳动力的供给和需求状况。如果劳动力供给大于需求，市场均衡工资水平就会下降；反之，亦然。实际上，劳动力市场存在"二元结构"，是一个非连续性的分割市场，这在发展中国家更为明显。由于受二元户籍制度的影响，我国城市劳动力市场属于典型的二元劳动力市场，人为地分割为一级劳动力市场和次级劳动力市场。二元劳动力市场所具有的这种二级结构特征，显然使新生代农民工的就业具有多种局限。在一级劳动力市场上，劳动力就业具有工资水平较高、工作环境安全、就业稳定、升迁机会多、管理规范等特征；相反，在二级劳动力市场上，劳动力就业的工资水平较低、工作环境恶劣、就业不稳定、管理不规范等问题突出。新生代农民工受教育程度虽然较第一代农民工普遍提高，但是与城市里大批接受过高等教育的同龄人相比，其在就业环节上始终处于弱势地位，难以涉足第一劳动力市场，更多地被排斥在次级劳动力市场，从事着城市人不愿干的"脏、累、险"工种，工作变动十分频繁，城市生活得不到保障，这会在一定程度上损伤他们的就业尊严。

4）制度尊严缺失。社会的演进在人类社会发展的历程中总是处在有序与无序的矛盾运动之中。我们可以简单地将社会的这种秩序状况二分为常态型社会和非常态型社会。常态型社会的典型特征表现为社会的和谐与安定、制度的理

---

① Grant E，Blue I，Harpham T. 2000. Social exclusion: A review and assessment of its relevance to developing countries. Journal of Developing Societies，16（2）.

性与规范，而社会的危机与断裂、制度的混沌与缺失则是非常态型社会的典型特征。为防止出现不可操控的混乱局面，以确保人类社会进程的连续性和稳定性，我们总是力图确立多种样式的制度模式，以期实现社会有序化的治理。因此，制度是社会公正的主要载体，它引导社会生活的有序化、规范化、合理化运行，决定了个人所拥有的基本权利和应承担的义务及对社会利益的分享。正如波兰的社会学者彼得·什托姆普卡（Piotr Sztompka）在阐释社会变迁过程中民主制度的功效时指出，制度能帮助建立规范的确定性、社会组织的透明度、社会秩序的稳定性、权力的责任性、权利和义务的设定、职责和责任的强制性，以及人们个人的尊严、正直与自制。社会保障制度是保障公民基本生存条件和权利的重要保障，是体现一个国家社会福利发展状况的重要标志，是维护社会稳定不可或缺的社会机制[1]。因此，社会保障和公共服务的惠及是新生代农民工的迫切需要。新生代农民工在城市中工作和生活，渴望与城市市民一样享有养老、住房、教育、医疗等应当由政府提供的最基本的公共服务；而住房、教育、医疗等救助制度的实施，能够使新生代农民工体面地生存，可以免除他们的生存危机、共享社会发展的成果，这样可以提高新生代农民工的自尊和自我价值感，但在城乡二元分割的经济体制下，他们在实际工作中无法享受到和城市居民同等的养老、教育、医疗、住房等福利待遇，导致他们的基本权益受到侵害，甚至剥夺了他们在城市的生存与发展机会。我们把这种现象称为"制度的断裂和失效"。这不仅表现为一些制度本身的权威遭到质疑和否定（即制度的弱化），也使得国家和社会正常秩序得以维护和运转的基础受到削弱，最终有可能影响到社会的和谐和长期稳定。对作为社会弱势群体的新生代农民工而言，在社会保障制度上如果不能获得基本的社会救助权利，他们就会被排除在社会共同体之外，也就从道德和心理上摧毁了他们的尊严。

---

① 王春光. 2008. 新生代农村流动人口的社会认同与城乡融合的关系. 社会学研究，（3）：63-76.

第三章

从"民工潮"到"民工荒"：
农民工问题的重大转变

改革开放以来，我国的社会结构与社会流动发生了巨大的变大，其中最引人注目的是大规模的农村劳动力在农村与城市之间流动①。从"民工潮"到"民工荒"，无论是在理论上还是在实践上，都已成为我国经济社会发展中一个不容忽视的重大政治和社会课题，因此成为一种新的经济、社会现象。本章通过对"民工潮"及"民工荒"现象的研究，以期为研究新生代农民工价值观出现的新变化及引导对策奠定扎实的理论基础。

第一节　"民工潮"现象

"民工潮"是在改革开放以后中国社会结构发生大变动的背景下形成的，同时它也对中国的社会结构产生了极为重要而深远的影响，包括对中国社会的城乡结构、职业结构、地区结构、阶级阶层结构都产生了种种影响②。对于"民工潮"现象，目前尚存在着许多争议。有人认为它是"盲流"，冲击了城市社会，扰乱了社会秩序，增加了交通紧张，必须加以限制；有人认为它是经济发展的正常现象，可以促进社会进步。因此，对于"民工潮"问题，必须根据农村改革和经济发展的客观情况，站在现代化建设全局的高度，进行客观、公正、辩证的认识和评价。

① 王正中. 2006. 民工潮到民工荒：当代中国农民的理性跃迁. 求索，（2）：69.
② 吴鹏森. 2001. "民工潮"对中国东西部地区发展差距的负面影响. 社会，（7）：4.

一、近代以来"民工潮"的产生

农民的社会流动在历史变迁中，是一种必然的社会反映，具有社会的进步意义和历史的合理性。通过对从晚清到 20 世纪 30 年代人口迁徙和流动的研究，有学者认为晚清工业化的洋务运动时期可能始有农民的社会流动。因此，"民工潮"对于今天的中国来说只是重演的故事而已，不像有些学者认为的那样，只是在 20 世纪 80 年代后期才出现的。

在近代中国，晚清时期没有确切的数字来反映离村农民中究竟有多少是务工人群，但屡见不鲜的现象类似"江海通商，食力之民，趋之若鹜，每月工资至少数元，以养妻孥，绰有余裕。农民终年力作，催科峻急，不免饥寒，咸思舍末远游，几有万一之获"①。

梁启超先生也对当时农民的社会流动进行了一定的研究。在戊戌变法时期，他主办的《时务报》中就记载道："中国工人伙多，有用之不竭之势。所得区区工价，实非美国工人所能自给。上海如此，他处尤为便宜，盖该口工价已较内地丰厚，致远方男女来谋食者日繁有徒，虽离家不计也。"②

不过，当时农民的流动呈现出两个鲜明的特点。一是在洋务运动之前农村与农村之间的流动方式。这是在自给自足的自然经济条件下所固有的农民流动方式。二是在洋务运动之后从农村向城市的流动方式。这是晚清洋务派开展洋务运动所引发的对自然经济的解体及其对产业工人的需求。

与西方国家所走的工业化道路不同，中国早期工业化的第一道闸门是由洋务派发起的洋务运动来启动的。

洋务运动，又称自救运动，该运动自 19 世纪 60 年代开始，到 90 年代结束。洋务运动的内容很庞杂，以"自强"为名，以兴办军事工业为主旨，并围绕军事工业开办其他企业，最终引发了一系列工业部门近代化的链式反应，如原料、能源、动力、交通、通信等，涉及军事、政治、经济、教育、外交等。

1）产生了一批与军事工业相关的近代工矿企业，如汉阳兵工厂之于大冶铁矿和萍乡煤矿、马尾船政局之于台湾基隆煤矿、天津机器局之于开平煤矿等。

2）应运而生了近代中国的交通、通讯。因向外输送煤炭的需要而诞生了中国近代由国人自己修筑的第一条铁路，即唐胥铁路，而 1879 年出自军事防务的需要而在天津和大沽之间铺设了中国的第一条电报线路。"中国兴造电线，以通

---

① 李文治. 1957. 中国近代农业史资料. 北京：生活·读书·新知三联书店：412.
② 吕新雨. 2003. "民工潮"的问题意识. 读书，（10）：52.

军报为第一要务，便商民为其次。"①

　　3）民用工业也开始迅速兴起。湖广总督张之洞在中国的中部汉阳建立了一个钢铁厂给他的兵工厂提供原材料，而李鸿章为了给他的部队供应服装开办了纺织厂。与此同时，沿海省份的一些主要城市也逐步开办起一些面粉厂、棉纺织厂、缫丝厂和其他消费品制造厂等②。

　　由此可见，中国早期工业化运动是以军事工业近代化为旨趣并推及民用工业近代化的，而中国近代史上第一次真正的城市化浪潮也是在这一背景的直接推动下形成的。在工业化内力作用的推动下，大量乡村人口从农村走了出来，纷纷聚集到城市工作和生活。这是通过经济杠杆变传统乡村社会为近代城市社会的必然历史趋势，也是近代城市化运动所形成的一个独特的历史过程，这与传统城市之兴出于政治与军事需要的外在动因有所不同。

　　对此，当年主持其事的李鸿章、张之洞等洋务大吏们对发展矿业和兴建铁路带来人的集聚和市面的繁荣似乎早有清醒的预料，他们曾经不止一次谈到洋务运动带来大量农村人口迁移的必然结果。"铁路之市易既繁，夫车亦因之增众。至若火车盛行，则有驾驶之人，有修路之工，有上下货物、伺候旅客之杂役，月赋工糈，皆足以仰事俯畜，其稍饶于财者，则可以增设旅店，广买股份，坐权子母，故有铁路一二千里，而民之依以谋生者当不下数十万人③。大抵挖煤机器不外抽水、起重两种，皆是协助人力之事。能用机器则出煤愈多，用人愈众。挑挖民夫、转运船户从前用百人者，今必加增至四五百人；从前用船千余号者，今必增加至四五千号。"④

　　当时中国社会人口从乡村向城市聚集的流动过程确证了李鸿章、张之洞等洋务大吏们的判言。这从两个方面得以体现出来：①洋务派在上海、天津、武汉等地进行大规模的投资，几乎在所有的省城都设有机器局，从而吸引了大批乡村人口向这些城市聚集，使这些城市获得了新的发展契机。据初步估计，城镇人口1843年是2070万人，而到了1893年则已达2350万人。于是，有意义的城市化发展在半个世纪中出现了⑤。典型的如武汉1840年前城镇人口约20万人，到清末已达80万人；上海在1843年只有23万人，到清末已达100万人；天津在1840年城镇人口有19万余人，到清末已32万人左右。②一大批产业工人和商业服务人员结集在一批新起的工矿企业和铁路电信运输部门。据统计，

　　① 盛宣怀. 2015. 盛宣怀档案. 上海：古籍出版社：345.
　　② 费维恺. 1990. 中国早期工业化. 北京：中国社会科学出版社：2.
　　③ 张力. 1961. 洋务运动（六）. 上海：上海人民出版社：145.
　　④ 孙毓棠. 1957. 中国近代工业史资料第1辑（下）. 北京：中国社会科学出版社：764.
　　⑤ 施坚雅. 1991. 中国封建社会晚期城市研究. 长春：吉林教育出版社：231.

1894 年，包括洋务企业在内的近代工业中仅雇佣工人就近 10 万人。例如，大冶及附近矿区就有 3000 余人，开平唐山据保守估计有 5 万余人[①]。

洋务运动以后，接着辛亥革命的爆发、民国的成立，为资本主义的发展扫除了障碍，封建生产关系和政治制度加速走向瓦解。在这种情况下，城市近代化进程加快，大量农村人口进入城市成为工业工人，类似今天"民工潮"的现象日渐显现。因此，我国农村劳动力自近代开始就不断向城市转移就业。

从近代我国"民工潮"的产生和发展来看，其社会流动形态呈现出以下特点：①农民工主要来源于离城市不远的农村地区；②破产的农民和手工业工人是早期产业工人的主要来源；③民族工业资本在外国资本和官僚买办资本的胁迫下对劳动者的吸纳力很低；④"农民工"在新中国成立前没有这一说，那时候城市工人与农民进厂工作后同工同酬，处于同一起跑线上；⑤进城转移就业的农民，或是举家入迁、或是在城市成家，多数完成了由农民到市民的"蜕变"，完成了职业和地域的彻底转移，所以很快适应和融入了城市生活。

二、新中国成立后"民工潮"的形成

归纳起来，"民工潮"现象在新中国成立后出现过几次。

（一）十一届三中全会以前我国出现了两次大的农民工进城现象

第一次农民工进城。新中国成立以后，各项指标都十分落后，当时国家的首要任务是恢复工业体系，以迅速实现工业化。尽管农业生产水平也十分低下，但国家实行了优先发展重工业的国民经济发展战略。随着这一战略的实施，劳动力也随着工业生产的快速发展而需求剧增。

由于国家对进城民工没有过多限制，大批农民应国家号召或自愿进城，转为工业企业工人，就形成了第一次"民工潮"现象。在 1949～1952 年，大约有 1500 万人口迁入城市，1952 年我国市镇人口达到 7000 万人，而在 1949 年我国市镇人口仅为 5765 万人，平均每年增长近 500 万人[②]。

第二次农民工进城。1953～1957 年国家开始执行发展国民经济的第一个五年计划。第一个五年计划是根据党在过渡时期的总路线和总任务而制定的，在国民经济迅速恢复和发展的基础上，实行优先发展重工业的工业化战略，大批大型工业项目陆续动工兴建，以建立中国社会主义工业化的初步基础。第一个

---

① 刘丽. 1961. 洋务运动（七）. 上海：上海人民出版社：380.
② 国家统计局. 1992. 全国各省、自治区、直辖市历史统计资料汇编 1949. 北京：社会科学出版社：2.

五年计划时期大批重点项目的上马，使得大批农民进城当了工人，随之出现新中国第二次"民工潮"现象。

这一时期，迁移人数每年递增，城市人口机械增长最快。1957年城市人口增加到9949万人，占全国总人口的比重由1952年的12.5%上升到15.9%。到了1960年，城市人口增加到1.3亿，占全国总人口的比重由1953年的12.5%上升到19.7%，形成了农村人口向城市转移的第二个高峰[①]。

（二）十一届三中全会以后我国出现的"民工潮"

总体上来看，在实行改革开放后我国对农村劳动力流动的政策经历了一个从控制到公平的演进过程。根据时代背景和政策取向，我们大致可以把这一过程分为五个阶段。

1. 控制流动阶段（1979～1983年）

在改革开放前，我国实行的户籍制度和就业制度是以城乡分割为鲜明特征的。在这种强制性制度安排下，农村劳动力流动受到严格限制，农民被牢牢地束缚在土地上。自己的出路也只局限于祖祖辈辈耕耘的土地上，"有力气找不到稀饭喝"成了一些农民的天问。

1980年8月2～7日，中共中央召开了全国劳动就业工作会议。针对城镇职工的流动，提出了实行"在国家统筹规划和指导下，劳动部门介绍就业、自愿组织起来就业和自谋职业相结合"的方针。农村剩余劳动力的转移主要通过经营社队企业，就地适当安置，使其不涌入城市。这次会议后，城镇职工的流动得以放开，而对农村劳动力的流动却加强了限制。

2. 允许流动期（1984～1988年）

1984年1月，中共中央发布《关于1984年农村工作的通知》；时隔一年后，国务院又颁发了《关于进一步活跃农村经济的十项政策》。这两份文件准许农民在自筹资金、自理口粮的基础上进城务工经商；取消了对主要农产品的派购任务，鼓励和支持农村劳动力的地区交流，打破了"离土不离乡，进厂不进城"的限制。两份中央一号文件的出台，成为"允许农村劳动力流动"的一个标志，20多年来束缚城乡人口流动的坚冰被打破了。据统计，农村劳动力在1988年流动人数为2600万人，其中跨省流动的人数为500万人[①]。

---

① 农村劳动力流动课题组. 2012. 中国农村劳动力流动的回顾与展望. http://finance.people.comc.n/GB/43429/43544/59613/4204322.html［2012-03-15］.

3. 控制盲目流动期（1989～1991 年）

1987～1989 年，中国出现了严重的通货膨胀。为了控制日益严重的通货膨胀，遏制因物价的上涨而引发的一系列社会问题，国家从 1988 年下半年开始，实施了为期 3 年的治理整顿，许多在建项目被叫停，大量乡镇企业倒闭萧条，民工们只好再次涌回城市里找工作。

1989 年 2 月，刚刚过了春节，几百万农民南下产生了爆发性的集聚流动，成为"民工潮"爆发的标志性事件。中国也第一次感受到春运的沉重压力，"春运"从此作为一个关系国计民生的大问题登上了中国历史舞台。《广东省志》记载，1989 年春节后，每天有约 10 万人到达广州火车站①。1989 年 3 月 1 日《四川日报》报道，春节后四川已有 50 万劳力涌入广东，广东省政府特派工作组到四川，呼吁民工不要盲目入粤。《四川年鉴》也提到，该年四川省外劳务输出累积达到 68.3 万人，增加了 5 万人，其中大部分流向广东②。交通部门不堪承受，社会舆论为之哗然。基于这种严峻现实，国家加强了对农民工盲目流动的管理。

为了控制民工潮，国务院于 1989 年 3 月和 4 月先后下发了《关于严格控制民工外出的紧急通知》和《关于进一步做好控制民工盲目外流的通知》。1990 年 4 月，国务院又发出了《关于做好劳动就业工作的通知》，要求各级政府合理控制农村劳动力的转移，减轻城镇就业压力。各地政府纷纷响应党中央和国务院的指示，采取有效措施，从严或暂停办理民工外出务工手续，严格控制当地民工盲目外流。

然而，南下广东的"民工潮"并没有消退。不得已，国务院在 1991 年 2 月和 10 月先后下发了《关于劝阻民工盲目去广东的通知》和《关于进一步做好劝阻劝返外流灾民工作的通知》。这两份文件均要求各级政府要从严或暂停办理民工外出务工手续。同时要求各级政府综合运用行政、经济和法律手段防止灾民外流，把灾民外流给社会带来的影响减少到最低限度。在这两个文件的指导下，一些大城市对外来人口进行了清理，大批农民工重新返乡。

4. 规范流动期（1992～2000 年）

1992 年，邓小平发表了在中国历史上具有深远影响的南方谈话，激发了全国人力、财力、物力的更大规模流动。在这种大好形势下，沿海地区非国有经济部门迅速发展，对廉价农村劳动力有着强烈的需求，出现了 4600 万农民工进城务工的波澜壮阔的局面。

---

① 陈翔. 2014-01-2. 将另一半广州人纳入服务体系. 广州日报，4 版.
② 邓江波. 2011. "民工潮"的起与落. http://www.gzzzws.gov.cn/gxsl/bngy/gy/201109/t20110908_21901.htm
［2011-09-08］.

与此同时，逐年增加的农村外出打工人口造成大量社会治安问题，产生一系列负面效应。为此，1994 年劳动部颁发了《农村劳动力跨省流动就业管理暂行规定》；1995 年国务院又颁布了《关于加强流动人口管理工作的意见》，试图对农村劳动力的流动以行政手段来加以调控。

为进一步组织民工有序流动，1997 年 11 月，国务院办公厅下发了《关于进一步做好组织民工有序流动工作的意见》；1998 年 6 月，中共中央国务院下发了《关于切实做好国有企业下岗职工基本生活保障和再就业工作的通知》；2000 年 1 月，劳动部办公厅下发了《关于做好农村富余劳动力流动就业工作的意见》。这三份文件的先后出台，有力地促进了农村劳动力跨区域流动的组织化、有序化程度。

5. 公平流动期（2000 年至今）

2000 年以后，国家积极推进就业、保障、户籍、教育等多方面的配套改革，"民工潮"进入"公平流动期"。

2001 年 3 月和 5 月，公安部和国家计委先后印发了《关于推进小城镇户籍管理制度改革的意见》和《国民经济和社会发展第十个五年计划城镇化发展重点专项规划》，取消各地区针对农民和外地人口制定的限制性就业政策，标志着国家关于农村劳动力流动就业的政策发生了一些积极的变化。

2002 年 10 月，中共中央、国务院印发了《关于全面建设小康社会，开创中国特色社会主义事业新局面的报告》，提出要消除不利于城镇化的体制和政策障碍，维护农民工的合法权益，促进农村富余劳动力向非农产业转移。

2003 年 1 月 5 日，国务院办公厅发布了 1 号文件《中共中央国务院关于加快发展现代农业进一步增强农村发展活力的若干意见》（简称《意见》），《意见》强调对农民工和城镇居民应一视同仁，要求各地取消对企业使用农民工的行政审批。

2004 年 1 月 1 日，中共中央、国务院颁发《关于促进农民增加收入若干政策的意见》，《意见》在制度层面上承认农民工是中国产业工人的一员，认为"进城就业的农民工已经成为产业工人的重要组成部分"。

2006 年 1 月，国务院颁发了《关于解决农民工问题的若干意见》。这个文件从 10 个方面系统地提出了关于农民工权益保障机制、促进就地转移等方面的政策措施，被称为解决我国农民工问题，推进农村富余劳动力转移就业的纲领性文件。

2007 年以后，一些地方也在积极探索推进城市公共服务体系、户籍制度、城乡劳动力市场一体化、城市社区完善等领域的深层次改革，积极促进农民工的城市融入和向市民身份的转变。

三、"民工潮"主要特征分析

（一）"民工潮"的规模大小特征

外出务工的农民工的数量在 20 世纪 80 年代初期仅为 200 万人，在 1989 年农民工的数量就飙增到 3000 万人，而到了 2013 年农民工迅速发展到 9000 多万人[①]。全国流动人口每年都以 1000 万的速度递增。据统计，广州的流动人口占常住人口的 38%，在京、津、沪三市，流动人口占常住人口的 20%～25%[②]。

（二）"民工潮"的周期规律特征

农民工刚开始迁徙时，呈现出"农闲时外出打工，农忙时回乡务农"的鲜明的周期性特征。虽然现在的农民工绝大部分已不同于以前的农民工，但是受"有钱没钱，回家过年"等传统文化的影响，在外打工的农民工不管回家的路有多远、多辛苦，在我国传统节日——春节的召唤下，提着大包小包往回赶，在家小住几日后又匆匆踏上返程之路。于是每年春节前后返乡离乡的农民工所形成的人潮是一浪高过一浪，形成中国所特有的春运现象。尽管国家采取了诸如提升车速、增加班车、提高票价等一系列应急措施，但这也无法挡住"民工潮"集中流动的强烈势头。

（三）"民工潮"的流动方向特征

据调查，"民工潮"主要流入地区根据流入人口量的多少依次为广东、江苏、北京、上海、山东等地，主要流出地区根据流出人口量的多少依次为四川、河北、黑龙江、河南、广西、安徽等地。劳动保障部的调查显示，2005 年在中部、西部省份就业的外出务工的农村流动人口分别只有 20%、18%，而占总量 62% 的农民工是在东部省份就业的[③]。可见，从不发达的中西部地区流向发达的东部沿海地区，"民工潮"的流动带有明显的经济倾斜的特点。但值得一提的是，当前也有一部分农民工流向发达的农村地区，诸如浙北和苏南的农村地区。这说

---

① 曹轲庄. 2011. 二十年"民工潮"的起与落. http://wenku.baidu.com/link?url=ywjHo-Qe_5v9D［2011-08-30］.
② 张海. 2009. 论中国农民的第三次解放——民工潮. http://www.chinareform.org.cn/cirdbbs/dispbbs.asp?boardid=11&id=21800［2009-06-12］.
③ 李予阳. 2011. 创造农民工流动就业的新机制. http://politics.people.com.cn/GB/14562/4723362.html［2011-04-13］.

明，"民工潮"的流动已不再是纯粹的由农村向城市流动。

（四）"民工潮"的性别构成特征

"民工潮"主要流入地区的资料显示，以前女性外出的概率一般要低于男性，而现在女性所占的比例与以前相比有了质的提高。这一特征很可能是由于社会分工的性别差异造成的，而这一差异也导致外出劳动力年龄结构的性别差异。例如，在广东省的农民工总人数中，女性农民工就占了高达 61.2%的比例；在北京市，在农民工总人数中，女性农民工占到了 40.5%。从"民工潮"的输出地区来看也是如此。例如，浙江省乐清市，女性占输出总人口的 38.44%[①]。可见，"民工潮"已由男性"一手遮天"变为男女"平分天下"，性别结构发生了明显的变化。

（五）"民工潮"的年龄分布特征

长期以来，年轻人在"民工潮"中的流动量明显高于儿童和老人而占有绝对优势。据统计，15～29 岁的农民工占总人数的 60.05%，在"民工潮"中最为集中，其中 35.18%是 20～24 岁的农民工。相对于男性农民工而言，女性农民工的年龄结构相对更年轻。根据对广东省东莞市女性农民工的调查，其年龄构成很年轻化，80%以上的女性农民工年龄处于黄金时代，其中 72.13%的女性农民工年龄在 16～25 岁[①]。

（六）"民工潮"的行业组成特征

据调查，生产运输工作人员在农民工所从事的行业中最多，商业服务者其次，最后是各类专业技术人员等。大部分农民工从事的是体力劳动，尽管智力劳动者较以前有较大的增长。

（七）"民工潮"的代际特征

当今我国农民工内部已经产生了较大的代际分化，在老一代农民工中除了极少数人或幸运地融入城镇，或仍在留守之外，多数人已陆续返乡，而"80 后""90 后"的新生代农民工群体则又跟随父辈走上迁徙之路。目前，新生代农民工约占农民工总数的 60%以上。和父辈们相比，这些"80 后""90 后"的新生代农民工们由于成长经历趋同于城市的同龄人，具有"三高一低"的特征，即职业期望值高、受教育程度高、物质和精神享受要求高和工作耐受力低。

---

① 张海. 2009. 论中国农民的第三次解放——民工潮. http://www.chinareform.org.cn/cirdbbs/dispbbs.asp?boardid=11&id=21800［2009-03-15］.

四、"民工潮"形成的原因

(一)城乡收入差距拉大及农业比较利益下降是造成"民工潮"的直接原因

我国是一个城乡二元经济结构特征明显的国家。无论从产值结构来看，还是从就业结构来衡量，这种经济结构模式决定了劳动力在不同产业之间的分布情况。在城乡二元经济结构模式下，我国城市化水平落后于工业化水平、就业结构转换滞后于产值结构转换的偏差压抑了经济的增长。因此，调整这种在经济结构中一直以来存在的偏差就成为国民经济增长的重要动力，同时也意味着生产力从束缚中得以极大的解放。

城市收入远远高于农村，这是农村人口向城市迁移的一种经济反映。这也是传统发展经济学理论的一个观点。美国发展经济学家托达罗的预期收入差异论进一步丰富和完善了传统发展经济学理论。托达罗提出了著名的"托达罗人口迁移模型"。按照托达罗的模型，城乡预期收入差异是托达罗假定农业劳动者迁入城市的主要决定性动机。城乡预期收入差异越大，流入城市的人口越多。因此，人口迁移主要是对预期的收入差距的反映。

例如，一个农民在家务农，其一年的收入仅为2000元；而在城市里打工，其一年的收入可达8000元。这样，在家务农和在城打工的收入差距竟高达6000元，必然会吸引他迁移到城市里打工。但是，农民在做出迁移决策时需要考虑的一个重要因素是，能否在城市里顺利找到一份稳定的工作。

从我国的现实情况看，我国农民的收入从20世纪90年代末以来明显偏低，农民收入长期维持低速增长水平，形成了低生产率、低收入的传统农业部门与高生产率、高工资的城市工业部门并存的局面，城乡收入差距呈扩大趋势，经历了一个U字形发展路径。由于城乡二元经济社会结构的影响和制约，我国城乡收入比从2002年以来一直在3以上，收入比由1997年的2.47∶1迅速上升到2009年的3.33∶1，城乡居民收入差距创历史新高[①]。而需要指出的是，2010年城乡收入差距首次下降到3.23∶1，2011年再次下降到3.13∶1，2012年我国城乡收入差距再次下降到为3.10∶1，农村居民收入再次"跑赢"城镇居民。据中国经济网记者统计，3.10∶1已经是10年来的最低值[②]。

与城市和农村的第二、第三产业相比，农业比较利益一直是偏低的。从1990

---

① 朱志刚. 2013. 城乡居民收入差距不断扩大. http://blog.sina.com.cn/s/blog_5379ecc80100kw7u.html［2013-06-03］.

② 统计局. 2013. 2013年中国城乡收入比3.03∶1为10年来最低. http://news.xinhuanet.com/fortune/2014-01/20/c_126030509.htm［2013-01-23］.

年以来，我国农产品生产成本每年约以 10%的速度递增，导致我国农民负担日益突出。由于农产品大多是生活必需品，使农业出现"增产不能增收"的现象。这就是我国大量的农村剩余劳动力源源不断地从农村涌向城市的根本原因。

（二）人地矛盾日益尖锐是造成"民工潮"的"推力"

长期以来，人多地少的矛盾一直是我国的基本国情，成为制约我国农业发展的瓶颈之一。在 1949 年，我国耕地总数为 0.97 亿公顷。到了 1957 年，耕地总数达到最高峰值，上升为 1.11 亿公顷。从 1957 年以后我国耕地总数开始不断减少，到 1995 年耕地总数为 0.95 亿公顷[①]。2000 年以后，由于我国开始推进大规模的退耕还林工程，每年退耕还林任务达到 10 700 万亩[②]，耕地面积又一次明显减少。与此同时，我国人口总数却在不断攀升。以 2007 年为例，2007 年全国总人口数量是 13.21 亿人，比 1949 年的 5.4 亿增加了一倍还多。而同年全国耕地面积为 12 178 万公顷，全国人均耕地数仅 0.09 公顷。这一增一减，导致人均耕地数大幅度下降。

土地资源质量的下降比土地资源数量减少更可怕。长期以来，人们乱砍滥伐，搞掠夺性经营，只知道向土地索取而不向土地投入，严重破坏了生态平衡。据统计，我国现阶段受污染的耕地占总耕地的 1/7；受水土流失危害的耕地占总耕地面积的 1/3；目前土地沙漠化正以每年 66.7 万公顷的速度发展，沙漠化面积约占全国土地面积的 13.5%[③]。

根据边际报酬递减规律，当某一特定值大于这种可变要素的投入量时，增加该要素投入所带来的边际产量是递增的。边际报酬递减规律告诉我们：劳动力的作用在较少的土地与较多的劳动力结合下不能充分发挥[④]。

我国目前有 13 亿多人口，其中 9 亿多农村人口。但人多地少矛盾的存在导致农民无地可种，种田无利可图。大量的农业劳动力由于在农村活动与生存的空间越来越小，便必然会纷纷涌向城市。因此，一部分农民因土地资源的供求矛盾而离开土地，从某种意义上来说确是一种明智之举。

（三）农村劳动力流动就业管理政策的调整和改革开放政策的实施为"民工潮"的涌动开启了闸门

首先，农村劳动力流动因就业管理政策的调整而有了流动的可能。劳动力

①　张新光. 2006. 新中国农地制度变革的一条主线——平分土地. http://www.66wen.com/09glx/gonggong guanli/ xingzheng/20061028/24115_2.html［2016-10-28］.

②　1 亩=666.67 平方米.

③　洪银兴. 2005. 发展经济学与中国经济发展（第二版）. 北京：高等教育出版社：72-76.

④　高鸿业. 2004. 西方经济学（第三版）. 北京：中国人民大学出版社：130-131.

是生产力中最活跃、最革命的因素，但我国长期实行的严格限制人口迁移的户籍管理制度一直以来都是束缚农民流动、阻碍人们城镇落户的制度性壁垒。因为这种城乡有别的户籍管理制度，导致大量的农村剩余劳动力只能滞留在农村，城市人口的增长主要以自然增长为主。

1984 年，中共中央发布了《关于 1984 年农村工作的通知》（简称《通知》）。《通知》准许农民自筹资金、自理口粮，发展商品生产，进入城镇务工经商。1985 年，国务院颁发了《关于进一步活跃农村经济的十项政策》，正式取消了对主要农产品的派购任务，使农民获得了在农业劳动之外寻求就业和收入的权利。2001 年，为鼓励和支持农村劳动力的地区交流、城乡交流和贫困地区的劳务输出，公安部发布了《关于推进小城镇户籍管理制度改革意见》。农村剩余劳动力由于国家放松了对农村人口流入城市的限制而有了一个可以溢出的豁口，从此出现了持续不断的"民工潮"。

其次，"民工潮"是改革开放的必然产物。首先是农村的改革。1978 年党的十一届三中全会提出以农村为重点的改革，从而实现了全党工作重心的转移，我国进入改革开放的新时期。农村开始了以"联产承包责任制"为主要形式的经济改革，标志着农村劳动力在这一进程中获得了一定限度的自由和解放。

家庭承包经营责任制在当时的确促进了经济的发展，也为农业养活工业、农村养活城市提供了更强的动力基础和更广的经济源泉。截止到 2008 年年底，中国粮食年产量从 1949 年的 1 亿吨增加到 2008 年的 5 亿多吨。与此同时，中国的棉花、油料、糖料等经济作物总产量也分别比 1949 年增长了 16 倍、10 倍和 46 倍，实现了突破式增长。特别是棉花总产量达到近 750 万吨，连续多年稳居世界第一[①]。

在农村改革热火朝天地推进的同时，城市改革也开始起步。1984 年 10 月 20 日，党的十二届三中全会通过了《中共中央关于经济体制改革的决定》。此次会议明确提出了加快以城市为重点的整个经济体制改革步伐的思路。1985 年 3 月，全国城市经济体制改革试点工作座谈会在湖北省武汉市召开，会议确定了"对内搞活经济、对外扩大开放"为在建设中国特色的社会主义总要求下的一项基本方针，全国城市改革因而全面展开。这标志着我国改革开放进入了一个新的阶段。"三来一补"等劳动密集型出口加工型工业与服务业随着沿海一些城市的陆续开放而迅速崛起，而经济的发展需要大批劳动力供给，导致农民流动的

---

① 乔全兴.中国农业 60 年：粮棉油等主要农产品产量实现大幅增长. http://www.cafs.ac.cn/show.asp?ResName=nyyw*order=56［2009-08-21］.

空间得到进一步拓宽。因此，从某种意义上来说，"民工潮"创造出极大的生产力，促进了当地经济的快速发展。

（四）中国城乡二元社会结构是"民工潮"形成的根本导因

中国城乡二元社会结构是指新中国成立后通过一系列分割城乡、歧视农民的制度安排而人为构建的城乡隔离的社会结构。2005 年 11 月 3 日的南方周末刊登了甘肃省渭源县委副书记李迎新含泪写下的《渭源县代课教师状况调研》——寄给教育部的信，感动了每一位读者。其中有这样一段话："被代课教师的贫困所震惊、执著所感动，为西部义务教育的普遍困境深深发愁。"这句话充分说明了农村与城市资源利益分配的不合理和农民生活的艰苦。所以说，农民的沉重负担和农民生存环境的恶劣长期以来得不到国家财政的支持，是农民大量涌向城市的重要原因，而城市资源的丰富、城市的繁荣与农村的落寞形成了强烈对比，在农民心里形成了"要死也要死在城市，下辈子不做农民"的心态。由此可见，在城乡二元社会结构的背景下农民大规模地进城也就不足为怪了。

（五）经济利益驱动是"民工潮"形成的内在动力

人类的需要是多种多样的。要满足人类多样化的需要就必须通过各种生产活动来进行，而在人们各种生产活动的过程中也就产生和形成了各种经济利益和经济利益关系。正如马克思所说：人们奋斗所争取的一切，都同他们的利益有关[①]。

微观经济学原理告诉我们，从事经济活动的每一个人都以获得自己的最大经济利益为目标，以力图付出自己的最小经济代价为前提。农民也是经济人，他们干农活也是在从事经济活动。农民的这种经济活动有的是为了满足自身生活的需要，有的是将农产品拿到市场上去换取自己需要的东西。但不管是自用也好，还是交换也罢，农民的行为都是为了实现自己利益的最大化。学者马鸿运在《中国农户经济行为研究》一书中通过对农民脱离农村、外出务工经商的主要目的的调查发现，为了"提高自己的社会地位"的农户占到22.2%的比例；为了"增加经济收入"的农户占到 58.3%的比例；为了"满足自家剩余劳动力的厚望"的农户仅有 19.4%的比例[②]。学者王洪春认为，驱动民工不辞辛苦涌进城市的第一原动力还是利益[③]。

笔者对在郑州市工作的农民工的调查也印证了王洪春和马鸿运两位学者的

① 中共中央马克思恩格斯列宁斯大林著作编译局.2008.马克思恩格斯全集（第 1 卷）.北京：人民出版社：82.
② 巨文武.2009."民工潮"原因探析.农业现代化研究，（3）：323.
③ 王洪春，阮宜胜.2004.中国民工潮的经济学分析.北京：中国商务出版社：221.

观点。调查发现，70%以上的农民工告诉笔者，他们外出打工的主要目的还是多挣些钱，以摆脱家庭经济收入低的困境。

探究农民千方百计外出打工挣钱的原因，上文也已经分析了几个重要因素，如耕地不断减少而人口不断增多的窘境；如种田的各种生产成本较高，造成农业的比较收益低，推使农民产生种田不如弃田外出打工的想法和行为；还有市场经济的缺陷等。

在我国市场经济发展还不是很成熟和完善的情况下，市场经济作为一种经济体制尚存在如调节经济的自发性和滞后性等诸多方面的缺陷。对于市场经济的缺陷，我们可用经济学中的"蛛网理论"来解释。"蛛网理论"是一种动态均衡分析，认为当价格引导生产时，一种周期性的波动就会在经济行为中出现①。

例如，根据价格供求规律，在第一期中，某种产品供小于求时必然会导致这种产品价格的上升；那么到了第二期，由于在第一期中这种产品价格高挣钱了，大家觉得这种产品有利可图，能够赚大钱，就一窝蜂地都去生产它，结果导致供过于求，这种产品的价格大幅度地下降了；接下来在第三期中，由于很多人在第二期中没有赚到钱，那么就必然会出现没有多少人再愿意去生产该产品的现象了，于是购买某种产品的人少了，结果物以稀为贵，这种产品又开始出现供不应求，这样价格又上升了；最后，到了第四期，根据以上的逻辑，这种产品的价格又会下降。当我们画出一个图来反映某种产品在四个时期的价格与产量波动时，这个图就类似于一张蜘蛛网。这也是"蛛网理论"的生动由来。在农业中某种产品的蛛网型波动表现得最为明显。笔者在对河南永城市的调查中就发现了蛛网型波动的鲜明例子。在永城市很多乡镇，种粮食是很多人赖以生存的重要方式，但后来发现有人靠种蔬菜发家致富了，于是晕轮效应出现了。第二年大家不再在田地里种粮食了，也开始改种各种蔬菜。等到大家都将自己家的蔬菜运到镇上去卖时，因为菜太多了，菜价不升反降，出现菜贱伤农，结果谁都没有赚到钱。扣除各种成本，很多菜农说不赔就算是万幸了。这样折腾来折腾去，他们怎么也富不起来。很多农民开始放弃他们祖祖辈辈生活的农村，而到城市打工去了。

作为经济人，农民外出打工也是要考虑经济成本的，因为他们在整个流动过程中需要消费，因而是有成本的，我们把其称为流迁成本。所谓流迁成本，即农民为实现流动而进行的一种投资。在本书中我们还可以把这种投资叫作流迁投资。这种流迁投资因为农民外出打工而具有空间移动的特征，是农民为了

---

① 梁小民. 2007. 小民经济观察. 北京：北京大学出版社：105.

更有效地配置劳动力与生产资料而在空间移动上的投资。

纵观农民外出打工的过程，我们把这种投资概况分为两部分：一部分是迁入地和迁出地的地区差异给流迁者带来的损失；另一部分是为实现流动而需要个人支付的交通费用、信息服务费用和有关手续费用等经济上的开支。一般情况下，流迁距离与流迁所带来的收益的多少和流迁过程中所形成的成本的高低都有显著的正相关关系。概而言之，只有打工总收益大于在家务农收益和流迁成本时，农民才有可能外出打工。

任何事情都具有两面性。在看到外出打工给农民带来收益的同时，也要看到农民在流迁过程中而招致自身利益受损的风险。在笔者对农民工的调查中发现，有的农民工外出打工收益颇大，每年都带着不少剩余收入回家；有的农民工也因为各种错综复杂的因素每年都无奈地两手空空而归，甚至连本钱都没挣回来。尽管外出打工要承担一定的风险，但毕竟是收益大于受损，许多人尤其是年轻人不愿意寂寞地待在农村发展，而愿意流动、愿意冒险去大城市打工。

关于这一点，早在 1961 年诺贝尔经济学奖得主舒尔茨就从人力资源的角度进行了充分的论证。他认为这种流迁成本实际上是一种人力资本的投资：经济发展需要有充足的且能满足一定岗位需求的劳动力，而经济增长要求劳动力能够自由流动，以适应变化的就业机会。在这里，舒尔茨所说的"成本"是指劳动力长期性或永久性迁移的成本。相比较而言，因为年龄的因素，从投资的角度看，年轻人具有较长的未来时期，年轻人能有更多的年限在这类投资中获益，也希望用于迁移的投资能够得到更多的利益。自然，他们的迁移要比年纪较大的工人更加容易，只要工资额稍有一点差别便足以使他们的迁移有利可图。1978年，舒尔茨在对人力资源进行研究的基础上又得出一个新的结论：人们经济条件的差异决定了这种迁移成本的变动范围很大。具体而言，年纪大的人进行迁移所花费的成本要比年轻人高；全家迁移的成本比个人迁移的成本要高。不过，要看到，在人力资本上，迁往新的地方之后所获得的好处即意味着其未来的利润。因此，这种迁移成本具有进行自我投资的性质。舒尔茨的人力资源可以用于解读中国"民工潮"中的打工者的流动方式[①]。

根据舒尔茨的人力资源理论，我们不难发现，收入越高的农户外出务工的动机越弱；相反，收入越低的农户外出务工的动机越强。1995 年，学者王洪春曾就打工目的对在广东打工的 401 名打工妹作了一次随机问卷调查，分析结果显示，19.2%的打工妹是为"学点技术，发展个人才能"；18.87%的打工妹是为

---

① 洪银兴. 2005. 发展经济学与中国经济发展（第二版）. 北京：高等教育出版社：72-76.

"希望了解外面世界"，这占第二位；占第三位和第六位的分别是"为了家庭和自己的生活""为了赚钱"。从学者王洪春的调查中不难发现，占第一、第三和第六位的都是为了经济利益。[①]

（六）城市生活的精彩与农村生活的单调形成鲜明的对比，影响并改变着农民的思想意识

改革开放后，随着农村基础建设的加强及农村教育事业的发展，农民文化水平也得以不断提高，农民的意识开始从传统的生活观念中解放出来。农民通过广播、报纸、电视、电影等多种媒体的宣传逐渐了解到城市生活的精彩，农民的思想因此不断受到城市便利的衣食住行生活条件和丰富多彩的文化生活的刺激。

受"城市华灯效应"的影响，广大农民尤其是农村的青年一代，已不愿再过"面朝黄土背朝天"的枯燥无味的日子，不愿意再继续着农村"依土而存，依土而亡"的平凡单调生活，他们树立了新的目标和新的理想，积极追求新的人生；他们向往城市精彩的生活，希望到大城市去感受一回都市人的生活，希望改变自己农民的身份，拥有和城市居民一样的教育、医疗、住房等政府提供的公共福利的国民待遇。

挣到现钱，解决温饱问题是早期大部分农民工外出打工的主要的、直接的经济利益追求。后来随着经济的发展，在"仓廪实而知礼节，衣食足而知荣辱"的心理驱动下，"见世面、开眼界"开始成为许多农民的主流想法，他们不再是为了纯粹的短期经济利益而去打工。

每次春节回信阳老家，在和从外地打工回来的家乡人聊天时，就时常听到他们眉飞色舞地谈论外面的世界是如何地精彩，城市里的人的生活是如何地多彩。因此，在看外面精彩世界到底是怎样的欲望刺激下，很多十几岁的农村孩子初中毕业之后就辍学到外地打工，希望早一点出去见识一下别人口中所谓的世界。难怪许多青年坦言说，到城市打工不光是为了挣钱，更是为了开阔眼界，学习本领，过更有意义的生活。

（七）农村的"推力"和"反拉力"与城市的"拉力"和"反斥力"并存是形成"民工潮"现象的基本动力

首先来看农村的推力。上文已经讲述了"人多地少"是我国的一大国情。可以说，"人多地少"的矛盾成为困扰我国农村经济发展的主要因素。也就是说，

① 王洪春，阮宜胜. 2004. 中国民工潮的经济学分析. 北京：中国商务出版社：221.

即使投入再多的劳动，有限的耕地也会使农业劳动投入的边际效益下降，土地的总产出自然也不会增加，甚至为零。另外，越来越多的农村劳动力在农村劳动生产率不断提高的情况下得以从农业中解放出来，成为农村剩余劳动力。因此，闲置的农村劳动力在农村缺乏发展机会，愿意到城市以劳动投入的方式获取相应的收入，就形成了对农村剩余劳动力的巨大"推力"。

再来看城市的拉力。首先，改革开放以来，中国经济迈上了快车道，外向型的经济发展战略在我国沿海地区各大小城市率先实施，"三来一补"等劳动密集型出口加工工业吸引了大量的中、西部地区农村剩余劳动力。其次，在"保增长、保民生、保稳定"的政策导向下，许多城市都已进行或正在进行着规模空前的基础建设。无论是港口、码头、机场，还是公路、铁路、地铁，无不需要大量的劳动力，都进一步扩大了对农村劳动力的吸纳能力。

另外，农村的"反拉力"和城市的"反斥力"对"民工潮"的形成也产生了重要影响。农村的"反拉力"是对于农民来讲的。由于户籍的因素，那些外出打工的农民仅仅把外出打工看作权宜之计。因为他们心里清楚，拥有土地就意味着解除了自己的后顾之忧。因此，他们不想彻底离开农村，几乎都在户口所在地保留了与农民身份相连的土地。另外，在工业化、城镇化的过程中，土地非农化后急剧升值，这对农民产生了"反拉力"。因此，他们心里也清楚，农村的土地已经开始具有保值和增值财产的特殊作用。

我们再来看看城市的"反斥力"对农民流动产生的影响。由于我国走的是重型化工业之路，这种重型化工业对工人的素质要求较高，许多劳动力的素质显然难以适应新的需要，所以对劳动力的吸收能力有限，这必然会成为城市吸纳农村人口的"反斥力"。

五、"民工潮"的影响

（一）"民工潮"的积极影响

1. "民工潮"推动了国民经济的增长，促进了产业结构的调整

首先，"民工潮"推动了国民经济的增长。一方面，在经济学家看来，农村出现更多的剩余劳动力与农村生产机械化水平的提高有一定的密切关联。对农产品的产量而言，这些剩余劳动力参与不参与生产都不会对其有任何影响，即剩余劳动力的边际生产力为零。因此，对于"民工潮"而言，大批农民工涌入城市，使我国生产要素得到合理配置与优化组合，使沿海城市因改革开放后

快速发展所产生的用工短缺得到了缓解，极大地降低了工业化成本，直接带动了当地经济的快速发展，为我国国民经济的增长做出了重要贡献。另一方面，"民工潮"促进了产业结构的调整。"民工潮"让农村的"能人"整合和盘活了土地、人力资源，从而进一步激活了土地的合理流转，既使农村形成了一种新的业主与用工的生产关系，又使集约化、专业化、效益化的种养业得以发展。在这种情况下，"民工潮"的出现大大推进了农业和农村经济结构的战略性调整。

其次，"民工潮"的出现促进了我国劳动密集型加工业的发展。由于我国劳动力价格比较廉价，因而对外资企业具有很强的吸引力。从 20 世纪 80 年代后期开始，我国广东、福建等沿海省份就承接了日本、新加坡、韩国及我国港台资本纷纷转移过来的劳动密集型加工业。我国加入 WTO 以后，继续充分利用丰裕且价廉的劳动力优势，大力发展劳动密集型产业，积极争取扩大出口，参与国际分工，创造出极大的生产力。

最后，"民工潮"的出现还孕育了个体私营经济的发展。"民工潮"不只为发达地区带来了贡献，还孕育了个体私营经济的发展。大量廉价劳动力的存在为个体私营经济的发展提供了基础，满足了个体私营经济发展对大量廉价劳动力的需要，对个体私营经济的发展起到了巨大的推动作用。

2. "民工潮"拓宽了中国农民就业和增收的渠道

人多地少，人地矛盾尖锐，已是我国农业实现现代化的主要障碍。近些年来，尽管中央已采取了诸多惠农措施来实现农村发展、农业增产和农民增收，但由于受物价不断上涨及工业产品价格不断提升的影响，农民增收缓慢。因此，外出打工还将是农民的一条重要增收之路。

一方面，"民工潮"的出现减轻了农村劳动力的就业压力。一部分农民在外地（多为城市）获得了就业机会，这就从根本上缓解了人与地之间的深刻矛盾，为留在农村的那一部分农民开拓了相对广阔的生活空间。这种情况有利于实现农业的现代化，即流出地农村劳动力的边际效益逐步提高。

另一方面，"民工潮"拓宽了农民增收的渠道。外出劳动力的收入比原先务农的收入要高得多，成为农民增收的新亮点。据国家统计局统计，农民收入的增长来自劳务报酬的增长，呈现逐年大幅度增长态势。按安徽、江西、河南、四川、湖南、湖北 6 省的抽样调查推算，1992 年外出农民工创造的劳务总收入达 280 亿元，每人平均创收 1200 元，其中安徽省外出农民工共创收 75 亿元，比当年全省 55 亿元的财政收入还要多出 20 亿元①。难怪一些地区有"一年吃饱饭，两年穿新衣，三年盖新房""一人外出，一家脱贫"的顺口溜。农民工外出不仅缓解了农村的人地矛盾，而且阻止了贫困地区和劳动力过剩地区农业收入的持续下降，增加了农民的收入，促进了社会公正。

3."民工潮"改良了农村劳动力的思想观念，促进了农村文明的进步

列宁在《俄国资本主义的发展》中曾经指出："居民从偏僻的、落后的、被历史遗忘的穷乡僻壤走出来转向城市做非农业的零工，这是一种进步的现象。它提高了居民的文化程度，培养了居民的文明习惯和行为。"② 美国社会学家英格尔斯在《人的现代化》一书中也指出："发展最终所要求的是人在素质方面的改变，这种改变是获得更大发展的先决条件和方式，同时也是发展过程自身的伟大目标。"③

农村劳动力的思想观念现代化在农村现代化诸要素中是最重要的元素。农民原有的相对落后、不适应现代化需要的思想观念在其外出务工和经商以及与城市居民交流和融合的过程中必定会得到改良，因而具有现代化思想意识。

由于受传统思想观念的影响，农民工有着很深的乡土文化积淀。正如任何事物都具有两面性一样，农民工所持有的传统思想观念中既有积极合理的成分，也有消极惰性的东西。前者是农民工赖以生存和发展的精神家园；后者则对他们的思想品质、道德观念、价值取向产生不良影响。为了适应工作环境对思想观念和工作技能的新要求，他们从农村来到城市，对新环境必然有一个从不适应到逐步适应的转化。这种转化注定是要经历一个阵痛、彷徨、苦闷和犹豫的过程。

由于受地理、交通、经济等因素的影响，不发达地区农民大都长期困守一方，死守一行，思想观念陈旧，小农意识强烈，市场适应能力差。因此，农民工进城务工，让其走出封闭的农村，步入开放的城市，投身于市场经济的浪潮是十分有益的。琳琅满目的商品世界，丰富多彩的都市生活，竞争激烈的市场经济，日新月异的科学技术，必将有力地冲击农民工的传统观念。通过一段时间的城市生活，农民工特别是青年农民工，不仅开阔了眼界，更新了观念，而且很快学到了一定的技能与本领，并在参加城市工作或活动的过程中，不断巩固已有的技能，学习新的知识，使其能力得到了锻炼，在不知不觉中也适应了城市的生活节奏与生活习惯，实现了自身素质的城市化。许多农民开始刷牙、

---

① 张兴杰. 2001. 论"民工潮"的积极作用和消极影响. 经济体制改革，(4)：56.
② 中共中央马克思恩格斯列宁斯大林著作编译局. 1984. 列宁全集（第 2 版）. 北京：人民出版社：530.
③ 英格尔斯. 1985. 人的现代化. 殷陆君译. 成都：四川人民出版社：6-7.

洗澡讲卫生，彻底改变了过去的一些陋习；而且对高科技等新生事物也接受较快，洗衣机、电冰箱，甚至电脑等现代化设备也开始走进他们的日常生活之中。当这些农民工"衣锦还乡"之时，必定会将城市的现代技术、市场观念带回农村，使城市的文明慢慢地渗入到农民的心中，有利于广大农民转变观念。

终年风尘仆仆的"打工仔""打工妹"们在城市打工的经历使得他们培养了创新和竞争意识、民主和法制观念等现代思想意识观念，因此，在他们返回农村带回丰厚的打工收入极大地提高生活质量的同时，更把城市先进的文化和文明的生活方式带回了家乡。不少农民工在大城市里见过世面、积累了经营管理经验、有了一定的资金后，燃起了创业的欲望，开始自己当老板了，从而成为开拓型、开放型的现代农民、农民工人和经商者。由此直接推动了中国由农业文明向工业文明的跃进，使农村社会由封闭向开放转变。

4. "民工潮"促进了城市经济的发展，提高了城市的综合实力

随着城市经济的发展，一些苦、脏、累、险行业都需要大量的劳动力，因而带有明显的结构性特点，而农民工进城则填补了这些行业劳动力的空缺。他们几乎承揽了所有城里人不愿问津的如通下水道、建筑、搬运、家庭保姆等脏、差、重、低收入的工作，缓解了城市部分职业劳动力短缺的状况，降低了工资成本。据统计，北京市 90%和 60%以上的保姆和"菜篮子"是由流动人口来承担和提供的。另外，流动人口还基本上垄断了北京市的所有修理行业[①]。

因此，在某种意义上来说，"民工潮"改善了当地居民的生活，繁荣了当地市场，提高了城市的综合实力。总之，"民工潮"在促进农村文明进步的同时，也给城市的社会经济发展和居民生活注入了活力。

5. "民工潮"促进城镇数量增多，提高了城镇化水平

城镇化是当今世界重要的社会、经济现象之一。城镇化是一个人类社会经济转型、社会变迁和文化重构的过程，是人类文明由低级不断向高级发展的过程。

城镇化是中国学者创造的一个新词汇，其出现要晚于城市化。1991 年，全国人民代表大会财政经济委员会副主任委员辜胜阻在《非农化与城镇化研究》中使用并拓展了城镇化的概念。在后来的研究中，他力推中国的城镇化概念。不过，与城市化的概念一样，城镇化概念也是一片百家争鸣的景象，至今尚无统一的概念。

城市化是衡量现代化过程的重要标志，是人类发展的必然过程。城市化速

---

① 高梅书，梁莹. 2003. 从城市化的视角看民工潮. 经济与社会发展，（2）：30.

度与城镇化质量在不同国家、不同地区、不同阶段存在着明显差异。1949年，欧美等发达国家的城市化水平在60%以上，世界城市化的平均水平是29%。和其他国家比较起来，目前我国的城市化程度还非常低下，新中国刚成立时城市化水平仅为10.6%。不过这种状况在改革开放后有了显著变化。随着大量农民进城，城市人口激增，如在苏南12个县级市，每市都有外来民工几十万。自我国政府在关于解决"三农"问题的决策和国家"十五"规划中推出城市化战略以来，1998年后，由于政府推出城市化战略，我国城市化进入加速阶段，到2012年城市化率达到52.6%。这些数量庞大的农民工虽然还不具备城市户口，但他们为解决我国"三农"问题做出了重要贡献，为城市化水平的大幅度提高打下了坚实的人口基础。

新型城镇化成为我国快速城市化的前夜，制度建设和体制改革问题的妥善处理显得日益重要。如何有效实现大量农业劳动力向城市转移，最终实现职业上从农业到非农业、地域上从农村到城镇、身份上从农民到市民的"人的无差别发展"，已成为中国如何实现城市化之路的最大招数。

6. "民工潮"壮大了产业工人队伍

从农民工的性质、职业及生活方式和价值观念方面看，其在本质上与传统意义上的工人阶级是相同的，尽管在某些表现形式上与传统意义上的工人阶级有所不同。从这一点来说，农民工与农民没有相同点，反而与工人具有相似点。对于这一论断，我们可以从以下几个方面来理解。

1）马克思主义认为，工人阶级是指从事生产的劳动者所形成的阶级，靠工资收入为生，不占有生产资料；工人是从事生产的劳动者以工资收入为主，不占有生产资料。从我国目前农民工的实际情况来看，他们只身一人空手从农村来到城市"淘金"，主要依靠工资收入来养家糊口，既谈不上占有任何生产资料，更不用说拥有任何生产工具。

2）从职业来看，农民工从事的工作与工人一样。长期以来由于户籍制度的因素，户籍与职业成为我国划分农民的主要标准和基本依据。不过这种状况在改革开放后发生了很大的变化，户籍制度随之而变得更加松动，农民从土地的束缚中解放出来到城市做工，形成了一波又一波的"民工潮"。农民工来到城市主要分布在建筑、家政、运输等行业，有的还经过多年打拼积累下了丰厚的人脉资本和资金，开始自己开公司办企业当老板。从职业上来看，虽然大多数农民工还具有农村户籍，但他们与农村的"天然脐带"只不过是他们在农村老家拥有责任田而已，他们与农民已经没有任何相似之处而更多地具有产业工人的性质。

3）从生活方式来看，农民工逐步向工人靠拢而渐渐远离了农民。城市是以非农业产业和非农业人口集聚而成的较大的居民点，也是工人集中的地方。城市作为经济、文化、商业和交通的中心，在科学技术、文明礼仪、法律意识等方面具有现代社会气息，总体上都要比农村高。

农民工，特别是青壮年农民对新生事物接受能力强，他们开始弃保守而趋向开放，自由、平等、民主、法制等先进观念逐渐融入他们的生活之中。城市生活使农民工"开眼界了"，"脑瓜灵了"，使得他们超越了农民的境界，在生活方式和价值观念的取向上开始向城市人靠拢和看齐，农村传统中许多不合时宜的观念和习俗开始消解和退化。他们打工的目的也开始从打工挣钱"养家糊口"的温饱型、生存型向更加重视技术的学习和技能的提高的学习型、发展型转变。

全国有 2 亿多农业劳动力从农村来到城市，从事建筑、纺织、采掘等非农产业，已成为我国产业工人的重要组成部分。相比较而言，由城镇居民构成的产业工人已开始大大低于农民工的数量，在绝大部分传统和新兴行业中，都能看到农民工的身影。这说明，中国工人队伍的结构已发生了翻天覆地的变化。

由上可知，无论是从历史、现实上来看，还是从数量、属性上来看，把农民工纳入工人阶级的范畴，有助于壮大产业工人队伍，成为中国工人阶级的新鲜血液，加速推动我国的工业化、现代化和城镇化进程。

不过，由于受当前理论认识上的僵化观念及历史上传统落后思想的影响，人们在认识和对待农民工问题上总是用带有有色眼镜的异样目光。从词汇本身的角度来说，正如农民的概念一样，农民工这个称呼在现实生活中还或明或暗地隐含着一种身份性的歧视，因而是不科学的，更是不恰当的。不过，可以预想的是，农民工这个具有过渡性和歧视性含义的概念会随着社会的进一步发展和人们理论认识的提高而被一个更加科学的新名词来代替。

7."民工潮"有利于打破城乡二元的户籍制度，培育和建立劳动力市场

传统的户籍制度构建了封闭性极强的经济和社会结构，限制了社会成员区域间的自由流动，抑制了经济、社会的发展。然而，"民工潮"现象的出现有效地打破了劳动力的城乡封闭，使传统的户籍制度出现了一个缺口，初步实现了城市和农村、城市和城市、农村和农村的劳动力的自由融通，使企业能自由地招工、用工，自由地建立自己的用工制度、工资制度，有助于户籍制度的变更与改革。

同时，农民工流动频繁，有大批农民离开自己的家园，进入城市，使劳动

力的流动、安置，不再完全依赖于行政命令。他们利用市场的信息寻求就业的机会，参与就业竞争，这就为劳动力市场的建立提供了前提和基础。

8."民工潮"加速了农村宗族的社会变迁，减少了农村社会的冲突

首先，"民工潮"加速了农村宗族的社会变迁。改革开放前，传统农村的"差序格局"体系是由血缘关系所支配的；改革开放后，特别是"民工潮"的出现，不仅向传统体制下的诸如计划就业、铁饭碗、高福利、安土重迁等落后观念提出了挑战，而且也对注重血缘关系的农村宗族提出了挑战，从而导致基层社会结构发生了巨大的社会变迁。亲属关系可以因经济上的互利而更加紧密，当然也可以因经济利益上的矛盾而更加疏远①。

在传统"差序格局"中，判别亲疏远近的一个基本标准是"人情"。不过，在市场经济的影响下，在"人情"和"利益"的博弈冲突中，"利益"标准正在挑战"人情"标准而占据了上风，"人情"的标准原则已经渐行渐远。这样，在农村社会中不可避免地建立起"人情"和"利益"的双重人际关系调节标准②。

业缘关系的增加是现代农民宗族社会关系的一个新特点。农村相当一部分地区的现代化进程在中国农村经济体制改革成功和乡镇企业蓬勃发展的基础上得以启动和推进。乡土社会的"差序格局"在社会变迁的背景下亦发生了变化。这就是姻缘关系不断渗入到以血缘、地缘关系建立起来的初级关系的"差序格局"之中。接下来在生产经营中相互之间合作的有效和互惠的维持决定了他们亲属之间关系的亲疏和远近，即以业缘关系为基础而建立起来的次级关系必然强化人际互动的竞争、冲突、调试、合作和同化行为。

其次，"民工潮"减少了农村社会的冲突。第一，社会秩序好转，干群关系缓和。农民外出务工接受了城市文明的洗礼和熏陶，开阔了眼界，增长了见识，各方面的素质都有明显地提高，过去经常发生的严重危害到农村社会秩序稳定的械斗现象大大减少。第二，大量农村剩余劳动力在改革开放后涌进城市就业，无疑从根本上缓解了农村人地之间高度紧张的矛盾。

9."民工潮"优化了城乡人力资源结构，培育和积累了支持我国经济发展必备的人力资本

人力资本概念是由美国著名经济学家舒尔茨和贝克在 20 世纪 60 年代提出来的，其意是内涵于人自身的知识水平和技能的总和。人力资本是劳动力进步和经济增长的原动力。舒尔茨指出："当土地就本身而论不再是导致贫富的关键

---

① 王思斌. 1987. 经济体制改革对农村社会关系的影响. 社会科学研究，（3）：32.
② 张庆国. 2003. 现阶段中国农村血缘与姻缘博弈现象探析. 许昌学院学报，（4）：16.

因素时，人力就成了关键性因素。"① 已有的研究也表明，文化素质越高的人，越容易融入城市社会，从而也越有利于其社会资本的积累。

农民工拥有的人力资本的多寡、素质的高低直接决定其在城市的竞争能力、发展能力和生存能力，并影响到其市民化进程。个人能力和素质的提升是培育新生代农民工社会资本的基础。

人力资本在经济发展中的意义和作用越来越大。"民工潮"的出现使社会分工进一步细化，人力资源得到最大限度的整合。一方面，"民工潮"为农村剩余劳动力就业提供了机遇；另一方面，农民工在城市文明和工业社会的熏陶下，逐步带来了思想观念和行为方式的改变。这有利于解决沿海地区经济发展与劳动力不足的矛盾。

（二）"民工潮"现象产生的消极作用

1. 农村人才大量流失，削弱了农村经济的发展

要加快工业现代化和城市化的进程，必须先致力于加强农业的基础地位，加快农业的发展和农业现代化建设。但我国在发展工业化和城市化进程中，曾经实施过重工业、轻农业，重城市、轻农村的政策，使农村和农业的资源大量向城市和工业转移，造成工农业发展、城乡发展严重不协调，"三农"问题成为重中之重。这实际上是一条以削弱农业为代价发展工业化的道路。

农村和农业资源大量向城市和工业转移，主要表现在三个方面：①土地使用权被廉价转让；②工农产品价格剪刀差扩大；③超低的廉价劳动力向城市转移。这三方面实质上是农民所拥有的土地产权（使用权）和劳动创造的价值，部分地向城市和工业转移，转化为城市的部分公共设施和部分工业利润。

应当说，现在大部分农村青壮劳动力涌进城市打工，一方面为城市的发展做出了巨大贡献；另一方面不能不说，这是很多农村劳动力一种无奈的选择，表明依靠种植农业改善农村家庭经济窘境状况至少目前还不现实。但是农村劳动力盲目无序地离开农村和农业，甚至形成了此起彼伏的"民工潮"却不是好事。

有人认为农村依旧有取之不尽的剩余劳动力，其实这是一种假象。之所以是假象，一是因为农村的青壮劳动力大都已外出打工了，留在农村的大都是老弱妇孺人口，其中很多实际上不是劳动力。二是因为现在农业处于萎缩状态，如果农村生产和建设发展起来，现在留在农村的劳动力是不足的。认为只要继

---

① 西奥多·舒尔茨. 1990. 人力投资. 吴珠华译. 北京：华夏出版社：5.

续大量地把农村的青壮劳动力转移到城市和工业，就可以大大增加农村居民的收入，这是一种不正确的观点。这样做的结果，也是以削弱农业为代价来发展工业的。

农业作为三大产业之一，是我国国民经济发展的前提和基础，其发展的好坏、快慢与从事农业生产的劳动者的文化水平、农业技能、体能体质有着直接而重要的关系。"民工潮"现象使原本整体素质不高的农民中具有一定文化、一定技能、一定思想观念的青壮年劳动力大量进入城市，这必然造成农业劳动力素质的再度下降。现在，某些农村地区的务农劳动力只剩下"386199"部队了，即妇女、儿童、老人。农业部的一项测算也验证了农村劳动力的流失严重。2010年全国外出就业的农村劳动力总数1.545亿人，并且这个数据还在不断扩大①。现有调查的资料也恰恰证明了这一点。对福建、江苏、山东、陕西等四个省的乡村所做的抽样调查显示，农村中的妇女劳动力占59.88%，而男子劳动力仅为11.64%。同时，农业劳动力素质的下降也是有据可依的。安徽省农调队对31个县的327个村民组的调查显示，外出劳动力中初中以上文化程度者占58.4%，比全省农村初中以上的劳动力所占的比例高出30个百分点②。这意味着农村实际从事农业生产的青壮劳动力不仅在逐步减少，且日趋进入老龄化，"种粮手艺"后继乏人绝非杞人忧天。

靠老弱妇孺种粮，农业发展的弊端是显而易见的。一方面，这些留在农村的老弱妇孺人口适应和运用现代农业种植技术的能力有限，难以驾驭科技农业向更高层次迈进，严重影响了农业生产的进一步发展；另一方面，青壮劳动力由于长期在城市打工，基本与农村脱节，缺乏粮食种植的基本技术，更年轻的农村劳动力名义上还是农民，但实际上已经和大部分城市居民一样连基本的农作物生长规律都不甚了解，更谈不上继承，很多农村家庭的种粮人实际上已"青黄不接"。

我国是人口大国，"无粮不稳"，抓好粮食生产是我国不容忽视的稳定之本。不可否认，现代科技的发展和运用，使农村出现了大量的富余劳动力，使农业向工业化转变也是强国富民的必然选择，但怎样使人力资源合理流动的同时保证农业生产的可持续性，不仅考验着政府的智慧，更关系到国家的未来。可以说，大量"高素质"农业人才的流失必然会阻碍农村产业结构的调整和农业高科技生产的发展。2001年1月召开的中央农村工作会议强调，在21世纪，我国

① 朱永华. 2012-01-05. 靠"老弱妇孺"种粮非久长之计. 大众日报, 5版.
② 张兴杰. 2001. 论"民工潮"的积极作用和消极影响. 经济体制改革,（4）：57.

仍要大力加强和巩固农业的基础地位，如果农村青壮年劳动力仍毫无保留地向城市"贡献"，那么农业的发展必然会受到沉重的打击，但必须充分认识到，"让土地留住人"，前提是农民靠农业就能生活得富足，这应该是我们制定政策的出发点和着眼点。

2. 加重了城市交通负担，恶化了城市环境

一方面，"民工潮"加重了城市交通负担。可能有些人会说，城市交通的紧张是由于多年来我国城市交通运输不发达的深层原因造成的，不能归咎于"民工潮"的出现。不可否认，城市交通运输业本身的落后的确是造成这一现象的原因之一。但我们也应该清楚地看到，"民工潮"是造成这一现象的直接原因。民工出行率高，出行量大，因而在城市流动频率高；且民工仅带着行李来到城市，其出行主要依赖城市的公共交通工具，没有城市人出行或驾车或骑车的方便，这无疑使乘车困难的问题更加突出。

还要看到，城市人均拥有的交通设施水平和大城市人均拥有道路面积由于大量农民工涌入而不断下降。根据 1987 年的测算，我国大城市人均拥有道路面积仅为 3.91 平方米。这一人均拥有道路面积的数据只相当于国外大城市同类指标的 30%～40%。据北京、天津、上海、广州、沈阳、武汉六大城市调查，60%以上的出行量依靠城市公共交通工具，并且出行集中在城市中心区的占到 80%。这六大城市的测算还显示，大城市流动人口的出行率一般在 90%以上；公交车辆的平均速度下降 1 千米/小时。还要看到，公交车辆平均速度的下降会导致另外一种情况的发生，即延长了城市职工上下班候车、乘车的时间。据测算，每延长城市职工上下班候车、乘车 1 小时的话，那么，每个职工一年要耗费相当于 50 个工作日的时间[①]。

另一方面，民工潮对城市环境带来极大的占用和破坏，且对整个城市的有序生活造成了冲击。据测算，每增加 10 万名流动人口，大城市每天就会排放 2300 万千克污水和污染物；与此同时，为满足城市的需要，每天需增加 10 万千瓦时电力、5 万千克蔬菜、730 辆公共汽车和 2400 万千克水[①]。还要看到，有些民工由于长期生活于农村的缘故，会把农村的一些陋习，如随地吐痰、乱丢乱扔等带到城市。民工的这种陋习不仅加剧了疾病的传播，而且还在很大程度上影响了城市品位的提升和城市文明形象的塑造。另外，由于管理跟不上，在民工居住的地区，常会出现污水横流、垃圾遍地、传染病乘虚而入的现象。

---

① 谢娅. 2005. 农民工人力资源开发与管理. 同济大学硕士学位论文：4.

3. 计划生育政策失效，产生了新的人口问题

虽然农民工进城务工已成为当代社会中一个不争的事实，但由于对农民工缺乏有效的监督管理制度，超生、滥生现象严重，农民工的计划生育管理政策流于形式。这既严重影响了我国计划生育基本国策的有效实施，同时也给城市带来了一系列社会问题。据《南方日报》报道，流浪儿的问题日益严重，1990年广东省收容流浪儿 6867 人，1991 年为 8700 人。在日益增多的流浪儿中，7岁以下的占 7%，7~12 岁的占 19.2%，其中相当一部分是由于超生、滥生且无人照管而引起的[①]。即使在城市民工居住的区域，超生现象也并不少见，我们经常可以看到一些农民工夫妇带着自己两三个或三四个子女。

4. 滋生违法犯罪行为，扰乱城市社会秩序

在"民工潮"过程中，伴随着城市进程的加快，大量农民涌入城市打工谋生，在为城市做出特殊贡献的同时，也滋生了一系列犯罪问题，已成为影响社会稳定的较大隐患。

一方面，在"民工潮"大军中很多不法分子混迹于其中，怀着不良目的采取种种不法手段从事倒买倒卖、偷窃诈骗等违法犯罪活动，严重扰乱了城市社会秩序。另一方面，农民工文化水平普遍偏低导致他们整体素质不高，再加上法制意识淡薄和缺乏自控能力，一些农民工难免会一时冲动而走上歧途。有的农民工以"淘金"为目的来到大城市，从事卖淫嫖娼、吸毒贩毒以及无证经营、哄抬物价、偷税漏税等非法活动。再者，由于城市市民对外来农民工的歧视，一些农民工萌生了犯罪的念头，于是便出现了近几年来我国城市农民工流动中的犯罪现象日益增多的现象，农民工犯罪人口占全部犯罪人口的比例不断上升。据统计，北京占 43%，上海占 53%，广州占 50%，深圳最高，达 97%[②]。这些犯罪分子首先主要从事偷盗、抢劫、卖淫、制黄贩黄、非法倒卖烟草等以获取钱财为目的的活动；其次就是聚众斗殴、赌博和贩毒吸毒等扰乱公共秩序的行为，而且犯罪活动也在由个人单独犯罪向拉帮结派、集体作案转变，带有浓厚的"外来帮"色彩。

5. 饮食卫生质量下降，造成一定程度的环境污染

外来农民工中有一部分人是从事城市的餐饮服务业的，一部分在规模较小的餐馆打工，都不具备健康合格证和卫生合格证，而且他们中的大部分是自己

---

① 梁长春. 论中国农民的第三次解放. http://www.chinareform.org.cn/cirdbbs/dispbbs.asp?boardid=11&id=21800 [2004-5-19].

② 胡书芝. 2001. 社会失范：城市农民工的游民化倾向——武汉市农民工游民化问题调查. 城市问题，(2)：45.

在街道头巷尾摆摊设点，流动叫卖。这样的经营方式或许能给城市市民的生活带来方便。但同时，其生产经营没有有关部门的卫生许可证，饮食用具没有经过一定的清洗消毒，没有卫生保障，很容易成为城市流行病的传播中介。另外，"三无人员"在城市郊区搭建简陋的棚房，用以居住。这不仅直接影响了市容市貌，而且长年累月在同一地方生活、生产，又没有起码的卫生设施，环保措施，也必定会给周边环境造成较大的污染，产生严重的环境问题。

6. 留守儿童大量出现，严重影响农村下一代的健康成长

随着大量农民涌入城市打工谋生，农村留守儿童——一个特殊的未成年人群体也随之在广大农村产生了。根据权威调查，截止到 2013 年 5 月，留守儿童数量超过了 6000 万人①。

社会保障体系不完善是留守儿童产生的最根本原因。父母双方或一方进城打工后，他们子女中的绝大部分都只能留在原籍。在本书中，我们区别情况，把留守儿童分为几个类型。男方出去打工，留守儿童与妈妈生活在一起，我们称之为"单亲家庭"；父母双方都外出打工，由爷爷奶奶或外婆来照顾留守儿童的，我们称之为"隔代抚养"；还有一少部分留守儿童由于爷爷奶奶去世或体弱多病无力照看而寄养在亲戚或别人家里，我们称之为"代管"。

在我国现代化进程中，可以说留守儿童问题是一个独特的现象，产生了许多社会问题。

1）学习状况一般。由于留守儿童的监护人要么是年迈的祖父母、外祖父母，要么是血缘关系不亲密的亲友，再加上他们的监护人自身的文化水平较低，普遍现象是重养轻教，对留守儿童学习方面的帮助和监督大大减少，学好了，没人夸，学坏了，无人骂。相当数量的留守儿童因此而产生厌学、逃学、辍学现象。

2）容易产生心理封闭和情感世界问题。世上只有妈妈好，有妈的孩子像块宝，投进妈妈的怀抱，幸福享不了……《世上只有妈妈好》这首歌已经成为许多人生命中最美好温暖的亲情回忆。可以说这首堪称重量级的催泪弹不知道风靡世界多少年，经久不衰，而在妈妈轻哼这首温柔的歌声中，多少孩子酣然入眠。因此，亲情的抚慰与关怀对孩子的成长起着至关重要的作用。留守儿童由于长期与父母分离，作为一个正常发展的人，他们无法像其他孩子那样得到父母的关爱，因此在成长中产生的心理和情感问题没有倾诉的正常渠道。不得不指出的是，有的父母常年在外务工，有的孩子甚至遗忘了多年在外打工的父母

---

① 全国妇联. 2013. 中国农村留守儿童数量超 6000 万. http://gy.youth.cn/lyb/201305/t20130514_3223924.htm［2013-05-14］.

的面貌，这必然会导致孩子与父母在情感的距离上渐行渐远。同时也意味着这些孤守家乡的孩子们存在着严重的挥不去、理还乱的"亲情饥渴"。这样，久而久之，留守子女的安全、教育、情感、心理等一系列问题越来越突出，容易产生诸如自暴自弃、焦虑自闭、缺乏自信、悲观消极等方面的心理障碍。

3）打工父母的一些观念对孩子产生一定的负面影响。一些农民工在外出打工时收入颇丰，他们自认为自己的收入比城市那些有固定工作的市民还要高，因而"读书无用论"在他们心中悄然滋长。因此，他们对留在农村的孩子没有太多的要求和期望，报着"能读书就读，读不好出去打工也一样能赚大钱"的思想。自然，家长的这种观念会深深地影响到他们的子女，导致农村的留守儿童上学不求上进，只等长大后和父母一样出去打工挣钱。还有一些长年在外打工的父母由于受自身素质、知识技能等方面的影响，尽管勤勤恳恳、辛辛苦苦劳作却没有挣得什么钱。他们把这归为命运的安排，因而心生怨言，对子女的成长不闻不问，任其发展，放任自流。父母沉重的情绪包袱压在"留守儿童"幼小的心灵上，使其承担着很大的与其年龄不一致的精神压力。

4）农村留守儿童的道德行为和安全问题存在严重隐患。首先，父母作为第一监护人，由于常年在外，在孩子留守的大部分时间里，他们的监护职能是缺失的。他们每隔半年、一年甚至更长的时间才回到家中和孩子共同生活一段时间，因此对于留守儿童的道德行为和安全问题，基本上是鞭长莫及。其次，上辈亲人或其他亲戚朋友作为临时监管人存在着"只照顾生活，无力承担教育职能""本身老弱多病""缺乏和孩子的精神交流"等一系列问题，在道德教育和安全监管上"心有余而力不足"，对留守儿童既"教不好"又"看不住""追不上"，这样，触电、溺水、车撞等安全问题在留守儿童中时有发生。最后，由于大部分留守儿童属于未成年人，没有父母的监护，往往对事物分不清好坏和是非，看待问题要么片面，要么偏激，容易受不法分子的利用和社会上反面现象的影响，出现各种超越道德、规则的偏差行为。例如，经常说谎，爱说脏话，不服管教，悄悄拿同学的东西，有的甚至走向犯罪的道路，等等。

7. 社会群体利益关系重组，社会成员之间产生新的矛盾与摩擦

改革开放后，由于农村生产效率的提高，我国农村出现大量剩余劳动力，中西部地区却难以满足他们的就业需求；而我国东部沿海地区和各大中城市经济迅速发展，劳动力需求急剧增加，吸引中西部劳动力就业。"民工潮"的出现是中国近代社会发展史上的一个重大事件，从束缚的土地上解放出来的农村剩余劳动力潮水般地流入城市打工，突破了数十年牢不可破的城乡二元分割结构，导致社会群体利益关系的重组，对整个社会结构产生革命性的影响。

一是农民工与职工之间的矛盾。这种矛盾实际上是在不平等的二元劳动用工制度的基础上产生的。提到二元结构，人们一般往往会想到城乡二元结构。事实上，诸如干部和工人身份二元结构、农业和非农业户籍二元结构等也是在我们的社会生活当中普遍存在的二元结构。其中，劳动就业（用工）体制内外两种身份员工并存的"二元现象"为社会所关注。据调查，我国每年在国有、集体企业和事业单位的雇员中，大约有30%是进入大中城市就业的农民工。这样，城市劳动用工制度在大量农民工进入国有、集体企业和事业单位工作后，就发生了显著变化，存在着来自城镇的职工与来自农村的农民工在同一单位工作的现象。不过，城乡分割的二元体制又导致二元劳动用工制度的形成，而这种二元劳动用工制度是建立在城乡不平等待遇的基础之上的。

具体来说，来自城镇的职工一般可以凭借"城市人"的特殊身份获得住房、医疗、教育等由国家提供的公共社会福利，且把持一些条件好的工作岗作，获得比农民工高得多的工资和奖金。然而，农民工大多在生产第一线，工资收入却远远低于正式职工，从事苦、脏、累、毒、险的工作，无法和城市居民一样获得住房、医疗、教育等由国家提供的公共社会福利。由此可见，在社会地位、职位选择和经济收入方面，农民工与来自城镇的职工相比存在着明显的差距，根本无法享受与城镇职工同样的待遇和权利，即我们经常所谓的同工不同酬现象。

按道理讲，在社会主义市场经济条件下讲究多劳多得、公平竞争、同工同酬。但事实上，企事业单位的报酬与奖惩标准是依据城乡身份等天赋条件，而不是依据劳动者的劳动贡献或个人素质。这种城乡有别的二元劳动用工制度显然是不公平的，也是极端不合理的，它必然加剧了农民工与职工之间的矛盾，造成农民工在心理上的被剥夺感，使他们自然而然地产生一种城市边缘的感觉，对城市没有归宿感。

二是农民工与市民的利益冲突。改革开放后大批农民工涌入城市，也开始分享市民阶层的利益，享用城市的各项服务设施，从而打破了城市市民一统天下的局面，这不免引起了市民和农民工的利益冲突。

再就业不仅包括城市的下岗职工，也包括进城务工的农民工。城市下岗失业人员和进城务工人员都是宪法规定的享有平等权利的公民，在失业再就业的过程中，我们没有任何理由，将农民工排除在外。在我国国有企业调整产业结构、市场经济激烈的竞争下，城市出现了大批下岗职工，而"民工潮"的出现无疑给城市就业增加了压力。大部分市民在与农民工的交往中，有意无意地流露出一股"排农"情绪。这种所谓来自市民的"歧视"使许多农民工感到委屈、不满，从而进一步加剧了市民与农民工之间的矛盾，使农民工明白地感受到他们在城里是"外来者"。

三是血缘、地缘关系的强化，导致农民工内部关系复杂，危害社会安全。我们把这种以血缘、地缘关系为基础的发生于群体内部的初级社会关系称为强关系。当然，有强关系就有弱关系。所谓弱关系主要是指存在于农民工群体之间以业缘关系为基础的次级社会关系。对血缘、地缘关系的重视，直接影响着农民工群体的生活方式和社会交往方式，并使之成为一种习性。

当前，以血缘、地缘关系为纽带而结成群体是我国农民工流动、聚集最突出的特点。这些具有血缘、地缘关系的农民工结群而住往往会诱发农民工之间的矛盾与冲突，严重扰乱社会秩序，成为威胁城市安全的毒瘤。

第二节　"民工荒"现象研究

在每个发展中国家实现工业化的过程中，农村剩余劳动力的转移是个必然的过程。在经济体制转轨和社会转型的大背景下，我国农村劳动力的转移有着其特殊的历史背景和制度因素。"民工荒"现象作为我国农村劳动力转移过程中的一个特征，我们应该对其产生的原因和本质做出理性的认识和判断[①]。

一、"民工荒"的产生

依据"民工荒"形成的背景和条件，可以把"民工荒"分为两轮，即第一轮"民工荒"（2004～2009 年）和新一轮"民工荒"（2009 年至今）。

（一）第一轮"民工荒"的产生（2004～2009 年）

浙江省杭州市在 2002 年最早出现了"民工荒"现象。当地媒体《东方早报》最先对当年杭州市外来务工者由于收入低不够消费而减少五成左右的现象进行了公开报道[②]。但在当时，《东方早报》关于"民工荒"的报道并未引起人们的广泛关注。到了 2003 年，《21 世纪经济报道》披露了福建省的石狮市民工短缺量高达 10 万人[③]。

---

① 周频. 2007. "民工荒"现象的经济学分析及其理性认识. 内蒙古农业大学学报（社会科学版），(5)：39.
② 陈敏. 2002-02-02. 收入低不够消费——杭州五成外来务工者节后不回头. 东方早报，6 版.
③ 汪生科. 2003-05-21. 谁赶走了石狮十万外来工. 21 世纪经济报道，7 版.

　　一直到了 2004 年，"民工荒"一词才开始在各种媒体上频繁出现，显示出这一问题的严峻程度。例如，2004 年 5 月 22 日载于《经理日报》的《福建沿海民企遭遇"民工荒"》；2004 年 5 月 27 日载于《四川经济日报》的《"民工"冷淡沿海民企》；2004 年 8 月 3 日载于《南方都市报》的《珠三角惊呼：民工短缺！》；2004 年 8 月 9 日载于《21 世纪经济报道》的《珠三角"民工荒"：这个夏天有点冷》；2004 年 10 月 15 日载于《中华工商时报》的《珠三角大闹"民工荒"》等新闻作品，都分别对发生在东南沿海发达地区的"民工荒"现象进行了充分报道。

　　各大小企业的"缺工"现象越来越被媒体所提及，无数的空缺岗位与巨大的农村剩余劳动力之间形成了断裂。由于"缺工"现象程度严重，以至于被媒体称为"民工荒。"《南方周末》宣称："中国遭遇 20 年来首次'民工荒'。""民工荒"这一概念由此正式产生。[①]

　　随后，国家劳动和社会保障部对四川、湖南、江西、安徽等劳动力输出大省及闽东南、长三角、珠三角、浙东南等主要劳动力输入地区进行了调查。调查结果显示，缺工现象较为严重的是珠三角、闽东南、浙东南等加工制造业聚集地区的企业，据计算，缺工近 200 万人。其中，广东深圳、东莞两市用工缺口约 67 万人，缺工比率约为 10%，福建泉州、莆田两市用工缺口也在 10 万人左右[②]。

　　浙江省政府政策研究室调研报告《透视浙江民工短缺现象》的数据显示，2004 年 1～8 月杭州市外来劳动力服务中心统计的单位需求人数为 283 693 人，登记介绍人数为 231 847 人，民工短缺比重为 18.28%。2004 年第三季度，该省劳动力市场需求约 134 万人，求职人数约 88.1 万人，缺工比重为 34.25%[③]。

　　在 2005 年，"民工荒"愈演愈烈，开始波及环渤海湾、长江三角洲地区，成为媒体、政府、企业与农民共同关注的焦点问题。大连、烟台等环渤海湾地区在 2005 年 1～8 月需求 4.8 万名劳工，但劳动力市场只介绍了 1.4 万名农民工上岗，也就是说存在着 3.4 万个空缺岗位；2005 年珠三角的广州、深圳、东莞等地急缺生产工人 200 万人。浙江省劳动和社会保障厅的 2005 年统计数据表明，2005 年浙江省劳动力短缺达 50 万人，占劳动力总需求量的 35%。2005 年年初进入杭州市求职市场的农民工流量比 2004 年减少 11%～20%[③]。2005 年 2 月 22 日载于《民营经济报》的《民工荒恶化珠三角叫痛》、2005 年 3 月 9 日载于《民

　　① 戴敦峰. 2004-07-15. 中国遭遇 20 年来首次民工荒. 南方周末，4 版.
　　② 劳动和社会保障部课题组. 2008. 关于民工短缺的调查报告. http://news.xinhuanet.eoln/zhengfu/2004/09/14/contentee1979817.htln［2008-09-14］.
　　③ 宋桂时. 2011. 农村剩余劳动就业的新特点及深层微观原因——新生代农民工的视角.东北财经大学硕士学位论文：13.

营经济报》的《"民工荒"将持续存在》等文章分别对这一现象进行了持续深入的报道。

到了 2006 年，"民工荒"现象由东南沿海地区开始向中西部地区发展和蔓延。仅中部地区的安徽省内企业用工缺口就超过 40 万，湖南长沙仅保姆数量就减少了 70%。[①] 国家劳动和社会保障部的调查结果显示，2006 年，全国 32.2% 的企业招到用工量的 75% 以上，但仅有 31.7% 的企业用工需求得到满足，20.9% 的企业招到 50%～75%，5.1% 的企业有一半的用工需求没有得到满足。[②]

"民工荒"向内陆甚至全国范围伸展、蔓延，这对于一向被认为廉价劳动力近于"无限供给"的中国来说，实在让人觉得出乎意料，就连国际社会也注意到了这一问题。2006 年 2 月 18 日的法国《解放报》发表了《中国出现农民工短缺》的文章，文中就报道了我国出现的"民工荒"现象[③]。

2007 年，"民工荒"从暂时的缺工变成了长期缺工的趋势。2007 年 3 月 20 日，《信息时报》以标题"百万安徽民工放弃东莞奔沪杭，珠三角出现民工荒"报道了以广东发展较快城市为中心的珠三角陷入"民工荒"困境的消息。"民工荒"问题从近几年的不断涌现出来的珠三角屡次空缺劳动力的隐性问题，再一次呈现在公众面前。

（二）第一轮"民工荒"的特征

从地域来看，"民工荒"表现为局部集中和普遍存在相结合。"民工荒"的发生最初具有局部集中的特性，以作为主要劳动力输入地的珠江三角洲和闽东南地区最为严重，如图 3-1 所示。2006 年后，"民工荒"出现新的特征，开始向安徽、江西、湖南、四川、重庆这样一些主要劳动力输出地的中西部地区蔓延。

从工种来看，表现为技工荒和普工荒相结合，但以技工荒为主。所谓技工荒是指技术工人、高级技术工人供不应求，缺口很大的现象。而普工荒则是指劳动经验少、教育技术水准低的工人供给不足所产生的用工短缺现象。

从企业分布来看，"民工荒"主要发生在如玩具制造、电子装配、服装加工、塑料制品等劳动力密集型企业。这些劳动密集型企业因为资金少、规模小，因而主要依靠增加劳动力的数量来扩大生产以获取更大的利润，但由于这些企业工作环境差、工资待遇低而在招工时缺乏吸引力。

从性别结构来看，"民工荒"表现为性别比例需求失衡，对女性的需求远远

---

① 何玮娜. 2008. 人口转变背景下次级劳动力市场供求关系研究——以上海为例. 上海社会科学院硕士学位论文：5.
② 蔡昉，都阳. 2007. 中国人口与劳动问题报告. 北京：社会科学文献出版社：12.
③ 竹叶青. 中国"民工荒"开始蔓延. http://blog.sina.com.cn/s/blog_4877f3f3010002jd.html［2011-08-12］.

高于对男性的需求。一方面，从岗位需求来看，一些劳动密集型行业，如电子制造企业、服装加工企业等，因女孩子心灵手巧、文静温和、便于管理、细心认真而几乎全招女工；另一方面，从女性劳动力供给角度看，由于家庭因素和生育周期的影响，严重限制了25～30岁的女性转移强度，导致农村中女性剩余劳动力的实际转移量十分有限。这样不可避免地在一些城市企业中出现女工短缺现象。

从年龄层角度看，"民工荒"表现为年轻工人短缺。国家统计局数据显示：2006年，全国农村外出从业劳动力中，男性劳动力8434万人，占64%。从年龄构成上看，20岁以下的农村外出劳动力占16.1%；21～30岁的农村外出劳动力36.5%；31～40岁的占29.5%，41～50岁的占12.8%；51岁以上的占5.1%①。年龄结构的供需差异使劳动力市场中的年轻工人供给存在明显短缺。人力资源和社会保障部发布的《企业2007年春季用工需求调查》显示，2007年新增岗位中，有明确年龄要求的合计占92.3%。其中，年龄在26～35岁的劳动力需求占28.7%，年龄在18～25岁的劳动力需求占58.2%。

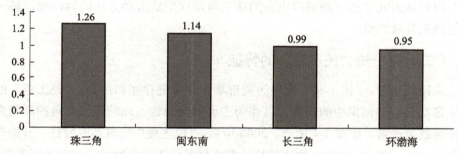

图 3-1　东部地区岗位空缺数量与求职人数比率

资料来源：中国人力资源市场信息监测中心（2009年第4季度）

从发生时间来看，"民工荒"表现为"春节荒"。"春节荒"是指农民工供给量在每年的春节存在明显短缺的现象。这个时候的"民工荒"，是因为源于距离和习俗等心理，再加上农民工的迁出地大多在城郊村和外省的农村，必然会使其在春节期间减少向外迁出量和增加往回迁入量。广东省2003～2007年的民工流动情况的统计数据分析显示，每年的第四季度缺工情况都很严重①。

（三）新一轮"民工荒"的产生（2009年至今）

新一轮"民工荒"发生的一个重要背景是2008年美国次贷危机所引发的全

---

① 李东阳. 2012. 基于托达罗修正模型对当前"民工荒"现象的成因分析. 中央民族大学硕士学位论文：16.

球性的金融危机。东部沿海地区大量的出口加工企业在此次危机中受到的影响尤为严重。

面对来势凶猛的国际金融危机，以产品加工外贸订单为主的劳动密集型企业由于订单撤销，生产开工不足，开始大减产，甚至出现停产倒闭现象，整体经济增速明显变缓。然而，到了 2010 年，在全球经济逐渐复苏的情况下，"民工荒"现象又出现了，招工难又成为一些企业面临的一项难题，超过 2/3 的企业存在用工缺口。

有媒体形容一些企业的招工状况比严冬还要寒冷。比如，珠三角地区的缺工从过去的 15 万人激增到 200 万人；技工缺，普工也缺；缺工的区域也在扩大，甚至蔓延到了内地。据统计，2010 年在长三角和珠三角地区务工的外出农民工分别占全国外出农民工的 19.4% 和 22.6%，分别比上年下降了 2.4 个和 7.6 个百分点[①]。

不管是东部沿海发达地区，还是四川、江西、河南、甘肃等中西部地区，"民工荒"同时在全国蔓延。中西部和东部沿海地区为争夺农民工展开了激烈的争夺战。各地政府为了"抢人"频出怪招：如上海企业开着数百辆大巴车到安徽、河南等地接人；而传统劳动力输出大省湖北则开展了"春风行动"，意图留住那些正奔赴长三角或珠三角的老乡们。

（四）新一轮"民工荒"的特征

1. 缺工地区范围大

第一轮"民工荒"的区域结构主要集中在东南沿海地区，这些地区的缺工主要是劳动力密集型企业，而在中西部地区则没有出现明显的"民工荒"现象。新一轮"民工荒"从沿海地区延伸至内地中部，甚至一些西部经济状况欠发达地区也受到了或大或小的影响，范围明显扩大。

2. 数量大工种多

第一轮"民工荒"在缺工的工种上主要是技工缺。与第一轮"民工荒"不同的是，新一轮"民工荒"则表现为不仅技工缺乏，普工同样紧缺，而且数量巨大，且普通工人的缺口超过了技术工人的缺口。

3. 男女工都紧缺

与第一轮"民工荒"女工需求过大，男工相对过剩的情况不同，新一轮"民

---

① 《我国农民工工作"十二五"发展规划纲要研究》课题组. 中国农民工问题总体趋势：观测"十二五". http://www.360doc.com/content/12/0121/07/4310958_195803991.shtml［2010-10-19］.

工荒"表现为男女工都紧缺。

4. 缺工已经常态化

第一轮"民工荒"的发生时间主要在每年的年末和年初。与第一轮"民工荒"不同，新一轮"民工荒"持续的时间比以往更长，从 2009 年下旬开始，一直持续至今，结构性"缺工"已经常态化。

5. "短工化"明显

老一代农民工工作求稳，希望在企业老老实实干，而出生在 20 世纪 80～90 年代的新生代农民工在平均每份工作上的时间明显低于老一代农民工，具有"高流动性"。一般是干一个月，之后休息几天或一个星期。新华视点对新生代农民工的一份调查也显示，38.2%的新生代农民工在最近单位工作时间少于 1 年，25.8%的为 1～2 年，仅有 17.4%的新生代农民工超过 4 年[①]。

6. 劳动力输出的中西部大省的"用工潮"开始显著回流

以河南省为例，2011 年河南省农村劳动力转移的总量为 2450 余万人，省内与省外转移的农村劳动力差额为 78 万人。2012 年，河南省农村劳动力转移总量为 2570 万人，农村劳动力省内外就业差额为 332 万人，在省内农村劳动力转移人数首超省外。2013 年，河南全省农村劳动力转移就业规模达 2660 万人，其中省内累计实现转移就业 1523 万人、省外输出 1137 万人、新增农村劳动力转移就业 90 万人。同比数据显示，在省内农村劳动力转移人数首超省外转移的 2011 年，河南省农村劳动力转移的总量为 2450 余万人，省内与省外转移的农村劳动力差额为 78 万人，而到了 2012 年，上述两项指标扩大至 2570 万人和 332 万人，新增农村劳动力转移就业降至 120 万人，农村劳动力净回流已成常态。[②]

二、"民工荒"形成的原因[③]

"民工荒"形成的原因有很多，学者对此也都进行了深入的研究。有学者从企业角度分析，认为农民工的工资低、工作环境恶劣，并且劳动时间较长导致"民工荒"的发生；有学者从国家政策方面分析，认为户籍制度的羁绊、管理部门乱收费严重、劳动力市场不够完善、我国的计划生育政策使我国劳动力减少，

---

①　何欣荣，秦亚洲，魏宗凯，等. 2012. 来自六大区域关于"新工荒"的调查报告. http://finance.people.com.cn/GB/70392/17043888.html［2012-08-15］.

②　梁鹏，杨勇. 2014. 河南农村劳动力高速回流省内外就业差额创新高. http://roll.sohu.com/20140124/n394140946.shtml［2014-01-24］.

③　李贵成. 2014. 权利赋予与社会政策重构：解决"民工荒"的根本出路. 国家行政学院学报，（2）：104.

以及国家对于农村政策的调整产生了利民效应等方面的因素导致"民工荒"的发生；有学者从社会现状方面分析，认为农民工的社会地位极低及经常被企业拖欠工资导致"民工荒"的发生；也有的学者从农民自身的角度分析，认为农民乡土观念很重、接受的教育程度低并且技能单一及维权意识增强等方面的因素导致"民工荒"的发生。但笔者认为，新生代农民工价值观出现的变化加剧了"民工荒"。

当前，大规模的代际替换正在农民工群体中出现。"80后""90后"新生代农民工已经占到了农民工数量的半数以上，逐渐成为农民工群体的主体。与老一代农民工不同，新生代农民工的价值观念已经发生很大变化，带着更大的抱负来到了城市。他们受教育程度高，职业期望值高，有明确的权利意识，更加注重对职业前景的选择。当权益无法获得满足之时，新生代农民工便选择"用脚投票"的方式离开。

尊重人，尤其是尊重弱者和底层群众应该是现代文明的根本内涵。如果排斥继续存在，他们就会逐渐沦为精神上的游牧民，也就不可能保持对城市社会的认同和忠诚，这无疑是对国家稳定的一个重大隐患。"民工荒"现象的出现并不是偶然的，而是长期以来新生代农民工合法权利遭遇不公正待遇、得不到应有保障的必然结果。从这个角度来看，保障新生代农民工的种种权利诉求、从各方面完善当前的用工制度才是解决"民工荒"的根本之举，而非仅仅将提高工人工资作为万能之策。

新生代农民工群体的权利诉求主要表现在经济权利、社会权利、政治权利、教育权利等多个方面。

（一）新生代农民工群体经济权利诉求

经济权利诉求是新生代农民工首要的利益诉求。经济权利包括与经济利益相关的如就业权利、劳动保护权利等多种权利，而就业权是一项基本人权，属于经济、社会和文化权利中最发达的部分，是现代化工业社会中劳动者最基本、最重要的权利。[①]劳动者的基本生存权与基本发展权能否实现决定于其就业权利能否得到真正实现。Emma Grant 在比较第三世界和发达国家的情形时提出二元劳动力市场理论，即由于就业方面立法的不完善，城市劳动力市场存在一个非连续性的分割的"二元结构"市场，即"首要劳动力市场"和"次要劳动力市

---

① Alston P. 1992. The committee on economic，social and cultural rights //Alston P. The United Nations and Human Rights：A Critical Appraisa. Oxford：Clarendon Press：490.

场"，这在发展中国家更为明显。[1]首要劳动力市场的主要特点是市场收入高、工作稳定、工作条件好、培训机会多、具有良好的晋升机制；而次要劳动力市场则与之相反，其收入低、工作不稳定、工作条件差、培训机会少、缺乏晋升机制；并且次要劳动力市场的失业者根本不可能进入首要劳动力市场，首要劳动力市场的求职者更不愿到次要劳动力市场中谋职，哪怕宁可耗费大量时间去等待就业机会。这说明首要劳动力市场和次要劳动力市场之间基本处于相互隔绝的状态，流动较少。[2]

"新结构主义"社会学家皮奥里（M. J. Piore）对二元劳动力市场形成的原因进行了深入的研究。他认为有五个方面值得注意：第一，劳动者自身的一些特征，如户口、肤色、种族、行为举止等差异，使得他们更容易进入某一个市场而不容易进入另一个市场，这实际上是一种歧视；第二，首要劳动力市场具有稳定性，相反，缺乏稳定性是次要劳动力市场的一个表现，这也是两种劳动力市场有明显区分的一个地方；第三，次要劳动力市场的劳动者之间相互影响的生活方式更巩固了这个阶层的行为特征；第四，次要劳动力市场上的劳动者并非不能做首要劳动力市场的一些工作，即使他们做了，也仍然是次要劳动力市场上的劳动者；第五，次要劳动力市场的劳动者更倾向于做小时工、临时工，而不是全时工、正式工，这与救济政策、社会福利有关。[3]

我国城市劳动力就业市场由于受二元户籍制度的影响属于典型的"二元劳动力就业市场"。作为一个集体，新生代农民工没有可能通过正常的社会流动来改善自身的不利处境，他们被排斥在城市居民的就业体制之外，只能在次要劳动力市场就业，就业权受到严重的侵害。

（二）新生代农民工群体政治权利诉求

政治权利是公民权利的重要组成部分，是指"宪法规定的公民参与国家政治生活的权利，是公民其他权利的基础"[4]。新生代农民工群体的政治权利诉求表现为他们对关系城市发展的重大问题发表意见，并参与到城市社会中的政治生活权利。这既是社会主义的本质要求，也是法律赋予新生代农民工的基本权利。目前，由于受二元户籍制度的影响，新生代农民工的政治权利一直处于空白的状态，存在政治权利贫困的现象。

① Grant E, Blue I, Harpham T. 2000. Social exclusion: A review and assessment of its relevance to developing countries. Journal of Developing Societies，16（2）.
② 李强. 2002. 转型时期的中国社会分层结构. 哈尔滨：黑龙江人民出版社：123.
③ Piore M J. 2009. "The Dual Labor Market: Theory and Implications" //Grusky D B. Social Stratification: Class, Race, and Gender in Sociological Perspective: 435-438.
④ 张德瑞. 2009. 中国农民平等权利法律保护问题研究. 南昌：江西人民出版社：71.

选举权和被选举权是宪法赋予公民的第一权。目前，新生代农民工的选举权存在严重的缺位问题。我国《选举法》规定，流动人口原则上在户籍地参加选举。因此，按照制度安排，进城打工的新生代农民工都必须回到户口所在地的农村参加选举，无论他们到哪里，无论从事怎样的工种和职务。但现实中，新生代农民工要是回到家乡参加选举，既要办理烦琐的选民资格手续，还要承担误工工资和往返的差旅费用，甚至有失去工作的危险。在这种情况下，新生代农民工都会掂量回家参加选举的代价。在再三权衡下，不少新生代农民工一般都会放弃回到家乡参加选举。久而久之，他们参与选举的积极性不高，政治诉求意愿较低。

（三）新生代农民工群体社会保障权利诉求

恩靳·伊辛将公民权的社会保障权利分为促进能力的权利、机会权利、再分配和补偿的权利。[①] 美籍华裔学者洪朝辉在研究关于中国城市的贫困现象时指出："社会保障权利的贫困就是指一批特定的群体和个人由于他们应该享有的社会权利被削弱和侵犯而导致相对或绝对的经济贫困。"[②] 作为国家赋予公民的生存方式，社会权利必须以国家的法律制度、政策规章为保障。新生代农民工是伴随改革开放而出现的一个新群体，其社会保障权利诉求比父辈们更为强烈。对他们而言，享有充分的社会权利，有助于农民工更好地融入城市，并充分享受到城市经济和社会发展的成果。而现实生活中，新生代农民工的社会保障权益因受城乡二元社会结构的影响并没有得到多大改善。失业、养老、工伤、医疗保险等社会保障和其他社会福利待遇对于新生代农民工而言仍是可望而不可即的。

（四）新生代农民工群体受教育权利诉求

受教育权是宪法赋予的一项基本人权，是中国公民所享有的并由国家保障实现的接受教育的权利，也是公民享受其他文化教育的前提和基础。如果某一个人没有受教育的机会，无法上学，他就丧失了受教育权；如果缺乏教育的物质保障或法律保障，公民的受教育权也可能落空。因此，受教育权包括两个基本要素：一是公民均有上学接受教育的权利；二是国家提供教育设施，培养教师，为公民受教育创造必要机会和物质条件。

当前，随着许多岗位的用工条件越来越高，许多新生代农民工想通过培训

---

① 恩靳·伊辛，布雷恩·特纳. 2007. 公民权研究手册. 王小章译. 杭州：浙江人民出版社：20.
② 洪朝辉. 2003. 论中国城市社会权利的贫困. 江苏社会科学，(2)：118.

来提高自己的素质和技能。然而，由于主客观条件的制约，他们缺乏教育培训的机会。2010 年，苏州大学商学院、社会学院进行的《苏州市新生代农民工城市融入问题》调查结果显示，有 6 成以上的新生代农民工"偶尔"或者"从来没有"参加过相关的业务培训。有 65.1%的人认为自己最需要增强的是专业技能知识，另外在"目前您最希望得到哪方面的指导"的回答选项中，"就业技巧""财富经验"是比例最大的两个选项。①因此，对于新生代农民工而言，如果没有相关的教育培训，其就业技能就难以提高，自我发展就成了一种空想，不可避免地出现"有岗无人、有人无岗"的民工荒现象。②

三、"民工荒"的影响

（一）"民工荒"的积极影响

1. 有利于改善新生代农民工的待遇

在人力资源充裕、整个劳动力市场供大于求的前提下，企业选择优势很大，可以以低廉的价格雇佣到所需要的劳动力，使得新生代农民工工资长期得不到增加，而这也直接决定了新生代农民工长期以来在城市中工作待遇较低、生活状况较差的现状。同时，企业也没有与新生代农民工签订具有法律效力的劳动合同，导致新生代农民工的合法权益都得不到保障。地方政府因为追求片面的发展与政绩的需要，虽然通过行政、法律等手段对企业加以干预，但对企业屡屡侵犯员工合法权益的事件漠然视之。

"民工荒"问题的出现，意味着"强资本、弱劳动"的劳资格局有所松动。"民工荒"的压力还促使政府加强对劳资关系的调节，制定出有利于农民工的政策，而企业不得不通过加强工人的技能培训、改善工人的待遇、尊重新生代农民工的合法权益等措施，来增强员工对企业的归属感，缓解用工短缺的问题。例如，珠三角不少企业的工资提高了 10%～20%，年龄限制从原来的 18～30岁扩大到 18～45 岁，性别限制减弱，有些企业原来只招某些省份的农民工，现在也放宽了。③这对促进地方经济健康增长和减少社会矛盾无疑是有利的。农民工也能够通过理性和合法的途径去争取和维护自身权益，共享社会发展的成果。

---

①　李峰. 2011. 六成以上新生代农民工缺乏职业技能. http://www.ce.cn/cysc/agriculture/gdxw/201103/01.
②　李贵成. 2014. 权利赋予与社会政策重构：解决"民工荒"的根本出路. 国家行政学院学报，（2）：104.
③　刘茜. 2010-03-05. 民工荒荒出产业转型契机. 南方日报，4 版.

2. 有利于产业结构升级

任何一个国家，人均 GDP 达到 3000 美元之后，都会出现低端制造业的用工荒，产业升级是必然。

作为世界上最大的发展中国家，我国具有充裕的劳动力资源。因此，劳动密集型制造业充分发挥了劳动力成本较低的比较优势，在过去 30 多年的经济增长中，为中国创造了巨额的贸易顺差。

关于我国廉价劳动力存在的比较优势，我们可以用瑞典经济学家赫克歇尔（E. F. Heckscher）和俄林（B. Ohlin）的要素禀赋理论来解释。要素禀赋理论认为，在不同国家同种商品之生产函数相同的条件下，不同商品生产在要素使用密集形式上的差别及各国或区域生产要素相对禀赋的不同是比较优势产生的重要根源。这与亚当·斯密或是大卫·李嘉图的古典理论是一致的。要素禀赋理论强调各国的生产函数都是相同的或各国之间单位生产要素的生产效率相同是这一逻辑得以成立的前提。各国应当生产出口那些密集使用本国相对充裕要素的产品，发达国家具有资本和技术方面的优势，应当生产出口那些密集使用本国相对充裕要素的产品；而发展中国家则缺乏资本与技术，应当进口那些密集使用本国相对稀缺要素的产品。

而"民工荒"问题的出现，说明我国过去接近无限供给的劳动力出现了断档。劳动力成本的提高削弱了劳动力充足又价廉的比较优势，传统的以廉价劳动力推动的经济发展模式面临挑战，已再难以为继。因此，对于劳动密集型制造业而言，特别是那些依靠国外技术和关键零部件，加工组装，贴牌生产，缺乏自主品牌和核心技术，处于世界产业价值链的低端，只能得到较少的加工费的低端制造业，更应该顺应这种市场"倒逼机制"，自主研发具有高附加值和自主品牌的产品，实现产业链的升级，提高企业竞争力。

3. 有利于产业梯度转移

产业梯度转移源于雷蒙德·弗农（Raymond Vernon）的产品生命周期理论，主要是指发生在不同经济发展水平的区域之间的一种重要的经济现象。1966 年，美国哈佛大学教授弗农在其《产品周期中的国际投资与国际贸易》一文中首次提出产品生命周期理论。

威尔斯（V. T. Wells）和赫希哲（Hirsoh）等学者在弗农提出产品生命周期理论后，又对产品生命周期理论进行了验证、充实和发展[①]。与弗农的产品生命周期理论相似，日本学者小岛清提出了雁行模式理论。区域经济学家在产品生

---

① 胡峰. 2003. 传统跨国公司理论述评. 河南科技大学学报（社科版），（3）：87-92.

命周期理论和雁行模式理论基础之上又提出了产业梯度转移理论。该理论认为，发达地区顺应区域比较优势的变化，把部分产业的生产通过跨区域直接投资或其他方式，转移到生产成本更低、更具有竞争力的发展中地区。

当今我国的产业梯度转移主要分为国内产业梯度转移和国际产业梯度转移两种方式。

首先，我们分析一下在我国国内进行的产业梯度转移情况。不过，在进行产业转移时要注意以下四个原则。

一是坚持规划引导、政策鼓励、因地制宜、扬长避短、突出重点、发挥优势的原则。

二是坚持政府引导与市场化运作相结合的原则。遵循市场规律和产业转移的客观规律，在充分发挥市场机制在资源配置中的基础性作用和企业的主体作用基础上，政府要因势利导，有力推动，制定切合实际的政策措施引导产业的有序转移。

三是坚持产业转移与产业升级、可持续发展相结合的原则。在积极稳妥有序推进不适宜本地发展的产业低端业态向外转移，实施"腾笼换鸟"的同时，要大力发展高新技术产业、战略性新兴产业。进一步提高产业的准入标准，着力提升产业层次，推进产业转型升级。

四是坚持产业转移与优化生产力布局相结合的原则。要根据产业布局和不同地区经济社会发展状况及资源环境承载能力，坚持产业转入与产业转出同步实施，实现对区域内生产力布局的统筹协调、生产要素的优化配置、资源要素的集约集聚，形成生产力空间的合理布局。

"民工荒"的形成加速了我国产业结构在国内进行梯度转移。在 2004 年之前，中西部地区由于缺乏一定的工业基础而发展缓慢。不过，这种区域经济发展不协调的局面在 2004 年"民工荒"现象产生以后得以改变。东南部地区的劳动密集型企业在用工短缺越来越严重、企业利润快速下降的情况下，开始向中西部地区进行产业转移。

其次，我们再分析一下国际间的产业转移情况。

事实上，改革开放以来，我国东南沿海地区就承接了来自劳动力成本升高的日本、韩国等发达国家的相对落后产业的转移。这一转移使得农村地区的大量富余劳动力得到充分就业，也解决了我国发展初期的技术空白问题。

不得不引发我们思考的是，经过 30 年的发展，这些低端制造业对我国环境造成了严重的污染。在我国经济增长已经达到了一个瓶颈期的这种情况下，我国也可以效仿韩国、新加坡等，通过实施"走出去"战略，向国外进行产业梯度转移。这种产业梯度的转移可以推动企业在更广阔的空间进行产业布局，加快将传统的劳动密集型产业和相对老旧设备的转出。一方面，腾出土地发展新兴产业、高新技术产业和现代服务业，缓解资源瓶颈制约；另一方面，通过境外投资在越南、泰国、印度及非洲国家、拉丁美洲国家等广大的发展中国家开拓市场，变国内的落后产能为境外不发达地区的先进产能，保持企业对转出产业的控制力，提高企业的跨国经营能力，积聚企业竞争新优势。

事实上，"民工荒"现象产生后，一部分低端劳动密集型产业受劳动力价格快速上涨的影响，开始向劳动力价格更加便宜的越南、泰国、印度等国家转移。因此，"民工荒"背景下，我国部分劳动密集型产业向外转移已不可避免。

4. 有利于推进新农村建设

一是带回了先进生产力。新农村建设既需要内力吸纳，又需要外力注入。新农村建设面临的最大困难是缺少农村社会难以自发产生的资金、人才、技术和信息，而农民工通过"打工大学"，接受了先进的思想观念，开阔了眼界，增长了见识。他们返乡创业，能够把外力与内力有机结合起来，促使资金、技术、信息等流向农村，实现了从"输出一人、致富一家"的加法向"一人创业、致富一方"的乘法转变，成为地方经济发展的生力军，为新农村建设注入了新活力。

二是开拓了就业门路。农民工返乡创业使得很多农民在家门口就可以找到工作岗位，从而开拓了就地转移劳动力的门路。

三是农业生产也得到一定程度的加强。我国粮食产量在1998年达到峰值——5.1亿吨以后，到2003年只有4.3亿吨。这5年我国农业增长缓慢，粮食产量逐年下降。究其原因，从宏观上说，在之前国家政策倾斜于城市，对农业农村发展重视不够；从微观上说，大量农村劳动力向城市流动，导致农村缺乏劳动力，出现无人种田的现象，从而引起农业发展的缓慢甚至产生粮食减产现象。然而，到了2008年，我国粮食产量达到了创纪录的5.2亿吨，粮食安全得到很大保障。这种粮食产量连续大丰收的现象既与党中央、国务院出台的一系列惠农措施有关，也与2003年以后部分农民工回流到农村从事农业生产密切相关。农民工把他们在城市打工期间学到的知识和经验用于农业生产，而且在科学种田理念的指导下还直接加大了对农业的资金投入，从而推动农业加速发展，粮食产量也开始逐步回升。

5. 有利于促进服务业等第三产业的发展

近年来，越演越烈的"民工荒"问题凸显了中国农村剩余劳动力的转移已进入尾声，标志着刘易斯拐点即将到来，也必将对经济结构和宏观政策造成全面影响。"民工荒"问题导致劳动力价格上涨，而劳动力价格上涨有望刺激国内消费、制造业让步于服务业，从而给中国经济带来了新的机遇与挑战。因此，"民工荒"现象的产生将从两方面促进我国服务业等第三产业的发展。

一方面，作为一种成熟的产业模式，劳动密集型企业如今已在十字路上了，尽管它对中国经济发展的起步与壮大功不可没。在各地提高最低工资标准已成为一种趋势的情况下，劳动密集型企业也迎来了成本大考验。在企业对劳动力需求的上升及劳动力有效供给减少的情况下，劳动力价格大幅上涨，这必然增加了企业的劳动力成本，使许多劳动低附加值的密集型企业利润率下降。由于我国大多数服务行业的利润率高于制造业，而劳动密集型企业利润率的下降则会使得社会资本流向服务业等第三产业，从而可以优化我国的产业结构，大大促进我国第三产业的发展。

另一方面，在一般情况下，一个国家进入中等收入行列后以服务业为代表的第三产业消费就会迅速增加。农村居民家庭可支配收入会随着农民工劳动力价格工资的上涨而增加，而家庭可支配收入的增加则会相应地带动消费的增加。我国边际消费倾向较高且占人口大多数的农村居民收入较低，消费能力低下，是前些年我国服务业发展缓慢的一个很大的原因，而"民工荒"现象的产生导致农民工工资上涨将从一定程度上改变这种局面。

（二）"民工荒"的消极影响

1. 影响了社会和谐稳定

"民工荒"现象的出现在一定程度上是农民工始终处在权利缺失和被剥夺的状态，其合法权益得不到保障又求助无门的结果。在城乡二元结构的影响下，农民工虽然为城市发展做出了积极而巨大的贡献，但其无法和市民一样享受社会发展的成果，合法权益得不到应有的维护，被排斥在城市边缘。在这种状况下极易导致新生代农民工出现严重的偏差行为，"为便于在城市是恶的这种认知图式中获得个体行为的意义，并努力纠正自己的行为努力适应城市生活，要么将自己的行为调整到与城市敌对的方向上，要么将对自己和城市的认知保持在正确的轨道和方向上"①。当困难和挫折超过心理预期，加重心理无法承受的能量时，极容易出现较强的反社会情绪，形成人格上的自卑、畸形现象。一旦这种能量爆发，他们就会从坚守原有的道德底线转为打破道德的"囚笼"，由开始

---

① 傅慧芳. 2006. 青年农民工价值观的矛盾透析. 福建师范大学学报（哲学社会科学版），(2)：46.

的怯懦变为最后的冒险，于是人性和道德开始扭曲和失范，很容易走上违法犯罪的不归路。

据佛山市中级人民法院统计，佛山市两级法院在 2008～2009 年共受理新生代农民工犯罪案件 6490 件 10 627 人，审结 6457 件 10 628 人，结案率为 99.5%。这些案子中，低龄化犯罪情况比较严重，被告人多小于 23 岁，18～23 岁的占 54.8%，24～29 岁的占 41.8%；超过 80% 的被告人无业或打临时工。[①]

2. 影响了外商对中国的投资

不可否认，我国劳动力价格长期以来低于同等发展程度国家的工资水准。在我国经济发展程度不高的时期，这种廉价劳动力凭借其低成本优势成为我国经济快速起飞的重要因素。我国正是由于拥有较为丰富且廉价的劳动力资源供给，吸引了很多外商来华投资。据统计，截至 2006 年，中国已连续 5 年居全球吸引外资的第二位，连续 9 年位居发展中国家和地区吸引外资的首位，全球最大的 500 家跨国公司中已有 400 多家来中国投资。其制造业名列世界第四位，被冠为"世界制造中心"。

不过，还要清醒地看到，当经济发展到一定程度产生质变时，经济发展阶段就会发生跨越。这时，在经济发展较低级阶段单纯依靠廉价劳动力来促进经济发展的模式就成为促进经济发展的一种手段，是一国或某一地区经济发展的暂时性选择。要回答这个问题，我们可以从经济全球化的角度来探讨。当前，人类在经历了农业革命、工业革命后已进入了信息革命。对于我国而言，改革开放 30 多年以来主要依赖大量消耗能源和资源及廉价劳动力来实现经济的增长，但这种经济增长模式在经济发展到一定程度后就会遇到瓶颈，事实证明这是不可持续的。

当农民工的收入状况、医疗、住房不断得到改善，经济社会发展到一定程度时，农民工最终会要求自身的社会地位得到认同，并对自身廉价劳动力的地位产生质疑。特别是在农村剩余劳动力的供给终将出现枯竭的情况下，单纯低成本劳动力的优势的持续时间就会缩短。这意味着廉价劳动力的时代就有面临终结的可能。然而，"民工荒"问题出现后，一个很重要的结果就是劳动力价格的上升，而农民工劳动力价格的上升必然会降低企业的利润，增大企业的生产成本，导致外商投资规模大幅下降。这在多数以发展劳动密集型产业为优势的东南亚国家尤为严重。因此，随着中国经济的发展，劳动力成本增加已是必然趋势，民工短缺现象由点到面不断扩散和蔓延的趋势对吸引外资的影响亦是不

---

① 王慧敏. 迷失在城市中的新生代农民工. http://tech.ifeng.com/special/xinshengdainongmin/detail_2010_06/16/ 1628662_0.shtml［2016-06-16］.

可避免的。

3. 削弱了劳动密集型出口企业的竞争力

我国的一些劳动密集型企业自20世纪80年代以来,抓住了发达国家向发展中国家转移劳动密集型产业的历史机遇,充分发挥低成本劳动力的竞争优势,大力发展外向型经济,极大地带动了我国出口的大幅增长,而在中国普通劳动力已经由"全面过剩"转向"结构性短缺"的背景下发生的"民工荒"似乎要打破这个链条。中国社会科学院人口与劳动经济研究所研究员蔡昉认为中国劳动力不足时代即将来临,劳动力过剩时代即将结束,这标志着中国经济的刘易斯拐点已经到来。①

在劳动力短缺及物价不断上涨的情况下,劳动力价格必然会呈上涨趋势。为了提高低收入者的生活水平,最大限度地解决"民工荒"造成的劳动力短缺问题,北京、上海、广东等27个省份自2010年以来都纷纷上调或计划上调最低工资标准。在北京市,从2013年1月1日起,其最低工资标准由目前的每月1260元调整为1400元,增加140元,增幅为11.1%。在上海市,其劳动者月最低工资标准从2013年4月1日起,将从1450元调整为1620元。在广东省,该省从2013年5月1日起上调最低工资标准,其中第一类地区广州市,提高19.2%,调整后月最低工资标准为1550元,小时工资为15元。

但从另一方面来看,提高最低工资标准使得劳动密集型出口企业陷入"进退两难"的困境:在"民工荒"的背景下,提高最低工资标准必然会加大企业的生产成本。在这种情况下,企业若要提高产品的价格,那么就会在国际竞争中失去低价格的"倾销"优势;若不提高产品价格,这必然会减少企业的利润,影响到其产品的出口,甚至会影响到我国的国际收支。

4. 延缓了现代化进程

城市化通过集聚效应为工业化提供了良好的外部环境,而工业化的发展则成为城市化进程的重要推动力。因此,城市化和工业化是现代化过程中两条互为前提和互相推动的途径。农村劳动力由农村向城市迁移加快了城市化和工业化过程,从而推动了现代化的发展。

事实上,大量农民工进入城市工作为推进城市的现代化过程发挥了积极的作用。首先,农民工到城里所从事的工种岗位多是市民不愿做的那些劳动强度大、劳动环境较为恶劣、卫生条件差、基本没有或很少有劳动保护的职业。农民工填补了这一劳动领域的空缺,以其任劳任怨、不计报酬、甘于奉献的精神

---

① 赵芳.2010-07-20.工资上涨暗示中国经济面临重要转折.上海证券报,5版.

促进了城市经济社会能够协调、有序地发展。其次，劳动力既是生产者，也是消费者。生产与消费两者都可促进经济发展。作为生产中最活跃的生产要素，一方面，农民工是生产者，他们大量涌入城市带动了城市经济的发展；另一方面，农民工也是消费者，他们有着吃喝玩乐的消费需求，从而促进了城市餐饮、房产、娱乐等第三产业的发展，刺激了当地消费。然而，"民工荒"现象的出现则意味着向城市迁移就业和生活的农民减少，阻碍了农村劳动力向城市工业部门的转移过程，这不但减少了城市生活中基础设施和附属服务的供给量，降低了地区总人口中城市人口的比重，而且使城市工业发展缺乏内在动力和外在市场，严重制约了现代化过程。

四、"民工荒"的发展趋势

（一）农民工有效供给不断减少

一方面，劳动力需求略大于供给。中国人力资源市场信息监测中心对全国100个城市人力资源市场供求信息分析指出，2013年第四季度各区域市场劳动力需求略大于供给，其中东、中、西部市场岗位空缺与求职人数的比率分别为1.11、1.07、1.16，需求均略大于供给。另一方面，中国劳动年龄人口"两连降"，即2013年中国16～59周岁的劳动年龄人口91 954万人，比2012年年末减少244万人，占总人口的百分比为67.6%，较2012年下降1.2个百分点。这说明，我国农民工后备力量正在以每年600万人的速度递减。[1]可见，我国农民工的有效供给在逐年下降。

（二）农民工需求结构不合理

近年来，由于国家对"三农"问题越来越重视，以及扶植中西部的政策力度也越来越大，农民可以在当地转移就业，农民的收入在短期内不会减少，只会增长，这样回流到家乡务工的农民工就会越来越多，进而导致在农民工输出地和输入地之间越来越激烈地争抢农民工。

总之，从目前来看，"民工荒"自从出现以来，不会短时间内在我国消失，"民工荒"问题已经成为常态化，同时在程度和范围上会呈现出愈演愈烈的趋势。

---

① 张森林. 2011-03-13. "争夺战"能使农民工走进"春天里"吗. 工人日报，7版.

第四章

民工荒视域下新生代农民工价值观现状、主要特征及原因分析

　　马克思在《经济学手稿（1857—1858）》中指出："人的依赖关系（起初完全是自然发展的），是最初的社会形态，在这种社会形态下，人的生产能力只是在狭窄的范围内和孤立的地点上发展着，以物的依赖性为基础的人的独立性是第二大形态，在这种形态下才形成普遍的社会物质交换，全面的关系，多方面的需求以及全面的能力的体系。建立在个人全面发展和他们共同的社会生产能力成为他们在社会财富这一基础上的自由个性，是第三阶段。第二阶段为第三阶段创造条件。"[①] 人是社会发展的动力，在人与社会发展的关系方面，社会发展改变人的生存状态，包括人内隐的价值观念。和老一代农民工相比，新生代农民工的价值观也具有代际特征。正是新生代农民工崭新的价值观加剧了"民工荒"的形成和发展。因此，在"民工荒"视域下，理解新生代农民工价值观问题必须置于具体的制度和环境背景中进行考察。

　　综合考虑以上因素，本章主要运用问卷调查法、深度访谈法、文献资料分析法等，结合定量分析与定性分析相结合的原则，试图反映新生代农民工在民工荒的结构背景下，他们在城市就业、生活、学习中所表现的政治价值观、道德价值观、闲暇价值观、消费价值观、职业价值观、婚恋价值观及自我价值观现状，并归纳其呈现出的主要特征，在此基础上形成关于新生代农民工价值观现状的原因分析。

---

　　① 中共中央马克思恩格斯列宁斯大林著作编译局.1979. 马克思恩格斯全集（第46卷）（上）. 北京：人民出版社：104.

第一节　新生代农民工价值观现状

一、政治价值观

政治价值观一般指的是社会成员对政治世界的看法。它集中体现于人们的政治参与意识与愿望之中，并受制于人们所处的社会政治环境。新生代农民工作为我国产业工人的重要组成部分和经济建设的重要力量，其政治价值观是其个体价值观体系的重要组成部分，呈现出十分鲜明的特点。

（一）政治意识

1. 对时政新闻关注程度较高，且心态积极

政治关注度是衡量政治态度的最重要指标。对新生代农民工政治关注度的调查显示，从总体上来看他们比较关心时事政治，且对此持有积极心态。在回答问卷的 3050 名新生代农民工（表 4-1）中，有 34.4%的人表示关心时事政治，44.9%的被调查者选择"较关注"，"不关注"的人占到 19.0%的比例。对于关注时事政治的原因，有 46.9%的新生代农民工认为"天下兴亡，匹夫有责"这句话没有过时，作为国家的一员有责任关注国家大事。对于今后是否会改变对时政的态度，有 42.6%的人表示和从前一样，有 32.1%的人表示会更加关注。这说明总体上，新生代农民工对关心时事政治持积极的心态，但仍有 19.0%的新生代农民工对政治不关心，态度趋于冷漠，这不能不令人忧虑。

表 4-1　请问您是否关注国家的时事政治

变量	频率/人	百分比/%
关注	1049	34.4
较关注	1369	44.9
不关注	580	19.0
其他	52	1.7
总计	3050	100.0

2. 获取时事信息的渠道广泛，但以网络为主

从表 4-2 中可以看出，高达 52.1%的新生代农民工获取时事信息的主要渠道

是网络。这说明，当前人们获取新闻信息的渠道随着现代媒介环境的发展而得以大大拓展，新生代农民工了解时事信息的方式也愈发广泛与丰富，但在调查中我们发现新生代农民工关注时事政治的途径发生了明显变化，从传统的广播、电视、报纸向网络转变。这说明如今随着网络科技的发展，新闻信息通过网络将传播得更加快捷、全面。新生代农民工因为年轻对新生事物的接受能力较强，关注时事政治的途径开始以网络为主。这体现了新生代农民工的先进性，走在时代的前沿。

表 4-2　请问您获取时事信息的主要渠道是（多选题）

变量	频率/人	百分比/%
网络	1589	52.1
广播	644	21.1
电视	1586	52.0
报刊	1348	44.2
手机	622	20.4
与同事朋友沟通交流	698	22.9
其他	146	4.8
总计	3050	100.0

（二）政治认同

政治认同与人们的心理活动有密切的关系，主要是指人们由于政治理想、政治现实等产生的一种感情和意识上的归属感。对于新生代农民工而言，其政治认同就是他们在进城务工的过程中对当地政府、相关社会制度和政策，以及对城市现代政治文化的一种认同和对城市社会的归属感。

1. 认同爱国主义和改革创新精神

调查结果显示，超过八成的新生代农民工认为青年人应该具有爱国主义精神，79%的人认为青年应该具备改革创新精神（表 4-3、表 4-4）。可见，以爱国主义为核心的民族精神和以改革创新为核心的时代精神得到新生代农民工的高度认同。

作为"80 后""90 后"的新一代，新生代农民工热爱祖国、渴望创新。这种积极健康向上的心态显示出他们与其他青年群体一样。究其本质，这契合了当代青年群体所共同拥有的精神气质，同时也与社会氛围的影响和舆论宣传的引导密切相关。

表 4-3 作为国家青年人队伍中的一员，您认为您是否应该具备爱国主义精神

变量	频率/人	百分比/%
是	2513	82.4
否	186	6.1
说不清	323	10.6
其他	28	0.09
总计	3050	100.0

表 4-4 作为国家青年人队伍中的一员，您认为您是否应该具备改革创新精神

变量	频率/人	百分比/%
是	2410	79.0
否	232	7.6
说不清	387	12.7
其他	21	0.07
总计	3050	100.0

2. 认同中国梦

在对于"中国梦"的看法上，新生代农民工也表现出了较高的认同度。超过四成的被调查者认为"中国梦""是一种为了凝聚国民，增加国家向心力的价值观的宣传"，"中国梦"理念的提出十分必要，11.7%的被测者认为"空想，没有实现的可能"，没有实际意义，只有 16.4%的被调查者表示"与我好像没什么关系"（表 4-5）。

表 4-5 对于"中国梦"，您个人更认同以下哪一种说法？

变量	频率/人	百分比/%
这是一个理想境界，但实现起来是很困难的	930	30.5
是一种为了凝聚国民，增加国家向心力的价值观的宣传	1247	40.9
空想，没有实现的可能	357	11.7
与我好像没什么关系	501	16.4
其他	15	0.5
总计	3050	100.0

3. 对马列主义和中国特色社会主义理念的认知模糊

我国是社会主义国家，马克思列宁主义是中国共产党的指导思想。新生代农民工的文化程度不高，对党的基本理论知识知之甚少，使得马克思列宁主义和中国特色社会主义这些政治思想与他们的距离相对较远，且平时接触机会不多，所以在一定程度上造成他们对于马列主义和中国特色社会主义理念的认识较为模糊。如表 4-6 所示，高达 48.8%的新生代农民工在被问及"马列主义是否过时"时，表示"说不清"；认为马列主义已经过时的被测者有 15.1%。不过，让人高兴的是，在被调查的新生代农民工中，33.9%的人认为马列主义没有过时；45.0%的被调查者在回答"是否同意中国特色社会主义是全国各族人民的共同理想"时表示同意（表 4-7）。

表 4-6　您认为马克思列宁主义作为中国共产党的指导思想是否已经过时

变量	频率/人	百分比/%
是	461	15.1
否	1034	33.9
说不清	1488	48.8
其他	67	2.2
总计	3050	100.0

表 4-7　您是否同意中国特色社会主义是全国各族人民的共同理想

变量	频率/人	百分比/%
同意	1373	45.0
不同意	433	14.2
说不清	1156	37.9
其他	9	2.9
总计	3050	100.0

（三）政治参与

1. 政治参与效能感偏弱

政治效能感是衡量公民政治参与的重要指标。政治效能感与公民政治参与行为呈正相关关系。政治效能感强的人比政治效能感弱的人会更多地参与政治。政治效能感还是考量一个国家民主化程度的内在指标。一国公民的政治效能感高，在某种程度上也反映出其国家的民主化程度较高。

新生代农民工的政治效能感是他们参与政治活动的重要驱动力，但是其较低的收入水平和政治社会化程度又约束了他们政治效能感的提高。一方面，收入水平的高低与政治效能感的高低存在正相关。对新生代农民工收入情况的调查发现，13.5%的新生代农民工月收入在 1500 元及以下；68.8%的受访者月收入在

1501～3000 元；仅有 2.3% 的新生代农民工月收入在 5000 元以上。另一方面，新生代农民工由于其年龄相对要小许多，他们对社会问题和政治问题的认知水平与老一代农民工相比会显得更加感性和幼稚，他们的政治社会化程度也会低许多。这种因素自然就会制约他们政治效能感的提高。又例如，在回答对于"如果您曾向党和政府反映情况和意见，那么效果如何"这一问题时（表 4-8），通过对调查问卷的分析发现，3050 名调查者中，有 1086 人表示曾因为自身问题而向党和政府寻求过帮助，其中新生代农民工中绝大多数对于自己表达利益诉求的结果不满意，仅仅有 3.9% 和 21.1% 的人回答"很好"和"较好"，即有 75% 的人认为自己的政治参与行为并不能够影响政府的决策或者影响力微弱，甚至有 11.4% 的新生代农民工选择了"很差"这一选项，认为自己的政治参与行为完全无意义。这表明绝大多数新生代农民工政治效能感比较弱，从而导致新生代农民工政治参与动力不足。

表 4-8　如果您曾向党和政府反映情况和意见，那么您觉得效果如何

变量	频率/人	百分比/%
很好	42	3.9
较好	229	21.1
一般	272	25.0
较差	419	38.6
很差	124	11.4
总计	1086	100.0

2. 新生代农民工对于自身政治参与活动的价值认知相对模糊

政治参与活动的价值认知是政治参与行为的内在驱动力。作为个人如何看待自己与周围社会的关系及如何认识自我对人生价值目标的认知和评价，决定着其政治参与的水平和效能的高低，而新生代农民工能否正确认识自身政治参与活动的价值，是影响到其政治参与程度的一个十分重要的因素。本课题组的调查显示，在回答"您认为自己参加人大代表选举是否具有意义与价值"这一问题时（表 4-9），高达 56% 的新生代农民工选择"意义不大"，还有 24.4% 的新生代农民工选择了"没有意义"，即有 80.4% 的新生代农民工潜意识里认为人大代表选举只是个形式，认为政治离自己很遥远，参加人大代表选举是浪费时间和精力，没有意义，另外还有 10.5% 的新生代农民工对人大选举"不感兴趣"，认为与自己无关，而仅仅只有不足 10% 的新生代农民工认为参加人大代表选举是"有意义"的，这表明有超过 90% 的新生代农民工没有将选举权作为自己神圣的政治权利，并不清楚自己参加人大代表选举的意义与价值。具体情况如表 4-9 所示。

表 4-9　您认为自己参加人大代表选举是否具有意义和价值

变量	频率/人	百分比/%
有意义	278	9.1
意义不大	1708	56.0
没有意义	744	24.4
不感兴趣	320	10.5
总计	3050	100.0

3. 政治参与度有所提高

新生代农民工作为"新人"的鲜明特征之一就是权利意识高涨。随着生活环境的逐渐开放，他们在维护自己合法权益的同时，还以主人翁的姿态积极参与城市社会事务的管理，表达自己的政治诉求。调查结果显示，33.3%的受访新生代农民工表示在城市打工期间曾参加过政治活动（表 4-10）。这表明，新生代农民工政治参与度有所提升和拓展。

表 4-10　在城市打工期间，您是否参加过政治活动

变量	频率/人	百分比/%
是	1016	33.3
否	1376	45.1
不清楚	656	21.5
其他	3	0.1
总计	3050	100.0

4. 参与政治的愿望不强

新生代农民工的政治参与状况由于受户籍制度的影响，也深深地烙上了城乡二元体制的印迹。由于长年远离家乡，在外地务工，大多数新生代农民工不愿意回村参加村委会选举等政治事务；相对于城市居民而言，又因自己是农村户口，制度安排导致他们无法参与城市公共事务的管理，被人为地阻挡在政治参与的大门之外，也就无法表达和维护自身的利益。这样，他们既无法参加农村政治生活，又不能融入城市政治生活，政治权利处于一种"悬空"状态，使许多新生代农民工成为事实上的"政治边缘人"。

调查结果显示，在回答"作为中华人民共和国的公民，您是否希望参加各种政治活动"这一问题时，希望参加各种政治活动的被调查者只有 37.4%，不希望者有 25.6%，而将近四成的人认为无所谓（表 4-11）。由此我们发现，由于与其切身利益关系不甚紧密，相当多的新生代农民工参与政治的愿望不强，对政治参与抱有无所谓的态度。

表 4-11　作为中华人民共和国的公民，您是否希望参加各种政治活动

变量	频率/人	百分比/%
是	1141	37.4
否	781	25.6
无所谓	1107	36.3
其他	21	0.7
总计	3050	100.0

（四）政治信仰

本课题组的调查结果显示，95.4%的新生代农民工在政治信仰方面拥护中国共产党的领导，认同党和国家的路线、方针、政策，这是主流，但在调查中我们又发现新生代农民工的政治信仰开始呈现多元化趋势。如表 4-12 所示，选择"没有信仰"的新生代农民工有 46.5%，占到较大比例。另外，道教、佛教、基督教、伊斯兰教、马列主义等均有选择，其中佛教获得了相对较高的被选率。此外，不得不指出的是，少数新生代农民工受当代资本主义社会经济、政治发展变化的影响，盲目追求西方的政治文化、价值观念与生活方式。这不能不令我们提高警觉和加强防备。

表 4-12　作为社会的一分子，您的信仰是

变量	频率/人	百分比/%
道教	146	4.8
佛教	509	16.7
基督教	275	9.0
伊斯兰教	67	2.2
马列主义	259	8.5
没有信仰	1418	46.5
其他	375	12.3
总计	3050	100.0

（五）政治满意度

本课题组调查发现，在被问到"您对现政府执政能力的看法是"（表 4-13）这一问题时，选择"很满意"这一选项的新生代农民工仅仅只有 6.2%，选择"比较满意"的新生代农民工也只有 25.4%，而选择"不太满意"和"很不满意"的新生代农民工则分别有 35.9%和 21.5%，剩下一成左右的新生代农民工则选择了"一般"。从中我们可以看出，大部分新生代农民工对我国当前政府的执政能力是不满意的，在他们看来，现阶段的政府在大多数情况下并不能实现他们的诉求，还有很多需要改进的地方。

表 4-13　您对现政府执政能力的看法是

变量	频率/人	百分比/%
很满意	189	6.2
比较满意	775	25.4
一般	335	11.0
不太满意	1095	35.9
很不满意	656	21.5
总计	3050	100.0

二、道德价值观

道德价值观是道德主体对各种社会现象和行为是否具有道德价值做出判断时所持有的基本观点。

（一）道德标准

1. 新生代农民工的道德主体意识与道德选择

道德规范和道德主体是道德构成的两个重要方面。道德规范属于社会意识形态的内容，是人们在社会生活中建立起来的处理人与人关系的规则，而道德主体作为社会主体的人的特征，体现的是道德的属人特性。在对新生代农民工的道德主体意识与道德选择进行调查时，笔者发现绝大多数新生代农民工的道德主体意识与社会公德意识有所增强。例如，在回答"您认为判断道德问题最主要的标准是什么"时，选择"个人良心"的新生代农民工高达 46.2%；7.1%的人选择"大多数人的看法"；9.0%的人选择"权威人士的说法"；12.3%的人选择"传统标准"；14.6%的人选择"是否损害他人"；8.0%的人选择"说不清"

（表 4-14）。笔者还随机采访了在郑州市一餐饮店工作的小张。小张表示，如果要他回答判断道德问题最主要的标准是什么，他更认同一直以来沿袭的评判道德问题的标准，即"传统标准"。当笔者问他如何看待"婚前性行为"现象时，小张显得有些疑惑而绕开了这个在他看来很难回答的问题。因为"婚前性行为"问题本身就是一个在传统道德与现代道德之间难以取舍的问题。

表 4-14　您认为判断道德问题最主要的标准是

变量	频率/人	百分比/%
个人良心	1409	46.2
是否损害他人	445	14.6
传统标准	375	12.3
权威人士的说法	275	9.0
说不清	244	8.0
大多数人的看法	217	7.1
其他	85	2.8
总计	3050	100.0

总之，新生代农民工倾向于根据自己的生活经验做出道德评价和道德选择，因而具有强烈的、丰富的个性和自我意识，但新生代农民工的道德选择仍具有明显的困惑性和服从性，这与他们的道德主体意识尚处于发展中有关。

2. 奉献性道德观与功利性道德观

（1）奉献型道德观

社会对个人的尊重和满足，个人对社会的责任和贡献，是人生价值的两个重要方面。成长于改革开放、社会加速转型的时代背景下，新生代农民工有强烈的自我发展意识，怀揣着梦想来到城市，不单单是打工挣钱，更为了寻求发展的机会。但要看到，新生代农民工过高的职业期望值无疑会使其就业面狭窄化，很不利于他们贡献社会，服务人民。因此，新生代农民工应该树立集体主义价值观，自觉遵循社会发展的客观规律，自觉站在最广大人民的立场上，更加注重做出正确的价值判断和价值选择，在个人和社会的统一中实现人生价值，在劳动和奉献中创造价值。

笔者调查发现，奉献型道德观是新生代农民工道德价值观的显著特点。这说明，新生代农民工的道德价值观总体上呈现积极向上的态势。从表 4-15 可以看出，56.0%的新生代农民工选择"人人为我，我为人人"，这说明在个人和他人的关系上互惠型的人人关系已为多数新生代农民工认同。选择"遇事应该把方便留给别人，把困难留给自己"的新生代农民工占 21.5%，这说明选择奉献型道德观的人的百分比是比较高的。另外，在回答"在处理个人与集体的关系方面，您所持的态度是"这一问题时，25.6%新生代农民工选择"个人利益无条件服从集体利益"，而有 54.5%的新生代农民工选择"集体利益为主，兼顾个人利益"。只有 10.4%和 0.5%的人分别选择"个人利益为主，兼顾集体利益"和"集体利益无条件服从个人利益"（表 4-16）。这说明，在个人与社会（集体）的关系上，绝大多数新生代农民工坚持以集体利益为主。可见，新生代农民工的道德价值观是积极向上的。

表 4-15　在个人与他人的关系上，您认可下面表格中的哪一种观点

变量	频率/人	百分比/%
人不为己，天诛地灭	686	22.5
人人为我，我为人人	1708	56.0
遇事应该把方便留给别人，把困难留给自己	656	21.5
总计	3050	100.0

表 4-16　在处理个人与集体的关系方面，您所持的态度是

变量	频率/人	百分比/%
个人利益无条件服从集体利益	781	25.6
集体利益为主，兼顾个人利益	1662	54.5
个人利益为主，兼顾集体利益	317	10.4
集体利益无条件服从个人利益	15	0.5
说不清	275	9.0
总计	3050	100.0

（2）功利型道德观

市场经济的逐利性特征，客观上膨胀了人们极端个人主义、拜金主义、消费主义和享乐主义等谋取私利的动机。由于谋生和挣钱的技能十分有限，市场经济时代这种经济主义价值观在新的道德价值体系尚未建立起来之际，对新生代农民工的消极钳制作用是普遍而巨大的。如表 4-17 所示，当问及"最不能容忍的三个道德行为"时，选择"为了得到自己利益而不择手段、偷盗他人或公共财物和不负责任"三项的人数都超过半数。

表 4-17 下面选项中，您最不能容忍的行为是（不定项选择，限选三项）

变量	频率/人	百分比/%
故意说谎欺骗别人	1510	49.5
捡到财物归己	689	22.6
偷盗他人或公共财物	1800	59.0
为了得到自己利益而不择手段	1885	61.8
不负责任	1583	51.9
不守社会公德	906	29.7
总计	3050	100.0

3. 传统道德价值与现代道德价值

（1）道德的传统性

现实生活中，一些新生代农民工在人格的财富化和财富的人格化互相推动下，对社会上的好人好事、见义勇为等先进事迹漠不关心，一些畸形的道德观念开始滋生并逐渐占领了他们的信仰阵地，导致了他们传统道德观念的丧失。这说明一些新生代农民工生活在既无将来又无过去的窄线上，他们唯一的信仰就是否定的哲学。表 4-18 显示，在回答"您对传统道德的看法"这一问题时，高达 48.5% 的人认为"传统道德已经过时"，有 21.5% 的人认为"无所谓"。

表 4-18 请问您对传统道德的看法是

变量	频率/人	百分比/%
传统道德应该继承	915	30.0
传统道德已经过时	1479	48.5
无所谓	656	21.5
总计	3050	100.0

（2）道德的现代性

所谓道德的现代性，就是学会了解和遵守现代的、现行的法律法规，在现行的法律法规的框架下，最大限度地追求属于自己的快乐幸福，当然在此前提下，最好也能够给他人、社会带来快乐幸福，而不是什么"连续性"和"结构性"。进取型道德是当今青年道德价值观的重要组成部分，也是道德教育适应时代发展形势的培养重点，但新生代农民工由于成长环境等因素的影响，价值观深层的保守思想仍然占据一定位置，进取型道德品质和竞争能力有所欠缺。表 4-19 显示，在回答"您认同表中哪一种道德观点"这一问题时，高达 42.5% 的人认为"应该知足常乐"。在采访中，在信阳市一美容店工作的小王比较认同

"知足常乐"。小王振振有词地说,现在社会复杂,世事难料,很多东西是不可控的,也是不好预测的。怎么办?只有放下身段,降低欲望,才能使自己得到快乐。

表 4-19　请问您认同表中哪一种道德观点

变量	频率/人	百分比/%
人应该知足常乐	1296	42.5
人怕出名猪怕壮	430	14.1
积极进取,勇于创新和竞争是现代人不可缺少的	1324	43.4
总计	3050	100.0

(二)道德行为认识

社会公德是公民在社会交往与社会生活中应该共同遵守的行为准则。在调查中笔者发现,绝大多数新生代农民工有较强的社会公德意识和社会公共道德修养。29.7%的新生代农民工在回答"最不能容忍的三个道德行为"这一问题时,选择了"不守社会公德"(表 4-17)。在回答"公共汽车上当您遇到老幼孕妇时,是否会给他们让座"这一问题时,表示自己"常常让座"或"有时让座"的新生代农民工达到 84.2%(表 4-20)。

表 4-20　在公共汽车上当您遇到老幼孕妇时,是否会给他们让座

变量	频率/人	百分比/%
常常让座	1510	49.5
有时让座	1058	34.7
不让座	265	8.7
假当没看到他们	217	7.1
总计	3050	100.0

尽管绝大多数新生代农民工有较强的社会公德意识,但知行之间存在距离。在回答"您的孩子路上遇到老人摔倒,您支持他扶还是不扶"这一问题时,53.8%的新生代农民工的看法是"让孩子理智判断,再决定扶与不扶";有36.4%的调查对象会"支持孩子去扶,这是起码的公德";只有 3.8%的调查对象认为"多一事不如少一事,不鼓励孩子去扶"(表 4-21)。笔者另一项关于新生代农民工义务献血的调查显示,只有三成的调查对象表示参加过义务献血。这都表明新生代农民工从知到行之间尚存在一定的距离。

表 4-21 您的孩子路上遇到老人摔倒，您支持他扶还是不扶

变量	频率/人	百分比/%
让孩子理智判断，再决定扶与不扶	1641	53.8
支持孩子去扶，这是起码的公德	1110	36.4
多一事不如少一事，不鼓励孩子去扶	116	3.8
假当没看到他们	73	2.4
其他	110	3.6
总计	3050	100.0

（三）个人利益与集体利益

与人们想象的不同，新生代农民工虽然具有了更多的自我意识（此点本书将在后文详细阐述），但新生代农民工并不仅仅只是从自身角度去考虑问题，相反，新生代农民工更加关注集体利益。本课题组在调查中发现，当被问及"如果集体利益和个人利益发生冲突，您会如何做"这一问题时（表 4-22），有 42.7%的新生代农民工选择了"先考虑集体利益后考虑个人利益"，另外有 19.3%的新生代农民工表示会"尽量地兼顾集体利益与个人利益"，同时还有 21.9%的新生代农民工表示会"看情况决定"，仅仅只有 16.1%的新生代农民工选择了"先考虑个人利益后考虑集体利益"这一选项。具体情况如表 4-22 所示。

表 4-22 如果集体利益和个人利益发生冲突，您会如何做

变量	频率/人	百分比/%
先集体后个人	1302	42.7
先个人后集体	491	16.1
兼顾集体与个人	589	19.3
看情况决定	668	21.9
总计	3050	100.0

（四）道德影响因素

从表 4-23 中可以很明显地看出，绝大多数新生代农民工认为能够对他们道德价值观产生影响的因素包括他们所接触的交友圈、他们在学校所接受的教育及他们所处的社会环境，所占百分比分别为 85.6%、89.3%及 92.5%。其中，社会环境因素被认为是最能够影响个人道德价值观的因素，其次是学校教育，最后是交友圈。这充分表明，在新生代农民工看来，相比于内部因素，外部因素更能够影响他们的道德价值观。

表 4-23　您觉得道德价值观更能受什么的影响（多选）

变量	频率/人	百分比/%
自身的影响	769	25.2
家庭的影响	1354	44.4
交友圈的影响	2611	85.6
学校教育的影响	2724	89.3
社会环境的影响	2821	92.5
总计	3050	100.0

三、闲暇价值观[①]

闲暇价值观是人们在闲暇时对所从事活动的一种认识和评价，是在"心灵自由"状态下表现出来的一种价值取向。因此，树立正确的闲暇价值观有利于人们在闲暇时间里培养兴趣和爱好；有利于促进人们的个性得以充分自由发展，积极发展和完善自己的个性；有利于丰富人们的精神世界，提升人们的精神境界。正如美国学者拉格内森所认为的那样："改变了某个民族的闲暇品性就可以改变这个民族的整个个性和这个民族的效率。"[②]

（一）闲暇时间

从表 4-24 中可以看出，有 45.2%的新生代农民工每天的闲暇时间不超过 2 小时，有 39.8%的新生代农民工每天的闲暇时间在 2～4 小时，而只有 12.7%的新生代农民工每天的闲暇时间在 4～6 个小时，每天闲暇时间超过 6 小时的新生代农民工非常少，仅仅只有 2.3%。从这些数据中我们可以得出结论，虽然新生代农民工不像老一代农民工那样加班加点地工作，但同样地，他们的闲暇时间也普遍偏少。

表 4-24　您平均每天的闲暇时间是（节假日、双休日除外）

变量	频率/人	百分比/%
小于 2 小时	1379	45.2
2～4 小时	1214	39.8
4～6 小时	387	12.7
大于 6 小时	70	2.3
总计	3050	100.0

---

① 李贵成. 2014. 新生代农民工闲暇生活中的问题及其对策研究. 西部学刊，（2）：19-20.
② 徐祯，张敏. 2006. 中国公民消费价值观与闲暇价值观比较分析. 南京林业大学学报（人文社会科学版），（4）：34.

（二）闲暇费用

对新生代农民工每周花费于休闲娱乐上的费用进行调查，我们发现超过70%的新生代农民工都比较节俭，每周用于闲暇的消费均在 200 元以下，同时每周闲暇花费超过 500 元以上的新生代农民工也属少数，只有 14.4%。这可能是由于大多数新生代农民工工资均不高的缘故，所以和老一代农民工差不多，新生代农民工虽然更倾向于享受生活，但由于经济条件所限，新生代农民工除了闲暇时间有限以外，在闲暇花费上也比较节俭，不舍得花钱。

表 4-25　您每周用于闲暇消费的费用大概是多少

变量	频率/人	百分比/%
200 元以内	2141	70.2
200～500 元	470	15.4
500 元以上	439	14.4
总计	3050	100.0

（三）闲暇方式

1. 闲暇层次偏低

美国学者纳什（J.B.Nash）把人们在闲暇活动中出现的层级问题从低到高把闲暇分为 6 个层次（图 4-1）[①]：反社会行动型（不良行为）、零价值的伤害自我型（放纵）、价值为 1 的寻求刺激型（解闷）、价值为 2 的情感投入型（欣赏）、价值为 3 的积极参与型（追随）和价值为 4 的创造性活动型（发明）。纳什认为闲暇的 6 个层次中最有用的是后四个层次的划分。根据这个理论，我们在调查中发现，目前新生代农民工的闲暇层次偏低，存在娱乐化、庸俗化、消极化问题。

马克思把人们的闲暇活动主要归结为发展型和娱乐消遣型两大类，这两类活动在满足人的生活需要和实现人的个性发展方面呈现出各自的功能。表 4-26 显示，上网（55.2%）、与同事或亲戚朋友聊天（43.8%）、和朋友喝酒吃饭（43.7%）、看电视（42.8%）、睡觉休息（41.9%）是新生代农民工最常做的五件事，而这五件事均具有消遣性质，可归为马克思所认为的娱乐消遣型。对照纳什的闲暇参与等级序列图，我们不难发现，新生代农民工的闲暇活动主要集中在"零价值"和"价值为 1"这两个层次，可以说闲暇层次低，闲暇生活质量不高。

---

① 　Nash J. 1953. Philosophy of Recreation and Leisure. Dubuque：William C. Brown.

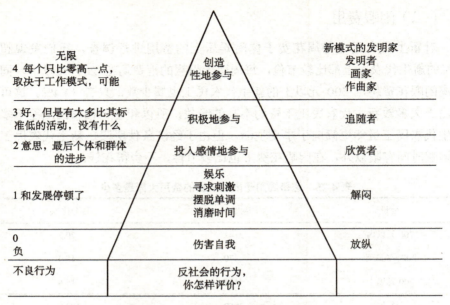

图 4-1　纳什的闲暇参与等级序列图

表 4-26　您闲暇活动的主要内容是（不定项选择，限选三项）

变量	频率/人	百分比/%
上网	1683	55.2
与同事或亲戚朋友聊天	1336	43.8
和朋友喝酒吃饭	1333	43.7
看电视	1305	42.8
睡觉休息	1278	41.9
逛街、散步	964	31.6
看电影或录像	842	27.6
打牌	494	16.2
看书看报	494	16.2
体育、健身运动	470	15.4
无事闲呆	467	15.3
唱卡拉 OK 或跳舞	220	7.2
去公园或游乐园	220	7.2
种花养草或养宠物	153	5.0
听广播	128	4.2
旅游	92	3.0
去酒吧、茶吧	92	3.0
去色情场所娱乐	61	2.0
总计	3050	100.0

2. 闲暇生活"无聊""无魂"现象突出

许多研究指出，相对于家庭、工作、收入而言，闲暇满意度更能影响人们的心理幸福感。对此，亚里士多德就认为："恰当地利用闲暇是一生做自由人的基础，唯独在闲暇时间时才有幸福可言。"①但笔者在调查中发现，尽管新生代农民工的闲暇时间宝贵，然而有相当一部分新生代农民工不知道如何合理地利用闲暇时间，自我评价缺位，产生"无聊""无魂"等负面情绪。

"无聊"是指新生代农民工的闲暇生活缺乏生机和活力。闲暇学专家们曾提出闲暇无聊感是存在于闲暇与偏差行为中的一个十分突出的中介变量。无聊感之所以会产生多半原因是自由时间太多，以及闲暇技能欠缺而闲得无聊。阿荷拉（Iso-Ahola）把闲暇无聊感的产生归于个体在闲暇活动的参与中找不到生活的目标和意义而产生的沮丧及无望。的确，在调查和座谈中，我们发现一些新生代农民工较少参与发展型、创造型闲暇活动，而一些形式单一、内容空洞、缺乏特色的闲暇活动让新生代农民工感到失望和灰心。他们转而把自己的闲暇时间花在诸如打牌、上网聊天、睡觉等一些低层次的闲暇内容上，而过分地"聊天""睡觉"又让一些新生代农民工倍感空虚与无聊，形成恶性循环。

"无魂"是指新生代农民工的闲暇生活枯燥、乏味。其主要表现是：一些新生代农民工找不到适合自己的闲暇方式，渴望有所作为但又失去了追求的动力。在我们的调查中，来自信阳市的小王，就遇到了这种迷惘和困惑。小王因为没有什么特别的爱好，同时由于闲暇技能的缺乏，没事时就上网玩游戏。笔者问他是不是喜欢游戏时，他摇头否认，并说因为实在不知道该干什么，所以玩游戏来消磨时间，但是越玩越枯燥，感到生活乏味，没意思。

（四）闲暇对象

有学者指出，当今新生代农民工面临最大的一个问题不是工作，而是人际交往。城市社会资源的使用与分配更多地向城市居民倾斜，使得新生代农民工获取精神文化资源的渠道较为狭窄，缺少符合其群体个性的闲暇方式；城市居民对于农民工群体还存在偏见，很多人对农民工"敬而远之"，这使得新生代农民工群体只能选择个体或同类群体的闲暇活动。

调查数据显示，农民工的社交活动方式主要是一种地缘性关系，一半以上的新生代农民工平时几乎没有任何社交活动，与城市居民的交往更弱，其社会交往主要限于老乡（47.7%）、同事（40.7%）、朋友（31.9%）、同学（31.8%）

---

① 亚里士多德. 1999. 尼各马可伦理学. 王旭凤译. 北京：中国社会科学出版社：163.

和亲戚（19.2%）等这些熟人关系之内（表 4-27）。在访谈中笔者还了解到，新生代农民工下班之后除了几个老乡一起打牌，最多的就是去上网玩游戏。在郑州一家企业做硫化工的李刚抱怨说，自己的朋友圈子原来都在农村，但来到城市后，面临的是一个很陌生的环境，也没什么朋友，下班就回到租房的地方，两点一线的生活很无聊。

表 4-27　在闲暇活动中，您交往的同伴常常是（不定项选择，限选三项）

变量	频率/人	百分比/%
老乡	1455	47.7
同事	1241	40.7
朋友	973	31.9
同学	970	31.8
亲戚	586	19.2
包工头	299	9.8
城市社区居民	92	3.0
工会组织	73	2.4
总计	3050	100.0

（五）闲暇作用

通过询问新生代农民工闲暇生活对于他们的作用（表 4-28），我们可以看出，对新生代农民工来说，闲暇生活最主要的作用是能够帮助他们得到放松，减轻压力，降低疲劳，对他们的日常生活来说是不可或缺的，占到了调查人数的 75%，而只有少数人（18.9%）会在闲暇时间来做自己感兴趣的事情，来丰富自己的物质或精神生活。虽然也有极少数新生代农民工（6.1%）认为闲暇生活没什么作用，无非就是消磨时间，但总的来说，绝大多数新生代农民工还是认为闲暇生活是非常有必要的。

表 4-28　您认为闲暇生活的主要作用是什么

变量	频率/人	百分比/%
得到放松	2287	75.0
做自己感兴趣的事情	577	18.9
没什么作用	186	6.1
总计	3050	100.0

（六）闲暇影响因素

在被问到"您认为什么因素决定着您的闲暇生活质量"时，我们发现，在新生代农民工看来，影响他们闲暇生活质量的因素前三名分别是环境因素、经济因素及同伴，其所占百分比分别为 68.8%、61.2% 及 55.5%，其中，环境因素包括场地、设施、氛围等。与我们想象的不同，经济因素虽然也是决定闲暇生活质量的重要因素，但却不是第一要素，反而环境因素是第一要素，这表明新生代农民工更加注重的是感受，而不是挥霍，仅仅只是金钱的消费并不能带来愉悦感；相反，即使花费不高，但过程很愉快才是新生代农民工所追求的闲暇生活。具体情况如表 4-29 所示。

表 4-29　您认为什么因素决定您的闲暇生活质量（可多选，不超过三项）

变量	频率/人	百分比/%
经济因素	1867	61.2
个人因素	1016	33.3
环境因素	2098	68.8
合适的方式	805	26.4
合适的同伴	1693	55.5
其他	82	2.7
总计	3050	100.0

（七）闲暇满意度

闲暇是人类物质文明与精神文明的结晶，是人类较高层次的生存状态，是生命个体摆脱外界的束缚而处于一种相对自由状态下追求幸福、身心愉悦和自我发展的内心体验与行为方式的总和，也是衡量社会文明的标尺，是与每个人的生存质量息息相关的领域。闲暇生活满意度是指居民自己对闲暇生活的一种主观评价。随着社会的转型和城市化进程的加快，也会有越来越多的农民工涌现在城市的大街小巷从事工作，落户城市。

新生代农民工怀着梦想来到城市，渴望融入城市成为新市民，能够过上和城里人一样的生活。然而，理想与现实的差距却使他们倍感无奈。他们的闲暇时间很少，大部分时间用于工作。调查显示，5.1% 的新生代农民工对自我闲暇生活非常满意，表示"基本满意"的新生代农民工占 11.2%，有 33.7% 的新生代农民工认为闲暇生活"一般"，36.7% 的新生代农民工表示"比较不满意"，对自己的闲暇生活"很不满意"的占 13.3%（表 4-30）。可见，绝大部分受调查的新生代农民工自我闲暇生活满意度不高。究其原因，在调查中笔者发现，61.2% 的受访者认为时间较少是导致其对自我闲暇生活不满的主要原因。"我们拿的是计件工资，干得多拿得多，基本上一天要工作 12 小时，没时间也没精力考虑什么休闲生活，无非是吃了睡，睡了吃。"在一家企业做硫化工的李刚这样无奈地告诉笔者。像李刚这样的新生代农民工还有很多，"干活累，没事睡"是他们闲暇生活的真实写照。此外，26.7%的人认为"有能力参加的文化活动少"，36.8%的受访者认为"参与的活动没有太大的意义"。

表 4-30　您对您本人的闲暇生活的满意度是

变量	频率/人	百分比/%
很满意	156	5.1
基本满意	342	11.2
一般	1028	33.7
不太满意	1119	36.7
很不满意	406	13.3
总计	3050	100.0

四、消费价值观

消费源于人类的需要，是一种既具有自然属性又具有社会属性的行为，是人类生存与发展的基本条件，体现出不同社会经济关系的本质，因而在人类社会生产和社会生活中有着十分重要的地位和作用。消费价值观体现着消费者的一种价值追求和价值取向，是消费者对消费的基本观点和基本态度。[①] 由于消费价值观受价值观、经济发展水平、消费者心理特点及性格特点等多种因素影响，对新生代农民工消费问题的研究可挖掘出其背后的消费形态及价值观因素。

（一）消费结构

1. 消费观念更加"城市化"

作为一种有目的、有意识的消费行为过程，有什么样的消费观念就会有什么样的消费偏好、消费心理及态度，并直接影响其消费行为。消费观念的形成和变革是与一定社会生产力的发展水平相适应的。

不同于老一代农民工城市挣钱回农村消费的模式，新生代农民工的消费观念更多受到城市居民的影响，正在通过调整自己的消费结构来适应城市生活。

在笔者的问卷调查中，被访者平均每月用于食品方面的消费（包括日常饮食、在外就餐等全部用于吃的消费）为 607.6 元，占收入的 21.9%，列消费总额

① 徐桢，张敏. 2006. 中国公民消费价值观与闲暇价值观比较分析. 南京林业大学学报(人文社会科学版)，(4)：34.

的第 2 位；95.3%的受访农民工有衣着服饰方面的消费，平均每月支出为 213.2
元，列消费总额的第 4 位；住宿方面，45.3%的人有住宿方面的消费，平均每月
为 221 元，列消费总额的第 3 位；65.6%的受访者有交通消费行为，平均每月用
于交通的费用为 118.2 元，列消费总额的第 7 位；休闲娱乐方面，56.2%的人平
均每月消费为 145.8 元，列消费总额的第 6 位；文化消费方面，51.6%的人无任
何消费行为；教育培训方面，新生代农民工花费更少，仅有 28.1%的人员参加
过自费的教育学习培训，平均每人每月为 29.9 元，在所列消费总额中居倒数
第 2 位；人情消费占支出的第 5 位；对于补贴家用的支出，新生代农民工在消费时
来自家庭的压力要小很多，但仍有 65.6%的人平均每月用于补贴家用的支出为
1375 元，占月收入的 49.5%，列支出数额的第 1 位。

　　从表 4-31 可以看出，与老一代农民工不同，新生代农民工慢慢地不再把所
有的钱积攒起来寄回家补贴家用，而是用于自身的消费。他们开始向城市人模
仿，将钱用于购买他们自己喜欢的东西，开始追求时尚、高档商品，也会想要
买房买车等。虽然新生代农民工的消费观念开始向城市人靠拢，但如果从消费
的具体支出上来看，补贴家用仍然是新生代农民工支出的最大部分，其次是饮
食，再次是住宿。这表明，新生代农民工虽然开始慢慢将消费用于自己身上，
但并不表明他们不顾家庭，与老一代农民工相比，他们只是并未太过于省吃俭
用，并未舍不得吃舍不得喝，而将所有的钱都寄回家用。新生代农民工更倾向
于在满足自身消费的情况下，将剩下的钱寄回家补贴家用。

表 4-31　您每月用于下列各项的消费大概是多少钱

变量	平均值/元	排序
饮食	607.6	2
服饰	213.2	4
住宿	221.0	3
交通、通信	118.2	7
休闲娱乐	145.8	6
文化	55.4	8
教育、培训	29.9	9
人情支出	200.0	5
寄回家	1375.0	1

　　另外，新生代农民工消费工具现代化倾向非常明显。随着网上银行、手机
银行、商场和超市等现代消费工具的迅速普及，网购、刷卡消费在他们的生活

中已经非常普遍。由此可见，新生代农民工已经有了超前消费观念。这也在一定程度上反映出新生代农民工渴望融入城市的愿望。

　　2. 消费结构更加复杂，基本支出占主导

　　从表 4-32 中可以看出，新生代农民工消费排名前三的是饮食、服饰与住宿，即基本支出依然是新生代农民工的主要消费类型，但我们也可以看出，相比于老一代农民工，新生代农民工的消费类型更加多元化，他们也开始慢慢扩大消费范围，除了基本支出以外，还包括休闲娱乐消费、文化教育消费等。这是新生代农民工与老一代农民工最大的区别，老一代农民工除了基本支出以外，其他的钱都积攒起来寄回家，而新生代农民工则不是这样。

表 4-32　您的消费主要用于（不定项选择，限选三项）

变量	频率	百分比/%
饮食	3050	100.0
服饰	2907	95.3
住宿	2602	85.3
交通、通信	2000	65.6
休闲娱乐	1089	35.7
文化	482	15.8
教育、培训	680	22.3
人情支出	320	10.5
寄回家	2000	65.6
总计	3050	100.0

　　消费结构是在一定的社会经济条件下，人们在消费过程中受一定社会生产制约的、由需求和供给的矛盾运动所规定的消费对象的种类和比例关系。

　　新生代农民工的消费结构体现了他们的价值取向和生活安排。一方面，新生代农民工进入城市以后，有着强烈的消费意愿，并通过消费的方式去适应城市生活；另一方面，他们又希望克制自己的消费把更多的钱带回家，改善家庭经济状况。在城市化消费模式和农村消费模式的双重影响下，他们消费理念的变迁和坚守，可见一斑。

　　在调研中我们发现，老一代农民工的消费支出主要是食物、房租，消费结构以温饱为主。然而，购房、购车等开始进入新生代农民工的消费视野。这说明新生代农民工的消费结构有了显著变化，过去没有的消费内容和形式出现了，但占据新生代农民工消费主导地位的依然是基本生活消费的支出，而且在基本生活消费支出中，食物消费的支出仍然占比最大。

与老一代农民工不同的是，新生代农民工迫切希望改善住房条件，如表4-33所示，57.8%的受访者要求住房宽敞舒服，53.2%的受访者要求住房设施齐全，51.6%的受访者要求住房上下班交通方便。这也是新生代农民工住宿消费比老一代农民工有所提高的主要原因。

表 4-33 您对住房有什么需求（可多选）

变量	频率	百分比/%
宽敞舒畅	1763	57.8
设施齐全	1623	53.2
交通方便	1574	51.6
总计	3050	100.0

3. 消费层次一定程度上两极分化

目前，我国收入分配的两极分化现象越来越严重。这种两极分化现象在新生代农民工的消费上也有一定程度的反映。新生代农民工由于所处年龄段的特殊性，自尊心和好胜心较强，而且不像其父辈那样有家室负担，导致新生代农民工消费目的不很明确，盲目消费，不知节约，消费层次一定程度上出现两极分化现象。在调查中我们发现，一些新生代农民工储蓄意识、节俭意识较差，花钱大手大脚，毫无计划，大多选择一些前卫的、现代的消费方式，吃比高档、穿比名牌、用比时髦。比如，A君是独生子，他购物一般只去大商场、大超市，并且非名牌不买，像耐克、阿迪达斯、美特斯邦威、真维斯等都是他选购的对象。在新生代农民工群体中像A君这样的高消费必然会对一起工作的其他新生代农民工带来冲击。有的新生代农民工为了面子，不顾自己收入条件的好坏而盲目追求奢侈品；有的新生代农民工节衣缩食也要买新款手机、名牌运动鞋、高档化妆品。这种畸形的消费观念使得一些新生代农民工攀比消费、盲目消费、负债消费，在新生代农民工群体中出现了"全身着名牌，顿顿方便面"令人既尴尬又吃惊的现象。特别是在当下贫富差距日益拉大的大环境下，为了购买高档的消费品，有些新生代农民工心理失衡，不惜采取坑蒙拐骗、偷窃等极端方式走上犯罪的道路，出现非社会性的或反社会性的行为。

（二）消费行为

1. 理性消费，以实用为主

表4-34显示，促使新生代农民工消费的主要动因是为"满足自己生活的基

本需要"，这一部分的新生代农民工有 60.7%，而为了"满足自己的喜好"而购物的新生代农民工占 26.3%，仅仅只是跟随大众消费的新生代农民工只占 8.2%。这表明，新生代农民工在消费时，仍然是比较理性的。

表 4-34　您通常在何种情况下消费

变量	频率/人	百分比/%
满足自己的喜好	802	26.3
满足自己生活基本需要	1851	60.7
从众消费	250	8.2
其他	147	4.8
总计	3050	100.0

从表 4-35 可以看出，新生代农民工在购物时，其主要考虑的是物品是否"实用耐用"，占 54.4%，其次才是物品是否"价格便宜"，这一点与老一代农民工有所不同，老一代农民工通常是首先考虑价格，什么便宜买什么，尽量节约，而新生代农民工虽然也考虑价格，但其首要考虑的是物品是否质量好。此外，有一部分新生代农民工也会考虑物品是否"时尚新颖"，这一批新生代农民工占据了调查对象的 20.9%。这表明新生代农民工在购物时最关注物品的实用性。

表 4-35　您在消费时会考虑哪些因素（可多选）

变量	频率/人	百分比/%
实用耐用	1659	54.4
价格便宜	1016	33.3
时尚新颖	637	20.9
其他	372	12.2
总计	3050	100.0

2. 炫耀性消费倾向突出

炫耀性消费是一种重要的社会、经济现象，是指以表现财富或收入为目的而花费于商品或劳务上的消费行为。美国伟大的经济学巨匠、制度经济学鼻祖凡勃伦在 1899 年发表的《有闲阶级论》一书中首次提出了炫耀性消费（conspicuous consumption）的概念。凡勃伦认为："炫耀性消费是有闲阶级证明财富的重要手段，因此他们的生活用品呈现出奢侈、任性、无限制的特征，远远高于普通标准。"[①]

---

① 凡勃伦.1964.有闲阶级论——关于制度的经济学研究.蔡受百译.北京：商务印书馆：23.

相比于老一代农民工，新生代农民工的消费观念更加开放，日益向追求更高的物质和精神享受转变，炫耀性消费行为明显。随着收入的提高，新生代农民工开始把更多的资金消费在自己心目中有品位、有质量的物品和服务上。这些品牌包括肯德基和麦当劳快餐，以及安踏、李宁、耐克、阿迪达斯等。

笔者通过调查一位"90 后"男性农民工了解到，虽然他每月工资不到两千元，但他为了所谓的面子，宁可不吃不喝也要买一双一千多元的耐克鞋。尤其令人感叹的是，2014 年春节，笔者回信阳老家，居然有 9 个小青年回家过年时把汽车开回了家。

可见，一些新生代农民工的某些消费行为严重相悖于其现实条件。事实上，从新生代农民工的炫耀性消费行为可以看出，消费的外显符号意义是他们选择商品时的主要考虑因素，而这也正是新生代农民工进行炫耀性消费行为的真正目的所在。正如波德里亚所言："消费者从它的全部意义上去看全套的物，而不会再从特别用途上去看这个物。他物或商品作为一个符号，其本身还承载着一定的意义和内涵。因此消费者与物的关系出现了变化。"①

（三）消费认识

如表 4-36 所示，在被问及"您觉得您每月的消费情况如何"时，有 46.7%的新生代农民工认为自己的消费情况是比较合理的，也就是他们觉得寄回家补贴家用很有必要，但是用于满足自身的消费也是很有必要的；23.2%的新生代农民工认为自己的消费比较高，应该更加节俭一些，有些是属于不必要的花费；而有 22.1%的新生代农民工认为自己还是比较节俭的。总的来说，越来越多的新生代农民工认为，不必要过分地节约，将所有的钱都寄回家，他们越来越注重自身的生活水平，而且家里也不需要完全靠他们来养家。

表 4-36　您觉得自己每月的消费情况如何

变量	频率/人	百分比/%
过高	107	3.5
比较高	708	23.2
合理	1424	46.7
节俭	674	22.1
偏低	137	4.5
总计	3050	100.0

① 波德里亚. 2005. 消费社会. 金志刚，刘成富译. 南京：南京大学出版社：4.

（四）消费满意度

本课题组在调查新生代农民工对于自身的消费状况满意度如何时，发现超过五成的新生代农民工对自己的消费状况不满意，选择了"基本满意"和"很满意"的新生代农民工共占 25.2%，而有 21.0% 的新生代农民工并没有太大的感觉。总的来说，还是有相当一部分新生代农民工并不满意自己的消费状况，一部分是因为觉得自己消费过多，太浪费；而还有一部分觉得自己应该将更多的钱用于满足自身的精神或物质需求，但由于种种原因却不得不攒钱，如表 4-37 所示。

表 4-37 您对您的消费状况满意度为

变量	频率/人	百分比/%
很满意	88	2.9
基本满意	680	22.3
一般	641	21.0
不太满意	1534	50.3
很不满意	107	3.5
总计	3050	100.0

五、职业价值观

职业价值观是价值观在职业问题上的反映，具体体现在个人在择业或是工作过程中的职业价值判断上，包括对职业的认知、对职业好坏的评价等方面，是人们对待职业意义和价值的一种基本看法和评价。职业价值观的形成和发展在一定程度上决定着一个人对工作的看法、对职业的态度。

新生代农民工的职业价值观是他们在职业选择和职业评价上的体现，既决定了他们的职业选择倾向，还衡量着他们对待职业的态度。新生代农民工的职业价值观由于受到社会转型和经济体制变革及个体因素的影响而有着特殊的一面。

（一）职业认知

职业认知简单来说就是对职业的认识，即对职业的发展及对个人前途的重要意义的认识。具体而言就是对职业的性质、地位和发展前景的了解。

我们可以从两个方面来了解新生代农民工的职业认知状况。一是自我认知。能否有较高的自我认知，是新生代农民工职业认知的基础和前提。因此，决定新生代农民工职业认知状况的，是他们能否对自己、职业及其他影响就业的社会因素有充分的了解。二是对社会情况的认识和了解。中国有一句俗话：知己知彼，方能百战不殆。个人在择业的过程中要想能够顺利找到称心如意的工作，就必须对国家就业形势、就业政策等复杂的社会情况和影响就业的社会因素有足够的了解。正确的择业认知能促使个人找到使自己的才能得到充分展示且适合自己兴趣和爱好的职业。自然，新生代农民工如果没有对职业认知有很好的把握，个人的职业发展难免会陷入恶性循环之中。

本课题组通过对新生代农民工职业价值观的调查发现，绝大部分新生代农民工对职业认知是比较清晰的。在问到"您在选择您从事的职业时所考虑到的最主要的因素是什么"时，74.0%的人选择了"对这职业有兴趣"；23.0%的人选择了"自己选择的职业发展很快，前景很好"；3.0%的人选择了"反正能找到工作就好，还没有仔细考虑这个问题"（表 4-38）。问到"您对目前社会就业形势的了解有多少"时，75.0%的人选择的是"比较了解"；15.0%的人选择的是"非常了解"；10.0%的人选择的是"不了解"（表 4-39）。绝大部分新生代农民工都能综合自身的情况对影响因素进行比较分析和排序。

表 4-38 您在选择您从事的职业时所考虑到的最主要的因素是什么

变量	频率/人	百分比/%
对这职业有兴趣	2257	74.0
自己选择的职业发展很快，前景很好	702	23.0
反正能找到工作就好，还没有仔细考虑这个问题	91	3.0
总计	3050	100.0

表 4-39 您对目前社会就业形势的了解有多少

变量	频率/人	百分比/%
比较了解	2257	75.0
非常了解	702	15.0
不了解	91	10.0
总计	3050	100.0

自我认识是职业认知的基础。本课题组在问卷调查中关于教育情况的调查分析显示，新生代农民工有社会工作经历后，在与城市人相比较的过程中发现自己在择业时最欠缺的是学历。这也是绝大部分新生代农民工在关于自己在教育程度方面存在劣势选择最多的选项。

另外，新生代农民工基本上在 18 岁以上，具有理性判断的能力，因而基本上能对自己的能力有所了解，但本课题组在调查中也发现至少有 3% 的人对于自己具备的能力还不是很清楚。

（二）择业态度

择业是人生的一次重要选择，也是对求职者综合素质尤其是心理素质的一次检验，而择业态度是择业主体对待择业的看法和重视程度。在人才市场竞争日趋激烈、社会主义市场经济不断发展和完善的新形势下，新生代农民工的择业态度发生了积极的变化。他们抛弃了"等""靠"的传统思想，开始主动去人才交流中心寻找工作机会。本课题组的调查显示，在回答"您现在的工作是通过什么途径找到的"这一问题时，82% 的新生代农民工选择了"自己找"。这表明新生代农民工和老一代农民工主要是靠亲戚和同乡介绍而找到工作不一样。

自主择业已经成为他们实现就业的主要路径。本课题组的调查还显示，大部分新生代农民工在我国当前就业形势很严峻的形势下，能够以积极向上的心态面对现实，因此对自己就业的前景持乐观的态度。例如，在回答"您对自己的就业前景持何种态度"这一问题时，37.0% 的新生代农民工选择"乐观"；36.0% 的人选择"一般"；只有 23.0% 的人选择"不乐观"（表 4-40）。

表 4-40　您对自己的就业前景持何种态度

变量	频率/人	百分比/%
乐观	1129	37.0
一般	1098	36.0
不乐观	702	23.0
其他	121	4.0
总计	3050	100.0

事实上，新生代农民工在当前就业形势日趋严峻的形势下只有主动出击，才能在择业活动中积极争取到让自己满意的就业机会，进而实现自己的求职理想和价值目标，让自己的人生充满乐趣和意义；反之，消极等待、不思进取的择业态度只能让自己越来越被动，人生也会因此陷入自卑、忧郁、彷徨的困境之中，毫无生气，毫无色彩。

（三）择业意识

择业意识通常是指人们对职业选择的主观感受和认识。新生代农民工择业意识的形成往往受经济收入、个人价值和社会价值三个因素的影响。在社会主义市场经济建立并不断完善的情况下，其本身所具有的自由、平等和竞争等方面的特征严重影响到了人们的思想观念，使人们也逐渐具有自由、平等和竞争的意识。对于新生代农民工而言，同样不可避免地会受到社会主义市场经济这种特性的影响。

一方面，新生代农民工的平等意识增强。早在原始社会里，人们形成的不自觉的平等观念是建立在共同劳动、共同享有劳动成果的基础之上。可见，在人类思想史中，平等思想可谓是源远流长。不过，后来随着国家和政权的建立，由于对权威的依附心理，人们的平等意识由于等级观念和伦理纲常的渗透而日渐式微。现阶段，当温饱已经得到解决，人人衣食无忧之时，置身于全面建设小康社会的历史新起点之上，拥有权利去参与共享社会生活，突破思想上的牢笼，彰显平等意识，就显得至关重要。当前我国就业制度的改革使得人们职业选择的自由度大大增强，新生代农民工也因此可以根据个人意愿和社会需求平等地选择工作岗位。在调查中，笔者发现，新生代农民工受社会主义市场经济的影响，他们的择业平等意识在就业过程中已经有所提升。在回答"与当地城镇人相比，您感觉在寻找工作方面是否受到了限制"这一问题时，50.0%的新生代农民工选择了"没什么限制，感觉与城镇人一样"；37.0%的人认为"有些限制，但不严重"；12.0%的受访者选择了"很多行业不让进入，限制很严重"（表4-41）。

表4-41　与当地城镇人相比，你感觉在寻找工作方面是否受到了限制

变量	频率/人	百分比/%
没什么限制，感觉与城镇人一样	1525	50.0
有些限制，但不严重	1129	37.0
很多行业不让进入，限制很严重	366	12.0
其他	30	1.0
总计	3050	100.0

另一方面，新生代农民工的竞争意识增强。从理论上讲，劳动力资源在就业市场中是通过竞争机制来配置的。当前，我国已由计划经济进入市场经济的阶段，人才竞争已是社会发展的必然趋势。因此，竞争意识是当代社会人才必备的素质。良好的竞争意识可以提高一个人的职业道德认知水平，能够使他们的工作能力得到提升。在对新生代农民工竞争意识的调查中，笔者发现他们融入城市生活的意愿强烈，具有市场竞争意识。可以说，在某种意义上，竞争给

新生代农民工提供了一个展现自我能力素质的平台。

（四）择业动机

不同的学科背景对动机的理解是不同的。在组织行为学中，动机则主要是指激发人的动机的心理过程；在社会学家看来，动机就是意向的相互关系。职业动机是复杂多样的，因为个人在择业时既要考虑到职业的经济条件，又要考虑到职业声望等方面的因素。从心理学的角度而言，动机一般被认为涉及行为的发端、方向、强度和持续性。因此，本书认为择业动机产生于多方面的职业需求，是驱动人们进行职业选择和职业活动的内在动力。

在对新生代农民工群体择业动机的调查中，笔者发现新生代农民工在对待社会价值和个人价值时，更看重的是自身的发展。表4-42显示，选择"希望自己有更好的发展空间"的新生代农民工比例高达64%；选择"赚钱养家"的新生代农民工占到18%；15%的新生代农民工选择了"向往追求城市生活"；只有2%的人选择"为社会发展做出贡献"。

表4-42　您的择业动机是

变量	频率/人	百分比/%
希望自己有更好的发展空间	1952	64.0
赚钱养家	549	18.0
向往追求城市生活	459	15.0
为社会发展做出贡献	60	2.0
其他	30	1.0
总计	3050	100.0

当然，笔者还发现，在市场经济条件下，与老一代农民工曾从事的脏、累、差的工作相比，新生代农民工自我保护意识崛起，有着较高的生活目标和较强的自信心。他们在择业时逐渐确定了个体的主体地位，更在意高薪、舒适、有发展空间、有保障、安全、卫生等方面的因素。

（五）择业标准

职业评价标准是职业价值观的核心。对于新生代农民工而言，受市场经济功利思想的影响，职业价值观产生了较大的变化，逐渐转向功利和实惠。

1）更加重视短期效益。在传统计划经济背景下，个体追求的是社会地位和职业声望，而在市场经济条件下，大多数新生代农民工在择业时更重视短期效益。具体表现就是在职业地域的选项上，大城市如北京、上海、深圳等是新生代农民工的首选地。在职业取向上，新生代农民工更青睐大型企业或政府行政机关。

2）更加追求经济利益最大化。尽管社会主义市场经济的趋利性不可改变，但强调集体主义和为人民服务的主导价值从根本上并未改变。不过我们更要清醒地看到，个人主义、拜金主义等一些以前曾被抑制的观念在社会主义市场经济的背景下又随着社会经济的发展开始得到释放。新生代农民工受这些功利化价值观的影响，他们在择业选择过程中更加倾向于经济利益。在这种观念的支配和影响下，新生代农民工缺乏崇高的理想和社会历史责任感。他们的择业动机首先考虑的是个人价值的实现，而不是国家集体利益至上。一些新生代农民工把社会地位的高低、金钱的多少作为判断人生价值的标准。更是有人把钱和有尊严的幸福生活画上等号。在调查中，笔者发现，在回答"您对工作的看法是"这一问题时，53.2%的新生代农民工选择"工作能赚钱，让我生活得更好"；23.4%的人选择"工作能让我为社会做贡献"；也有 15.2%的人选择"工作能让我养家糊口"（表 4-43）。

表 4-43 您对工作的看法

变量	频率/人	百分比/%
工作能赚钱，让我生活得更好	1129	53.2
工作能让我为社会做贡献	1098	23.4
工作能让我养家糊口	702	15.2
其他	121	8.2
总计	3050	100.0

（六）职业满意度

新生代农民工不再像老一代农民工那样，外出打工仅仅只是为了养家糊口，为了生存，为了在城市里有个地方落脚。新生代农民工在择业时更加具有自主性，并且他们开始不断地反思和评价自己的职业，他们希望自己能够和城市人一样，拥有相同的待遇。因此，在被问及"您对您现在的工作满意度如何"（表4-44）时，50.1%的新生代农民工认为自己的收入一般，社会保障也不完善，对自己现有的工作不太满意，并且有 23.4%的新生代农民工对自己现有的工作很不满意，只有26.5%的新生代农民工选择了"比较满意"或者"很满意"。

表 4-44 您对您现在的工作满意度如何

变量	频率/人	百分比/%
很满意	311	10.2

续表

变量	频率/人	百分比/%
比较满意	497	16.3
不太满意	1528	50.1
很不满意	714	23.4
总计	3050	100.0

六、婚恋价值观

婚恋价值观是人们在恋爱婚姻问题上所持的内在尺度和价值标准。风笑天认为："青年期正是青年从其'来源家庭'向其'定位家庭'转变的时期，成家和立业一样，是青年期社会化过程中最为重要的一件大事，也是人们生命历程中青年阶段的首要任务。这一客观的现实，要求我们关注外出打工青年的婚恋问题，研究和探讨他们的婚恋问题。"[1] 对于新生代农民工而言，婚恋问题已经成为影响其发展的一个重要因素，现代性倾向在他们的婚恋价值观中已经明显出现。

（一）恋爱方式

1. 恋爱方式现代化

新生代农民工的恋爱方式也渐渐脱离了传统，我们知道，老一代农民工的恋爱方式基本上是亲朋好友相互介绍，然后通过相亲的方式来决定是否接着往下走，而新一代农民工出生在思想比较自由解放的年代，因此他们更倾向于通过自己的方式进入恋爱，而不是通过传统的相亲模式，对于相亲模式，新生代农民工在一定程度上有着抵触情绪。当被问及"您最希望以哪种方式进入恋爱"（表 4-45）时，仅仅只有不到 10% 的新生代农民工选择了"相亲"这一选项，45.5% 的新生代农民工表示愿意通过网络或者社交来进入恋爱，32.8% 的新生代农民工表示愿意和熟悉的朋友开始恋爱。具体情况见表 4-45。

表 4-45　您最希望以哪种方式进入恋爱

变量	频率/人	百分比/%
和熟悉的朋友	1000	32.8
通过网络或社交	1388	45.5
等人来追	366	12.0

[1]　风笑天. 2006. 农村外出打工青年的婚姻与家庭：一个值得重视的研究领域. 人口研究，（1）：58.

续表

变量	频率/人	百分比/%
相亲	296	9.7
总计	3050	100.0

2. 婚恋选择自主性提高

"不受父母和长者以及传统的权威干涉，要求独立地决定自己的婚姻、前途和职业选择，这是现代人对待个人生活的鲜明态度。"[1] 新生代农民工受到城市新思想和新观念的濡染，他们的婚恋观更多体现了新风尚、新思想、新特征。他们强调婚恋自由，反对他人对自己婚恋的干涉。例如，在回答"您是否会愿意主动追求您喜欢的异性"（表 4-46）这一问题时，69.96%的新生代农民工表示"会主动追求"。

表 4-46　您是否会主动追求您喜欢的异性

变量	频率/人	百分比/%
会	2132	69.9
不会	918	30.1
总计	3050	100.0

在回答"您是否希望自己的恋爱和婚姻生活得到父母、朋友等更多的参与"这一问题时，选择"不希望"的新生代农民工有 77.8%（表 4-47）。在回答"您的恋爱对象是如何确定的"这一问题时，选择"自己选定"的新生代农民工占到 79.4%，"听父母安排"的被调查者仅有 9.1%（表 4-48）。这表明新生代农民工婚恋自主性明显提高，对于自己把握情感的自主性大大增加。

表 4-47　您是否希望自己的恋爱和婚姻生活得到父母朋友的更多参与

变量	频率/人	百分比/%
希望	677	22.2
不希望	2373	77.8
总计	3050	100.0

表 4-48　您的恋爱对象是如何确定的

变量	频率/人	百分比/%
自己选定	2422	79.4
听父母安排	278	9.1
他人介绍	350	11.5
总计	3050	100.0

---

[1]　殷陆君. 1985. 人的现代化——心理·思想·态度·行为. 成都：四川人民出版社：93.

（二）择偶标准

择偶标准被视为时代变迁的晴雨表和价值观念转变的风向标，它是男女选择婚配对象时的条件和要求，主要是指择偶对象对政治因素、经济因素及家庭环境、家庭背景等的重视程度。德国社会学家 L. 穆勒对人们结婚的动机进行了系统的研究，他把婚姻动机总结为三种，即经济的动机、生育的动机和感情的动机三个方面。[①] 在中国长达几千年的封建社会中，男女择偶标准强调"门当户对"。"门当户对"体现出"户"在个体婚姻中的重大影响。它是中国封建社会男女择偶的重要条件和标准。这种婚姻的特点是不重爱情，只重门第，婚姻在很大程度上体现的是两家人的意志，是封建等级观念的重要内容之一。而新中国成立以来，择偶标准发生了较大变化。强调政治面貌和家庭出身是新中国成立初期的择偶标准；崇拜知识分子则成为改革开放后人们普遍的择偶标准；如今则出现"金钱至上"的择偶标准。

新生代农民工告别农村进入城市后，流动经历、城市融入使得他们的择偶标准开始从传统向现代转变，表现出高标准和多元化趋势。他们不仅要求门第上的"门当户对"，而且更重视心理、学历、思想、感情等方面的"门当户对"。一些现代择偶因素已经渗入到新生代农民工的择偶标准之中，越来越多的新生代农民工更加重视感情上的"门当户对"。从调查中我们发现，人品、感情和能力是在郑州务工的绝大多数新生代农民工排在前三位的择偶标准。在回答"对于择偶标准，您最看重什么"时，其中选择"对方的人格品质"的新生代农民工占35.0%，选择"两人的感情"的新生代农民工占33.1%，选择"对方的能力和学历"的新生代农民工占10.4%（表4-49）。他们在寻找婚恋对象时，更看重感情、共同爱好等个人因素，而淡化了家庭条件、经济状况等非个人因素。这也充分说明了新生代农民工在婚姻选择上的现代化取向。

表 4-49　对于择偶标准，您最看重什么

变量	频率/人	百分比/%
对方的人格品质	1068	35.0
对方的家世背景和社会地位	98	3.2
对方的外表	40	1.3
对方的能力和学历	317	10.4
对方的工作和收入	250	8.2
两人的感情	1010	33.1

① W.古德. 1986. 家庭. 魏章玲译. 北京：社会科学文献出版社：34.

续表

变量	频率/人	百分比/%
对方能否得到父母认可	192	6.3
其他	75	2.5
总计	3050	100.0

（三）婚恋态度

1. 性观念趋向开放和包容

受几千年封建保守思想的影响和制约，中国人对性一向认为是神秘的，是不可侵犯的。提到"性"这个词，中国人是"谈性色变"，而在改革开放以来，中国人的性观念、性取向都发生了急剧的变化。在过去，非婚同居、婚前性行为等往往被认为是伤风败俗，但伴随着中国的现代化进程，现在人们对这一现象给予了更大的宽容，"正在从以生殖为目的的传统性规范，经由以爱情为基础的浪漫主义的性规范，向以身体处置权为前提的自由主义性规范发展"[①]。学者潘绥铭在其发表在《浙江学刊》上的《中国人"初级生活圈"的变革及其作用——以实证分析为例的研究》一文中也指出，中国性革命的取向自1980年以来主要表现为"以婚姻承认性的价值为起点，以性与生殖的相对分离为基础，以爱情高于婚姻为旗帜，以性爱挣脱情爱为助力"[②]。这说明，人们在婚姻家庭生活中逐渐打破了性生活、家庭生活与生育三位一体的传统两性模式，开始有了更多的选择。

城市生活是一种心理状态。新生代农民工从农村来到城市，在传统与现代、乡土文明与城市文明等多股力量的浸润和熏陶下，乡土观念相对淡漠，许多观念和行为已经城市化。他们对性不再抱有惊奇和羞涩，而是持更开放、更宽容的态度。

调查资料显示，高达71%的新生代农民工认为婚前同居现象"很正常、无所谓"或"基本理解"（表4-50）。这表明新生代农民工对未婚同居和婚前性行为有了一定认同，他们主张按照自己认可的行为方式去生活，在打工地交往恋爱、租房同居的现象不同程度地存在。不过，在调查中我们也发现新生代农民工对婚后性越轨行为不能接受，而对婚前性越轨行为更为宽容。调查资料显示，79.0%的新生代农民工不能接受"丈夫有婚外性行为"，高出不能接受"男方有婚前性行为"45.9个百分点；84.6%的新生代农民工不能接受"妻子有婚外性行

① 李银河. 2003. 性文化研究报告. 南京：江苏人民出版社：25.
② 潘绥铭. 2003. 中国人"初级生活圈"的变革及其作用——以实证分析为例的研究. 浙江学刊，（1）：209.

为"，高出不能接受"女方有婚前性行为"39.6 个百分点。这也从一个侧面反映出新生代农民工性观念趋于理性化和现代性，说明他们更重视婚后的感情与性生活的忠贞，更倾向采取"一切向前看""既往不咎"的态度。

表 4-50　您如何看待婚前同居现象

变量	频率/人	百分比/%
不能接受未婚同居	885	29.0
可以接受	756	24.8
看两人感情而定	1409	46.2
总计	3050	100.0

笔者的调查还发现，当代新生代农民工面临的一个突出问题就是性生活的缺位和情感生活的缺乏。对于新生代农民工来说，长期的性压抑与性饥渴是个无言的痛楚，会导致夫妻间感情冷淡、家庭出现裂痕、婚外情等现象；还极容易引发自杀、酗酒、斗殴，甚至强奸、情杀等恶性治安案件。调查资料显示，因长久分居，农民工中已婚男女有婚外性行为的人最多。"临时夫妻"开始在新生代农民工中大量出现，而"临时夫妻"仅是农民工非婚性行为的冰山一角。

2. 城市化取向的婚恋观明显

新生代农民工在进城之后，经过城市文明的熏陶和浸染很快就进入到一个城市陌生人的婚恋场域。较之传统场域，恋爱观和恋爱行为在这个城市陌生人的婚恋场域中更加现代化和时尚化，因此其是外在于且异于传统熟人场域的，并逐渐成为时代的潮流。对于新生代农民工而言，他们的婚恋观已渐趋于同龄的城市青年。因此，在婚恋观、恋爱形式和方式等问题的认识上，可以说，新生代农民工有明显的城市化倾向和时尚化特征。

关于恋爱对象。调查资料显示，选择恋爱对象是"同学"的新生代农民工有 28.1%；选择"老乡"的有 27.8%；选择"一起打工的熟人"的占 23.5%；还有 10.2%的人选择"同事"为恋爱对象；而选择"网友"的人也占到了 6.0%的比例（表 4-51）。这些有男女朋友的农民工中，超过七成属自由恋爱，通过相亲找对象的不足三成。

关于结婚年龄。对于理想的结婚年龄，77.1%新生代农民工选择在"24～30岁"；12.6%的人选择在"20～23 岁"结婚；另有 7.0%的被测者理想的结婚年龄在"30 岁以上"（表 4-52）。

表 4-51　当您想要恋爱时，您会选择的恋爱对象是

变量	频率/人	百分比/%
同学	857	28.1
老乡	848	27.8
一起打工的熟人	717	23.5
同事	311	10.2
网友	183	6.0
其他	134	4.4
总计	3050	100.0

表 4-52　您理想的结婚年龄是

变量	频率/人	百分比/%
20～23 岁	2352	77.1
24～30 岁	384	12.6
30 岁以上	214	7.0
其他	100	3.3
总计	3050	100.0

关于婚恋消费。新生代农民工进入城市后，受城市新思想、新观念的濡染，在恋爱消费上开始学城市人舍得花钱培养感情。调查显示，四成新生代农民工的恋爱费用占到了其总收入的 1/4～1/2，而有两成以上的新生代农民工花掉收入的一半来谈恋爱。

3. "闪婚闪离"现象比较突出

"闪婚闪离"就是结婚快离婚也快。目前，"闪婚闪离"现象在新生代农民工身上表现也比较突出。

青年人最根本的两件事就是成家和立业。如今，人们的观念随着时代的发展也在不断地发生着变化，在诸多新生代农民工中兴起的一个"时尚"是"有钱无钱娶个媳妇回家过年"。然而，不少返乡新生代农民工由于受长年在外打工的限制，居无定所，在婚姻上选择了"速配"的方式：在外打工的男女新生代农民工经媒人介绍后，趁着过年回家相亲，如果男女双方都觉得满意，随后就登记、办酒席。这种不恋爱即迅速结婚的"闪婚"正演变为农村的一种新"乡俗"。

来自湖北黄冈农村的张海，今年 26 岁，来西安五年多，一直做建筑工，虽收入不错，但在城里始终找不到对象，最后还是靠家里人介绍，在老家找了个媳妇。"认识不到两个月，我们就结婚了。"张海说，蜜月还没完，他又背上行

李回到了西安。想念妻子时，就靠电话联络。

在广州打工的罗梅和在上海打工的成亮在两个月前经媒人牵线搭桥后，在2013年年底赶回永城市陈集乡老家见面。在一个三星级酒店吃饭后双方家长彼此都比较满意，但罗梅和成亮却没有触电的感觉。尽管这样，两人做了一个惊人的决定："立马结婚！"笔者问他们为啥这样匆匆忙忙就做出结婚的决定，毕竟婚姻是人生之大事，马虎不得。可他们说："亲朋好友和父母已经为我们的婚事操碎了心。这次如果再错过，又要等一年了。只有先结婚，让父母放心。事实上，看着父母日渐增多的白发实在是于心不忍。具体合不合得来还要看以后相处再说！"

闪婚直奔结婚的主题而去，这与我们提倡的婚姻最起码的基础是建立在互相了解的基础上的理念背道而驰。因此，就闪婚这一婚姻形式来说，根基不牢，了解不多，结婚仓促，本身就存在很大弊端，又何来稳固的婚姻？事实上，"闪婚"的增多让"闪离"也日益增多。

来自河南信阳罗山的刘明，十几岁就到武汉打工，目前在一家家具厂做木工。2010年春节与在广州打工的老家人女孩陈霞闪电般地结婚。结婚后，陈霞放弃在广州的工作跟随刘明到武汉，很快在一个电子公司找到了工作。由于此前刘明、陈霞彼此都不熟悉，缺乏感情基础，来到武汉共同生活后因性格、生活习惯等方面的原因常为琐事争吵。即便是后来女儿的出生也没有给这个家庭带来欢乐。夫妻冷战不断升级，在经历了两年无休止的争吵后，夫妻双方都感到已经很难再生活在一起，最终对簿公堂，诉求法院判决两人离婚。

还有在广州打工的来自河南新乡的小华和妻子认识不到一个月便确定关系，办酒席结婚了。婚后小华不愿意放弃待遇优厚的工作，春节一过又匆匆忙忙赶回广州打工，而把新婚妻子留在老家。因路途遥远，考虑到节省费用等方面的因素，小华半年甚至一年才回去一次。三年来，由于长期分居，两人的话越来越少，矛盾也随之而来，小华便选择了离婚。因为两地分居而离婚的案例，在新生代农民工中也很普遍。

（四）生育意愿

关于生育意愿。随着时代演进，新生代农民工在生育意愿和性别偏好方面都有所减弱。调查资料显示，在生育意愿上选择"25～29岁"的新生代农民工有67.9%；有24.2%的人选择在"20～24岁"生育；而选择在"30～35岁"生育的被测者仅占7.8%，（表4-53）。可见，新生代农民工的初育年龄普遍推迟。

表 4-53 您的生育意愿是

变量	频率/人	百分比/%
20~24 岁	738	24.2
25~29 岁	2071	67.9
30~35 岁	238	7.8
其他	3	0.1
总计	3050	100.0

关于对下一代的性别期待。调查资料显示，认为"生男生女都无所谓"的新生代农民工高达 67.4%；"想要个男孩"的人占 19.4%的比例；另有 13.3%的人"想要个女孩"（表 4-54）。这说明"生男孩女孩都一样""女儿也是传后人"等进步婚育观念已经在不少新生代农民工心中落地开花。

表 4-54 当您想要生育时，请问您的性别期待是

变量	频率/人	百分比/%
生男生女都无所谓	2056	67.4
想要个男孩	589	19.3
想要个女孩	405	13.3
总计	3050	100.0

七、自我价值观

自我价值观是人对自身需要的意义和价值的根本看法。人的实践在社会生活中一般体现在人的自我价值和社会价值这两种价值上。自我价值与社会价值相互关联、相互影响。一个具有很高社会价值的人，必然具有很高的自我价值。

（一）自我认同

自我认同是自我价值形成的基础，它是个体本身从自身内部进行反思，从而发现自我的一个过程。本课题组在调查过程中发现，新生代农民工不清楚自己究竟是城里人还是农村人，对自己的身份定位比较模糊。他们生活在城市里，却不被城市人认可和接受，同样地，他们基本上不参加农业活动，已经远离了农村，这就导致他们自身也无法对自己的身份进行准确的定位，即新生代农民工自我身份认同模糊。本课题组调查发现，只有 7.8%的新生代农民工认为自己完完全全是个城市人，有 28.2%的新生代农民工认为自己是个工人，将自己定位为农民工的新生代农民工最多，占 41.6%，而有 19.2%仍然认为自己是农民，

只不过不在农村居住,剩下 3.2% 的新生代农民工则不清楚自己到底是什么身份。见表 4-55。

表 4-55 您觉得自己是

变量	频率/人	百分比/%
城市人	238	7.8
工人	860	28.2
农民工	1269	41.6
农民	586	19.2
不清楚	97	3.2
总计	3050	100.0

(二)自我期望

1. 改变生活方式,追求个人发展

日益凸显的"用工荒"和"找工难"同时并存,人们一遍遍地将焦点对准新生代农民工,探寻他们的心理世界。对于这些从农村外出务工的"80后""90后",人们曾这样描述他们的特征和形象:他们生长在农村,却不迷恋故土;他们受过比父辈更多的教育,却有着与父辈不同的梦想……一句话,老一代农民工为养家糊口而到城市去打工,他们属于生存型的农民工,而新生代农民工进城不仅为了谋饭碗谋生存,更期望谋事业谋发展,他们更加看重个人的发展机会和工作环境,一心想脱离"农门"入"城门",因此属于发展型的农民工。

从新生代农民工的生长历程不难理解他们这一价值观念的形成。新生代农民工从乡村来到城市,在见证城市的繁华和热闹的同时,也刻骨铭心地感受到了农村生活的落后、农业收益的微薄和农民生产劳动的艰辛,明显地意识到了城乡之间的巨大差距。这种心理落差使得他们强烈地希望能在城市找到发展的机会和平台,实现自己的追求和梦想。随着他们的成长、见识的增加,这些带着梦想来到城市打工的新生代农民工更愿意长期留在城市,而不仅仅是在城市打工挣钱。

新生代农民工大多接受过初中以上的教育,文化程度较之老一代农民工要高,因此对自我价值、对人生的价值比老一代农民工有更深刻的认识。新生代农民工正值青春年华,有着年轻人共有的梦想和激情,有着远大的理想和目标。他们在生活方式、择业、工资待遇等方面则以城市为参照物。我们的调查显示,"出来挣钱"是第一代农民工外出务工的最主要目的,占到 76.2%,而只有 22.2%的新生代农民工怀有这一目的。更多的新生代农民工是想"出来锻炼自己,学

点东西"。这说明老一代农民工和新生代农民工在价值观方面有着十分鲜明的差别。

在 2014 年郑州市春节农民工专项招聘会上，笔者跟来自信阳罗山县的小余聊起了家常。小余的装扮很打眼：留着时尚发型，身穿名牌夹克，脚蹬耐克球鞋，手拿三星手机，外形很"拉风"。稚气未脱的小余在旁人眼里仿佛一位娇生惯养、吃不起苦的中学生，可小余介绍说，自己作为一个厨师已经有两年的掌勺经验。谈到在招聘会找工作的目标，小余毫不保留地告诉笔者说："希望找到一份有更好发展前途的，且很适合自己兴趣爱好的工作。收入不太重要，要学到东西才行呀！月薪在一千五六百元。""如果应聘单位无法上网，工作之外的生活会很无趣。"小余笑着向笔者解释。为此，酷爱上网的小余在跟招聘人员交谈的时候，还要特别询问是否有能上网的电脑或者网吧。

在招聘会上，郑州远宸网络科技有限公司的李总也认为，现在的就业者观念有很大改变："去郑州某技校招工，有些学生首先问工厂附近有没有娱乐场所，有没有宿舍住，宿舍里有没有空调、电脑，给人印象很不踏实，不敢用。"在他看来，他们打工似乎不是干活养家，而更多是为了赚钱享乐。

笔者在调查中发现，不少新生代农民工都认为，不可能一辈子在打工中度过，外出打工只能是成长中的一段经历，应该好好利用这个经历，学些挣钱养家的技艺，"混出个人样"。事实上，笔者发现不少新生代农民工通过几年的打工经历，积累了一定的资金和技术，在条件成熟时，自己开店当老板。有的人想回到家乡，利用家乡优势条件创业。一个颇具代表性的例子是，来自湖南湘潭的李湘云 18 岁来到郑州，用她自己的话来说，保姆、餐馆服务员、美发师、美容师等，样样都经历过。她说，个中的酸甜苦辣只有经历了才能有最深刻的体会。熬到了今年 3 月，她终于拥有了自己的美容店，实现了自己梦寐以求的创业梦。"农村孩子就是再不济，也比你们城市人能吃苦。只不过我们现在吃苦不是为了吃饱穿暖，而是为了能活得更好，就跟你们城市人一样。"李湘云这样告诉笔者。

总之，新生代农民工们对城市充满了向往和憧憬，他们希望通过自己的努力实现自己的追求和梦想，找到适合自己的发展机会和平台（表 4-56）。

表 4-56 关于未来的职业规划，在下列选项中您的选择是

变量	频率/人	百分比/%
回乡创业	476	15.6
回乡务农	122	4.0

续表

变量	频率/人	百分比/%
继续打工	738	24.2
在城市做生意	936	30.7
向高薪行业、职位发展	778	25.5
总计	3050	100.0

2. 渴望得到尊重，开始关注权利的维护

相比老一代农民工，出生于 20 世纪 80～90 年代的新生代农民工这一群体中的大部分接受过完整的教育，多数为独生子女家庭，家人期望他们通过读书进入城市，能够转身变为"城里人"。同时还要看到，新生代农民工变化的不止是年龄，更多是在城市生活中思维习惯与自身渴望的改变——渴望得到尊重，开始关注权利的维护。

从谋生活到谋发展，观念上的转变让"农民工"这一群体发生了巨大的代际变化，新生代农民工们在工作和生活过程中渴望得到尊重。

一方面，新生代农民工特别注重自己的人格尊严。在挑选工作时，他们不会像老一代农民工那样忍气吞声、逆来顺受，而更多的是开始追求人格平等，尽力维护自己的尊严。对于那些具有浓厚排外色彩的企业与城市，即使工资较高，待遇较好，但如果得不到尊重，他们也会"用脚投票"，选择跳槽或离开。

另一方面，新生代农民工不愿意别人再叫他们"打工的"或"外来人"。他们梦想着与城里人一样安定地享受生活；他们梦想着能通过自己的努力终结第三代农民工的出现。"其实，我也很想学木匠，因为干这行挣得很多，但我就不喜欢别人看我那种眼神。"在郑州金水区开餐馆的李峰对笔者说。因此，为了那份不被人轻视的尊严，他们尽量使自己像城里人那样穿衣打扮、交谈说话，避免被城市人认为是"土里土气""不文明"；他们对工种、待遇的要求比父辈高，不愿意从事单纯的体力劳动，宁可放弃待遇优厚的建筑工作，也要选择文书、售货员、司机这种看起来还比较体面但实惠不多的职业。

同时，新生代农民工的维权意识开始觉醒。老一代农民工在权利受到侵犯时只求息事宁人，不愿事态扩大，往往采取忍气吞声或被动恳求的方式去解决。因此，他们的维权能力不高，维权意识较弱。新生代农民工普遍接受过九年义务教育，文化水平相对较高，因而维权意识比老一代农民工更高。他们对工资待遇的期望值较高，有较强的"议价"意识和能力；他们开始关心生产是否安全，加班时有没有加班费，有没有较多的休息日；他们在择业时开始重视签订劳动合同。当他们的合法权益受到损害时，敢于为自己说话，敢于表达自己的需要，敢于维护自己的权益，实在不行的，就用脚说话，一走了之。

笔者在 2014 年郑州市春节农民工专项招聘会上遇到来自陕西的张伟明。他今年 22 岁，来郑州打工已有 6 年的时间，在 6 年内先后干过推销、超市收银员及电子加工等。他自豪地告诉笔者，一个月前在电子厂他刚刚"炒"了老板，因为经常要加班至半夜，他觉得自己的权益无法保障。张伟明的维权例子说明，新生代农民工更加注重维护自己的权益和应得的各类保障。笔者通过对新老两代农民工的比较也发现，新生代农民工中当权益受到侵害而采取投诉行为的比例为 45.5%，而老一代农民工仅为 27.9%；因怕被报复而不向有关部门投诉的只有 6.5%，而老一代农民工的这一比例高达 13%。

总之，笔者在对新生代农民工的采访和调查中强烈地感觉到，这是一个年轻开放、富有个性，尽管承受着巨大的生存压力，但依然充满希望，努力实现人生价值的打工群体。

第二节　新生代农民工价值观的主要特征

新生代农民工价值观体现了其生存发展状况。本书把新生代农民工价值观现状的主要特征归纳为价值观矛盾的多样性、价值观冲突的潜在性和价值观塑造的可能性三个方面。

一、价值观矛盾的多样性

价值观是个体为人处世的价值标准和价值目标，具有强烈的主体性，而新生代农民工价值观矛盾的多样性，主要表现为价值认知与价值情感的矛盾、价值认知与价值行为倾向的矛盾、价值认知与他向和我向的矛盾。

（一）价值认知与价值情感的矛盾

价值认知是指个人如何认识自己及看待自己与周围社会的联系；而价值情感则是心灵感受的最高境界。对于新生代农民工而言，其特殊的务工经历都会或多或少地影响到他们对社会和自我的价值认知，其价值认知具有多元化特征。新生代农民工能否在工作岗位上尽心尽力，与他们如何认识自己在社会中的地位和实现自己的权益有着紧密的联系，而他们的这种价值认知是冲突与合作关系的价值基础，是一种非正式的约束。可见，新生代农民工这种价值认知的多元化如果得不到相应的情感支持，就会显得单薄和易变，在价值情感的支持和驱使下，有些正确的价值认知也会转化为错误的认识，导致出现"反社会"的犯罪行为。

如对人生目标的认知评价。有的新生代农民工趋向于长期性，希望提高融入城市的程度，因而注重知识技能的提高；有的新生代农民工趋向于功利性，在工作就业的价值观上倾向选择工作环境好、发展机会多、能够融入城市的、较为体面的工作。然而，由于其存在生存边缘化、过渡性的状况，在现实生活中，新生代农民工迫切希望融入城市社会、提升社会经济地位的认知并不能马上得到实现，处于"融城与逆城"的两难选择。新生代农民工基本价值取向的理性、可持续性等特征在这些对人生目标的认知评价中得以很好体现。

如对新生代农民工自身利益的维护。由于他们的政治、经济、文化等权益最容易遭受侵害，因而作为社会的弱势群体，新生代农民工的维权意识越发强烈。在权益受到侵害时，他们虽然可以通过上访、打官司、仲裁等方式来维权，但由于他们没有大量的金钱和时间的保障，以及在城市中社会资本狭窄，在实际操作过程中，新生代农民工无力打官司。当他们的合理诉求得不到满足时，新生代农民工很容易产生被排斥感而愤世嫉俗，对社会产生失望甚至仇恨的价值观念，走向极端，进而采取危害社会的失范行为。

在笔者的调查中，郑州市东风路派出所辖区内外来流动人口较多，近几年该派出所处理的案件中，农民工占有较大的比例。在和该派出所一名负责巡防的警官聊天谈到新生代农民工作案动机时，他说让他感到震惊的是与一位盗窃电动车的年仅 20 岁的小偷李某的一番对话。李某说："同样是人，凭什么城里人收入比我们高？生活环境比我们好？有那么多的保障和福利？我心里不平衡，就要偷。"

的确，分析李某这番"振振有词"的狡辩，不难发现，新生代农民工的这种心态，可以称为边缘心态。由于新生代农民工在城市中受到歧视和欺压，他们在心理上对城市没有认同感：由于受到不公正对待，所以选择一种"成本最小"的隐蔽方式进行报复。从社会学角度来分析，这样的行为是一种"越轨行为"，势必将这些农民工置于社会正常秩序与制度之外，使得他们不按正常规则去办事，从而造成"社会紧张"，给社会安全带来巨大隐患。

如对尊重的获得。新生代农民工进城打工，除了想挣钱使自己和家人的物质条件得到改善之外，更希望获得精神上的关心和关爱。他们希望通过个人的辛苦打拼，不仅仅能够进入城市，更希望能够融入城市，成为城市中的一员，获得尊重和平等，提高自己的社会地位，同时也希望融入企业，渴望得到来自企业管理者的关怀和关注。

不少新生代农民工为了尽快适应和融入城市，他们十分重视学习，学习工作技能，学习交际能力，学习文化知识。然而，由于抹不去的农村人的特殊身份，他们会不同程度地受到来自城市社会方方面面的歧视，他们的人格尊严往往得不到应有的尊重。

这样，受自身素质和体制的约束，面对工业化、城市化和现代化进程，新生代农民工在心理上往往处于尴尬的境地。在理想与现实交织、机会与挑战并存的生存和发展中，整个社会和制度环境给予新生代农民工莫大的心理承受困境，就极易出现各种心理问题。

一方面是新生代农民工对所从事工作的稳定性重视程度较低，敬业精神较差，务实精神不足，职业流动率较高，工作持久性不够；另一方面是相对剥夺感强烈，自卑心理和孤独情绪明显，对城市产生抵触情绪，过客心理严重。这些都严重阻碍了他们人格的完善和在城市职场的适应。这种现实与职业理想的差距如在某些个体身上被不恰当地放大，容易形成职业枯竭。①

因此，不管新生代农民工怎么努力，还是要被贴上农民工的标签，表现出价值认知与价值情感的矛盾，导致他们缺乏积极进取、艰苦创业的精神和勇气，既不安于辛苦单调的岗位，又不愿努力去提高职业技能，对就业形势产生悲观情绪。

（二）价值认知与价值行为倾向的矛盾

马克思主义基本原理认为，存在决定意识。有什么样的价值认知就有什么样的价值行为倾向。由于受农村小农经济思想的负面因素及职业的不稳定性和流动性因素影响，在认识价值关系时，新生代农民工在抽象层面上得到的是一种价值认知；但各种积极的与保守的、正确的与错误的价值观在新生代农民工面对价值选择时未必能转化为正确的价值行为，从而在价值认知与价值行为倾向上出现知行不一的情况。不少新生代农民工来到城市务工后耳濡目染城市的文明和现代化气息，切身感受到自身文化知识和素质的不足，意识到知识和能力是立身之本，而之前他们是不喜欢甚至厌倦学习的，他们一般在农村只完成九年义务教育。

尽管新生代农民工在打工过程中开始意识到知识和能力的重要性，但在具

---

① 谭明，方翰青. 2011. 新生代农民工就业能力及其提升. 河北大学成人教育学院学报，(2)：50.

体情境中他们往往会因为继续学习培训要花其收入中的很大一部分钱而放弃。究其原因，这也与新生代农民工缺乏相关的支持与帮助有关，存在着价值认知与价值行为倾向的矛盾，显示出其价值选择具有困惑性和从众性等特征。

新生代农民工这种价值认知与价值行为倾向的矛盾，其实折射出其价值观的道德同一性问题。所谓道德同一性是指个体愿意成为什么人的道德自我图式。美国学者布拉西（Blasi）认为道德同一性的形成发展受人格、家庭结构与实践机会影响；道德一致性是道德行为的动机，道德同一性作为独立人格的成长过程，是道德自我的核心。[①]

道德同一性具有外显和内隐两个维度。把别人对自己的反应作为评价自己的尺度是外显的道德同一性的主要特征，而内隐的道德同一性则内在地隐含于个体的内部道德评价、自我接受和自爱等方面。个体生活中的成败经验，以及外部他人镜像和外在的来自别人的道德评价、反应等，都会对个体的道德同一性产生影响、发生作用。[②]在某种意义上，持续的由他律向自律的转变是任何一个个体的道德发展都必须经历的过程，而自律是人真正实现道德的结果。一个自律的人就是道德的人。在全面分析青少年道德同一性的结构、成分及其形成因素的基础上，当下青少年道德同一性的建构路径应该是个体建构和社会建构相结合。

个体建构，通俗地说就是自己管好自己，是对自己思想和行为的方向和方式进行自我规范、自我约束、自我调节。它是道德主体对自己思想和行为的方向及方式进行自我调节和自我约束，是用内化了的道德原则作指导来进行的。所谓社会建构，即指自我发展与社会环境的变化相一致。在社会建构的背景下，人的心理发展必须与社会发展相适应，更注重道德主体心理状态的调整和内在人格的培养。

希望做一个有社会公德和良好职业道德的人是大多数新生代农民工在心理层面的普遍愿景，但在社会层面由于缺乏有效的教育引导机制，"干一行爱一行"的价值观开始淡化，他们只能以自己的理解来评价道德关系和道德现象。这样，道德同一性就成为影响新生代农民工道德行为目标和道德选择的一个极其重要的因素。

（三）价值认知与他向和我向的矛盾

一方面，新生代农民工被称为农村社会的能人。相对于不流动的农民而言，

---

① 万增奎. 2009. 道德同一性的心理学研究. 上海：上海教育出版社：112.
② 王常娟，何临春. 2010. 试论新生代农民工道德同一性问题. 现代交际，（2）：10.

新生代农民工在年龄、体力、文化程度上都具有比较优势，属于农村社会的"精英分子"。因为见多识广，致富能力较强，大多数新生代农民工被视为农村社会的能人。当他们带着先进的观念、资金和技术回到家乡创业而致富一方时，无形中个人成就感就会得到彰显和满足，同时村民们也会对这些农村的能人高看一眼。

另一方面，新生代农民在农村得到村民充分的尊重和礼遇的同时，在城市却遭受到严重的社会排斥。恩格斯认为："在社会主义社会，一切人，或至少是一切国家的一切公民，或一切社会的一切成员，都应当享有平等的政治地位和社会地位。"[①] 但是，由于长期的城乡二元分割，人为形成了"两个世界"，新生代农民工很难与城里人融合，造成新生代农民工社会尊严的严重缺失。

新的自我身份的认同往往伴随着强烈的情感投入，而新的自我认知结构的发展是需要以情感痛苦为代价的。这样，城市与农村迥异的评价落差，在新生代农民工心理上形成巨大的压力和负担，将他们卷入高度紧张的认知失调之中，他们为适应现任的社会角色而不得不及时调整自身的期望值。然而，这种调整给他们带来了相当大的困难，使他们徘徊在农村和城市之间。

二、价值观冲突的潜在性

价值认知与价值情感、价值行为倾向、他向与我向的矛盾，使得新生代农民工的价值观念处于激烈对峙的状态，呈现出价值观冲突的潜在性。

（一）追求理想与服从现实的冲突

不同于老一代农民工，新生代农民工的生活压力并没有老一代农民工那么大。他们年轻气盛，对自己的人生前途有自己的思考，拥有自己的理想和追求。对于新生代农民工而言，他们的理想是"城市梦"，趁着年轻好好打拼一番，脱掉"城市边缘人"的外衣，真正成为城市的一员。

因为渴望真正融入城市，新生代农民工更关注能否在城市得到发展并体现自身价值，而不是如父辈那样更在意收入的多寡。面对日益进步的科学技术，新生代农民工渴求获取知识、提升技能、提高自我素质，进而得到技术性强、收入高的工作，从根本上改变自己的生活状况。笔者的调查显示，"不会选择加班过多，缺乏休息时间的企业"的新生代农民工有26.0%；"期望工资高且稳定

---

① 中共中央马克思恩格斯列宁斯大林著作编译局.1995.马克思恩格斯选集（第三卷）.北京：人民出版社：200.

的工作"的新生代农民工有 63.5%；以"工程师或高级技师"为职业理想的新生代农民工有 68.4%。然而，笔者的调查同时也显示，理想与现实的挑战是新生代农民工在择业时面临的两难窘境。9.4%的新生代农民工在一年内跳槽高达 4 次以上，仅有 6.3%的新生代农民工担任中级主管，26.7%的新生代农民工有各类技术证书。

由此可见，在择业方面重技术、寻发展，职业理想远大是长期在城市生活的新生代农民工持有的理想。然而，在现实的生活当中，他们大多以餐饮服务员、企业操作工、保安等为主，干着最脏、最累、最危险、福利待遇最差的工作，工作内容简单、重复性强、技术含量相对不高。同时，受限于农民的身份，新生代农民工不能和城市居民一样享有由政府提供的诸如住房、医疗、就业和教育等公共资源，生活成本高昂，产生了追求理想与服从现实的无奈。具体表现就是：职业上的"羊群效应"、居住上的居无定所、心理上的游民心态。

面对残酷的现实，一部分新生代农民工采取不向现实妥协的方式去追求自己的理想。正如在郑州富士康工作的小李告诉笔者："理想是美好的，现实是残酷的，人人都知道这句话。可难道就因为辛苦就能理直气壮地放弃理想吗？难道就因为残酷就该向现实妥协吗？如果没有亲身尝试过，又怎能懂得未来的辛苦；如果没有体会过孤寂的奋斗，又怎能知道现实的残酷。人生只有一次，怎样走完这一生，全凭自己的选择。如果一直坚持自己的理想，跟着心走路，未来会不会不一样，换言之，就算真的改变不了什么，至少自己努力地尝试过，体会过，经历过，有过现实以外的人生旅程，无论未来如何，至少没有遗憾。"在采访中笔者发现类似小李这样一直坚韧地坚持自己理想的新生代农民工不在少数。他们期望通过不断提高技术能力和日益增加的存款来积累实现理想的资本，为最终实现自己的理想做好能力和资金的准备。

（二）个人责任与社会责任的冲突

俗话说："国事、家事、天下事，事事关心。"一个人从一出生开始，就处于社会与家庭之中，责任就如同人生道路上挥之不去的影子，时刻萦绕在身边，逃避不得。因此，对责任的态度和行为也成为衡量一个人社会价值和个人价值的重要标志。

梁启超说过："有了这责任，这良心便时时刻刻监督在后头，一日应尽的责任没有尽，到夜里的头便是过的苦痛日子。处处尽责任，则处处快乐；时时尽责任，则时时快乐。"[①]责任感是衡量一个人精神素质的重要指标。一个心中有

---

① 肖静芹. 2009. 浅谈个人与责任. http://hyii.hengyang.gov.cn/hyii/zyzt/zryxxh/b76d9f98-7329-4cd5-8989-d20c85bf3567.shtml［2009-08-12］.

责任的人，才能仰不愧天，俯不愧地，内不愧心。

按照类别，责任可分为个人责任与社会责任等。所谓个人责任就是个人应当承担的责任，而社会责任是指个人或组织对社会应负的责任。对于个人而言，社会责任意味着努力工作，实现自己的价值，为社会进步做出自己的一点点贡献。爱护家庭，让每个小家都幸福稳定，这样大家才能稳定等。

笔者调查发现，新生代农民工的个人责任与社会责任良莠不齐。新生代农民工在就业观、生活观方面，比起老一辈来更前卫，他们眼界开阔，更注重自我实现，对工作、生活质量要求更高。一些新生代农民工在"挣更多的钱"的动机驱使下，从农村来到城市积极寻找施展才华和发展的机会，但在理想与现实的矛盾面前，他们又时常找不准方向，频繁地换工作成了很多人当下的选择。很多人是"能赚钱的就干，不赚钱的就不干"。这说明，工作环境好和待遇高是新生代农民工择业中的普遍要求。在调查中，我们还发现一些新生代农民工时常抱怨说城市工作难找，但在调查中我们也发现，不是城市工作难找，而是一份体面的工作难找。更甚者，一些新生代农民工即便一时找不到自己称心如意的工作，也不愿回到农村老家。这说明新生代农民工对家庭、甚至对自己缺乏起码的责任感，使新生代农民工出现了个人责任与社会责任的冲突。

（三）"归根乡村"与"扎根城市"的冲突

德国著名的社会理论家霍耐特（A. Honneth）认为："成功的自我发展预设了一系列相互承认的形式。自我的圆满，依靠的是主体之间的相互承认。因此，在一种情况下，主体会致力于'为承认而斗争'，即主体体验到蔑视而意识到没有被承认或被错误承认。"[1]"为承认而斗争"就是当个体体验到自身被蔑视或没有被承认或被错误承认时，就要努力去认清"我要成为谁"的问题。从某种程度上来说，在"归根乡村"与"扎根城市"间，新生代农民工在具体的日常生活实践、生活体验和行动承诺中同样面临着"为承认而斗争"的问题，经历着剧烈的价值碰撞。

在采访中，笔者也发现，新生代农民工有着更为强烈的城市化、市民化需求。一方面，新生代农民工衣着举止向城里人靠拢，紧跟城市时尚潮流的发展；不讲家乡话，而讲一口标准的普通话。另一方面，在调查中我们又发现一个很有趣的现象是：新生代农民工对乡村文化还保存着一定的依恋；那"一亩三分地"仍是他们抵御经济风险的最好屏障。这说明新生代农民工较为享受目前拥有的城市人现代文明的生活习惯，同时又在情感上仍认为自己的"根"在农村，

---

[1]　方文. 2008. 群体资格：社会认同事件的新路径. 中国农业大学学报（社会科学版），(1)：93.

因而呈现出"两栖"式的生活状态。我们把新生代农民工的这种奇特的现象归纳为"脱根"—"扎根"—"归根"的过程。

在采访中，有一个新生代农民工所说的话很有代表性："你说我们是农民吗？可我们不干农活了，也不会干农活了，更不想干农活了，我们觉得我们不像是真正的农民。你说我们不是农民吗？国家可不这样看，城里人也不是这样想。"因此，整体的模糊性、不确定性和内心的自我矛盾性是新生代农民工群体在对自我进行评价时表现出的内在心理痛楚。这表明，新生代农民工虽然希望能够早日融入城市，但农村依然是他们难以割舍的避风港，其"归根乡村"与"扎根城市"的价值观呈现出冲突的特征。

三、价值观塑造的可能性

人的价值观是一个动态的发展过程，而不是一成不变的。价值观形成的这一机理就决定了"教育"为个体价值观的塑造提供了可能性。

"价值观问题不仅是一个教育问题、社会问题，事关社会生活秩序，而且首先是一个个体性问题，它事关个体存在的意义，是一个给个体生命存在提供意义和依据的问题。"[①] 在人的再社会化过程中，人不仅追求自身可塑性的提高，也追求社会生活可塑性的提升。就人与社会生活的关系而言，社会生活塑造了人本身，同时社会生活又是由人来塑造的，两者相互依赖、相互作用、相互影响。因此，价值观的形成过程其实就是社会生活对人的一种社会性塑造。

新生代农民工接受新事物能力强，但其判断能力仍有待提高；他们的思想观念趋于成型，但其价值观仍具有较大的可塑空间。因此，对于新生代农民工而言，由于其人生观、价值观正处于形成的关键时期，如果他们缺乏足够的建构能力和外界的正向引导，势必会使其价值观产生矛盾乃至冲突。从新生代农民工价值观的形成和发展来看，其价值观塑造的可能性既是他们主体性生成的需要，也是社会结构的调整需要。

（一）新生代农民工主体性生成的需要

作为"80后"和"90后"的新生一代，新生代农民工的价值观尚未完全成熟和定型，这一时期是他们一生中价值观可塑性最高的时期，也是他们生命中最具有转折意义的阶段。在进入城市工作后，新生代农民工面临着价值观的再社会化问题。在这一过程中，他们有意忘掉旧的价值观和行为模式，重新塑造

---

① 刘济良. 2007. 价值观教育. 北京：教育科学出版社：113.

出新的价值观和行为模式。因此，这一过程也是新生代农民工把价值心理提升为价值观的过程。

在面对社会转型、市场经济和城市生活时，新生代农民工把原来分隔的城乡生活体验放在一个互动情境中，他们会根据环境条件的变化自动接受新的生活方式和参与新的社会生活；他们在新旧价值观的冲突与转换中使主体意识得到增强，最终使其主体性人格得以提升。正是在自身再社会化的情境下，新生代农民工主体的价值观与主体的人格在相互作用中相互促进，在相互促进中使其再社会化得以顺利进行。

（二）社会结构的调整需要

价值观的形塑源于个人体验，也源于社会变迁的影响。郑杭生认为：个人和群体都既是认同的主体，又是认同的客体。这表明了个人和社会在主客关系上的相互建构、相互形塑性。[①] 根据一种对社会进步的理解：如果思想在其最初阶段，在解决了那一阶段的最初问题之后，就由于解决这些问题而带来了另一些使它遭遇挫败的问题；并且如果这第二种思想解决了这另一些问题而并未丧失其解决第一种的优点，从而就有所得，而没有任何相应的损失，那么就存在进步，并且也不可能再存在有什么根据任何其他条件的进步。但如果有任何所失的话，那么得失相权衡的这个问题就是无法解决的。[②] 在社会变迁的影响下，进步是指以新的价值与行为模式取代既有的价值与行为模式，或以新认同取代既有认同。而目前我国城乡有别的二元社会经济结构把新生代农民工排斥在城市社会资源享用者之外，对新生代农民工的价值观转型起了关键性的作用。因此，在新生代农民工价值观重塑中，我们应该诉诸社会结构的调整和公共政策的变革，努力打破新生代农民工市民化中价值转型的社会壁垒，消除社会结构障碍。唯有如此，才能逐渐培养出新生代农民工的市民化人格，激发其主体性。

总之，价值观的塑造是一项系统工程。为培养和提高新生代农民工的价值判断能力，我们必须结合新生代农民工价值观领域的变化特征，有的放矢地向他们传授价值观理论，而培养和提高新生代农民工的价值判断能力仅靠灌输是达不到目的的，必须落实到新生代农民工有意义的活动之中，落实到新生代农民工的行为选择当中。因此，要鼓励新生代农民工在实践中创造有价值的人生，在实践中加深对社会主义核心价值体系的理解，在实践中辨别正误。正如列宁所说过的那样，通过百折不回的努力，让先进的思想和正确的观念"渗透到群

---

① 郑杭生. 2009. 中国人民大学中国社会发展研究报告 2009. 北京：中国人民大学出版社：5.
② 柯林武德. 1986. 历史的观念. 何兆武译. 北京：中国社会科学出版社：373.

体意识中去，渗透到他们的习惯中去，渗透到他们的生活常规中去"①，化为一种坚定的信念。

第三节　新生代农民工价值观现状成因分析

人的价值观的形成和发展是受多方面因素的影响和制约的。就新生代农民工价值观而言，其价值观现状及特征与当前我国制度的宏观影响、利益表达机制不健全、社会急剧转型的价值震荡、市场经济的价值误区及他们的生活经历和自身特性密不可分。

一、制度的宏观影响

波兰社会学者彼得·什托姆普卡曾指出："制度能帮助建立规范的确定性、社会组织的透明度、社会秩序的稳定性、权力的责任性、权利和义务的设定、职责和责任的强制性，以及人们个人的尊严、正直与自制。"②在人类社会发展的历程中，人类的一切活动都与制度有关，社会的演进总是处在有序与无序的矛盾运动之中，而新生代农民工价值观出现的变化也莫不与制度的宏观影响密切相关。

（一）保障性住房制度欠缺公平

"宅者，人之本，人以宅为家"，住房是人们生存的基本条件之一。对于想扎根城市的新生代农民工来说，住房是新生代农民工在城市从事其他一切活动的基础。2010年中央一号文件为此明确指出：要"多渠道多形式改善农民工居住条件，鼓励有条件的城市将有稳定职业并在城市居住一定年限的农民工逐步纳入城镇住房保障体系。采取有针对性的措施，着力解决新生代农民工问题"。但长期以来，城市政府采取"经济上吸纳、制度上排斥"的手段，导致新生代农民工住房保障问题得不到应有的重视，使新生代农民工住房保障不足。新生代农民工已经比较习惯城里的生活，"具有主动融入城市的强烈愿望，有在迁入地永久生活的愿望"，"宁肯饿死在城里，也不会再回农村"，已经成为其中大多

---

① 徐俊. 2014-3-4. 以核心价值观凝聚正能量. 丽水日报，4版.
② 倪明胜. 2010. 制度的尊严与社会的良序. http://news.xinhuanet.com/politics/2010-07/19/c_12348757. htm [2010-07-09].

数人内心的共识，但现实却是城市高昂的房价正无情地粉碎着他们的市民化梦想，不少人由于居无定所而自感"徘徊在城市边缘"。按北京保障性住房的均价每平方米 6000 元计算，一套 60 平方米的房子需要 36 万元，按首付 20% 的比例算，首付款需要 7.2 万元，而他们的年收入才 1 万多元，即便不吃不喝，也得用 7 年的时间才能攒够首付，而且还得在房价不再继续疯涨的前提下。此外，能不能在银行贷到款，也是一个很难说的问题。高额的房价使不少城镇居民都望而却步，更不用说平均收入每月只有 1000 多元的新生代农民工群体，对许多新生代农民工来说，在城镇拥有自己住房的梦想遥不可及。当新生代农民工到了一定年龄，须成立小家庭的时候，住房就成为一个很现实的问题。随着城镇房价的不断提高，新生代农民工的住房问题越来越突出，成为制约他们城镇化的关键物质因素。①

（二）社会保障制度缺失公正

在人类社会发展的历程中，社会的演进总是处在有序与无序的矛盾运动之中。我们可以简单地将社会的这种秩序状况二分为常态型社会和非常态型社会。常态型社会的典型特征表现为社会的和谐与安定、制度的理性与规范，而社会的危机与断裂、制度的混沌与缺失则是非常态型社会的典型特征。为防止出现不可操控的混乱局面，以确保人类社会进程的连续性和稳定性，我们总是力图确立多种样式的制度模式，以期实现社会有序化的治理。因此，制度是社会公正的主要载体，它引导社会生活有序化、规范化、合理化运行，决定了个人所拥有的基本权利和应承担的基本义务及对社会利益的分享。正如波兰的社会学者彼得·什托姆普卡在阐释社会变迁过程中民主制度的功效时指出，制度能帮助建立规范的确定性、社会组织的透明度、社会秩序的稳定性、权力的责任性、权利和义务的设定、职责和责任的强制性，以及人们个人的尊严、正直与自制。社会保障制度是保障公民基本生存条件和权利的重要保障，是体现一个国家社会福利发展状况的重要标志，是维护社会稳定不可或缺的社会机制。因此，社会保障和公共服务的惠及是新生代农民工的迫切需要。新生代农民工在城市中工作和生活，渴望与城市市民一样享有养老、住房、教育、医疗等应当由政府提供的最基本的公共服务；住房、教育、医疗等救助制度的实施，能够使新生代农民工体面地生存，可以免除他们的生存危机、共享社会发展的成果，这样可以促进新生代农民工自尊和自我价值感的实现。然而，在城乡二元分割的经济体制下，他们在实际工作中无法享受到和城市居民相同的养老、教育、医疗、

---

① 李贵成. 2013. 新生代农民工城镇化的现实困境与对策研究. 学习论坛，（7）：43-44.

住房等福利待遇，导致他们的基本权益受到侵害，甚至剥夺了他们在城市的生存与发展机会。我们把这种现象称为"制度的断裂和失效"。这不仅表现为一些制度本身的权威遭到质疑和否定（即制度的弱化），也使得国家和社会正常秩序得以维护和运转的基础受到削弱，最终有可能影响到社会的和谐和长期稳定。对作为社会弱势群体的新生代农民工而言，在社会保障制度上如果不能获得基本的社会救助权利，他们就会被排除在社会共同体之外，也就从道德上和心理上摧毁了他们的尊严。①

（三）城乡文化制度有差异

文化是社会物质生产过程及其条件的主观反映。我们对城乡差别的认识，往往更多地局限于物质形态，其实文化和心理的差异才是造成城乡差异更深层的、更根深蒂固的原因。比较而言，中国的城市和乡村由于历史文化、地理环境、政治经济、社会结构等因素的相互作用，形成了中国独有的两种文化模式。这两种文化模式其实质上也是城乡文化制度性差异的必然结果。城乡之间因此也越来越具有两个时代或两个文明的含义。

受制于中国城乡这种独有的两种文化模式的影响，城市市民与农民工相比在各种福利上有一种天然的优越感，对新生代农民工存在不同程度的文化歧视和身份歧视；而生活在传统文化下的新生代农民工对城市文化未能充分认同，在价值观念方面也和市民有明显的差异，导致了彼此之间的互不信任。

对此，有专家指出，城乡文化隔阂才是农民工价值观遇到的最大障碍。事实上，中国城乡间文化的巨大差异，贯穿在乡村城市化进程的始终。千百年来守土一方的农民在城市化的浪潮中走进了城市。他们在适应城市文化的过程中必然面临着一系列的心理压力，导致他们经历心灵上的震撼与孤独、迷茫与痛苦，造成对城市生活既向往又恐惧的矛盾心理，成为社会边缘群体。因此，作为联结个人改变和社会变迁反思过程的一部分，变化的自我被探索和建构，但要真正融入城市，由农民转变为市民，不容忽视的是文化认同。

（四）政治参与制度不完善

恩格斯认为，"在社会主义社会，一切人，或至少是一切国家的一切公民，或一切社会的一切成员，都应当享有平等的政治地位和社会地位"②。每个劳动

---

① 李贵成. 2013. 增权理论视域下的新生代农民工尊严缺失问题研究. 郑州大学学报（哲学社会科学版），（3）：31.
② 中共中央马克思恩格斯列宁斯大林著作编译局. 1995. 马克思恩格斯选集（第3卷）. 北京：人民出版社：31.

者，不管他的职业、性别、收入等如何，都享有平等的社会地位和政治地位。这既是法律赋予公民的基本权利，也是社会主义的本质要求。与老一代农民工相比，新生代农民工政治参与意识增强，他们力图通过参与政治来实现自己的利益诉求，但新生代农民工政治参与机制不健全和参与渠道不畅通，存在制度供给困境，政治尊严严重缺失。由于制度的原因，在城市生存的新生代农民工在政治上始终无奈地扮演着局外人的角色，城市尽管与他们的利益有着直接关联，但由于制度安排无法参与城市公共事务的管理，无法表达和维护自身利益。他们无权参与城市社会的管理与决策，只能回到本村参加选举，而不能在居住地参加选举。然而，由于远离家乡、信息不通等原因，众多新生代农民工也不愿意回乡参加选举。于是，就出现了新生代农民工既没有参加原籍选举，又没有参加居住地选举的"悬空"状况，"两不靠"使新生代农民工成为日益边缘化的群体。"城市边缘人"的尴尬地位和城市社会组织结构的封闭性，严重削弱了农民工的整体政治话语权，而新生代农民工的话语权在利益表达和政府监督中起着不可替代的作用，他们是弱势群体的代言。从政治系统的输入与输出关系和政府与公民的互动视角来看，新生代农民工由于缺乏政治话语权，不能发挥民主监督的作用，在政治参与中是一个"沉默"的阶层，许多政府部门制定政策时很少考虑他们，缺乏为他们提供相关公共服务的意愿，也导致新生代农民工群体对政治的疏离感，加剧了城市社会对新生代农民工的排斥，阻碍了他们的政治参与，进一步弱化了他们在就业市场上的竞争地位和维护合法权益的能力。[①]

（五）二元体制的制度约束

农民工问题是中国城乡二元结构矛盾发展的必然产物。目前，城乡二元体制造就了农民工涌入城市的问题，阻碍了农村剩余劳动力的顺利有效转移，是影响城乡协调发展的一大制约因素。当前，新生代农民工价值观的"营养不良"，跟他们无法融入城市生活有着莫大的关系，但在新生代农民工融入城市的诸多障碍中，户籍制度无疑是最大的影响因素。新生代农民工因二元户籍制度贴上了社会身份的标签，不能和城市居民一样享受就业、医疗、住房及教育等各项权益，不仅增加了他们在城市生存的代价和成本，还加大了他们顺利融入城市的难度。这样的结果便是在城市里形成了新的二元社会结构，形成了新的社会对立阶层。新的社会对立阶层的形成和发展所引起的冲突必将引起社会的不稳

---

① 李贵成. 2013. 增权理论视域下的新生代农民工尊严缺失问题研究. 郑州大学学报（哲学社会科学版），（3）：30-31.

定。时至今日，距农村家庭联产承包责任制改革已经 30 多年了，但从总体上看，农民工参与和享受城市精神文化生活的比例、程度还非常低，城乡二元结构形态在新生代农民工价值生活上表现得异常突出。因此，对城乡二元体制进行实质性的改革，有助于让广大农民工与城市居民共享改革发展的成果。

（六）就业权利保障制度缺失

就业权利是劳动者在现代化工业社会中最基本、最重要的权利，其能否实现决定了劳动者的基本生存权与基本发展权，但就目前状况看，由于观念、体制等各方面的复杂因素，我国还没有形成与新生代农民工特点相适应的就业机会和相对稳定的就业保障制度。如果没有与新生代农民工相适应的稳定就业机会和就业保障制度，即便通过户籍制度改革将新生代农民工留在城市，也可能会因为出现大量的失业问题而导致城市出现影响社会稳定的"贫民窟"现象。这显然与我国正在积极倡导和推行的城镇化发展的终极目标背道而驰。

传统新古典经济学认为，劳动力市场是一个连续的竞争性市场，劳动力价格即均衡工资决定于劳动力的供给和需求状况。如果劳动力供给大于需求，市场均衡工资水平就会下降；反之，亦然。实际上，劳动力市场存在"二元结构"，是一个非连续性的分割市场，这在发展中国家更为明显。由于受二元户籍制度的影响，我国城市劳动力市场被典型地分割为二元劳动力市场，即一级劳动力市场和次级劳动力市场。一级劳动力市场具有就业稳定、升迁机会多、工作环境安全、工资水平较高、管理规范等特征；而二级劳动力市场的鲜明特征就是就业不稳定、升迁机会少、工作环境恶劣、工资水平较低、管理不规范等。虽然受教育程度较之第一代农民工有了普遍提高，但是与城市里大批接受过高等教育的同龄人相比，新生代农民工显然在二元劳动力市场上不具有优势，其在就业环节上始终处于弱势地位，难以涉足第一劳动力市场，更多地被排斥在次级劳动力市场。新生代农民工没有享有平等的公民权利，只能作为廉价劳动力在城市就业，从事一些城市人不愿意干的脏、苦、累、差的工作，并且所得报酬甚少，工资与实际劳动贡献严重错位。因此，就业权利保障制度缺失是民工荒产生的重要经济因素。

二、利益表达机制不健全

近些年来，特别是 1998 年《中华人民共和国村民委员会组织法》颁布实施以来，新生代农民工的政治权利特别是利益表达不断加强，利益表达机制不断完善，但由于历史和制度等方面的原因，新生代农民工在政治、经济和文化资源方面处于劣势，他们缺乏表达自己利益和权利的话语权，使他们在追求自己利益上处于无力的状态，尊严严重缺失。

（一）利益表达的制度化渠道不畅通

顺畅的利益表达渠道是人们有效地表达自身利益诉求的前提条件，也是利益表达制度化的基本保证。利益表达渠道的畅通是利益表达制度化的基本保证。利益表达渠道可以分为制度化利益渠道和非制度化利益渠道。制度化利益表达渠道是公民个人和社会团体表达利益的主要渠道，主要通过调节、诉讼、仲裁、信访、人民代表大会等制度性的渠道来表达。非制度化利益表达渠道一般指利益群体采取抗议、上访、游行、静坐等非法律规定的利益表达渠道。制度化利益渠道和非制度化利益渠道并没有十分明确的界限，一旦人们的利益受损而制度化利益表达渠道又不能很好地发挥作用时，人们就会采取非制度化利益表达方式去表达。

与老一代农民工相比，新生代农民工的公民权利意识有了大幅度提高，不仅在劳动权益的维护方面有较高的诉求，还希望获得政治参与的途径和机会，更多参与社会活动。他们对平等的就业权、劳动和社会保障权、教育和发展权、政治参与权、话语表达权和基本公共服务权有更高的期待，并且认为这些权利的实现与尊严感的获得密切相关。然而，由于现实生活中制度需求与制度供给之间的错位及对自身利益表达的价值认知相对模糊，在利益遭受侵害时，新生代农民工难以形成共同的利益诉求，无法进行有效的利益整合，无力通过制度化利益表达渠道来维护自身权益。在制度化利益表达渠道未果的情况下，非制度化利益表达行为就会出现。新生代农民工通过请愿上访、非法集合游行以及冲击党政机关、阻塞交通、聚合械斗等方式来表达自身的利益诉求，并由此而酿成突发性群体事件。因此，制度化虚置与非制度化激增同时并存。根据近年来媒体的报道来看，农民工突发性群体事件呈现出一种增长的趋势，是当前新生代农民工利益表达行动中所出现的新动向。在刘林平教授的调查问卷中，当问到"今后当您的权益受到侵害时，您是否愿意参加群体性活动"时，有高达57.82%的新生代农民工选择"愿意"，选择"说不清的"占20.23%，只有21.96%明确表示他们不愿意。① 虽然这仅仅是一种意愿，但当有合适机会的时候，这些新生代农民工很可能就会通过集体行动来表达自己的利益要求。这就会酿成农民工突发性群体事件。因此，突发性群体事件既是新生代农民工投诉无门的被

① 李尚旗. 2012. 农民工利益表达的行动选择分析. 理论导刊，（2）：21.

迫选择，也是尊严感匮乏的证明。

（二）利益表达组织载体缺失

我们知道，人既有自然属性又有社会属性，但人的根本属性是其社会属性。任何人都不能离开社会而存在，而组织则是社会的基本单元，组织在人类社会的发展中起着非常重要的作用。法国著名社会学家、历史学家托克维尔认为"在民主国家里，全体公民都是独立的，但又是软弱无力的。他们几乎不能单凭自己的力量去做一番事业，其中的任何人都不能强迫他人帮助自己。因此，他们如不学会自动地互助，就将全都陷入无能为力的状态"①。为此，人们为了维护共同的利益或是实现共同的主张而结成利益集团。各利益集团希望通过种种方式去影响政府，以获得有利于自己的分配结果。现代政治实践证明，组织化程度的高低，是公民进行有序表达利益的重要渠道，是社会发育成熟程度的一个重要标志，也是一个阶层或集团利益表达的力度与有效性的重要标志。社会组织可以使公民在有组织地参与政治活动中强有力地增强其利益表达的分量，进而引起政府和决策部门的关注和重视，并充分考虑其利益要求，而原子化的个人利益表达，不能促进社会健康有序的运转，只能导致社会失序和政治不稳。当代中国利益表达机制的构建，在利益表达主体方面，即"谁来表达"方面不能定位在原子化的个人，而只能是社会化组织。在社会利益分化日益加速的时代，各个利益阶层和利益群体都有代表自己的利益表达组织，如工会、工商联、青联、妇联等组织，而新生代农民工是新兴城市"居民"，在城市化过程中自主性地由农村大规模流向城市，缺少代表自身利益的社会组织。《半月谈》杂志针对湘、粤两地农民工的专项调查表明，只有 21.5% 的农民工所在的单位成立了党、团组织；农民工所在单位或社区成立工会的比例只有 16.2%，专门代表农民工权益的组织几乎没有；75.6%的农民工没有参加任何工会或组织，参加过所在单位民主管理活动的农民工也仅占 12.9%。②在仅有的少数能代表农民工权益的组织中，能发挥作用的很少。分散的新生代农民工是无法与有组织的机构相抗衡的，而借助组织载体可以把新生代农民工在公共问题上分散的、模糊不清的个别意志和行为转化为明确的、共同的组织意志和集体行动，从而影响政府决策和其他公共管理活动。因此，没有组织性致使新生代农民工的利益无法"自致其上"，在进行利益诉求表达时，意见和行动都比较分散，缺乏话语权，不能形成统一声音，即使有声音，也难以到达决策的终端，而持续不断的维护自身

① 托克维尔. 1988. 论美国的民主（下卷）. 董果良译. 北京：商务印书馆：636.
② 谭剑，傅丕毅. 2010. 新生代农民工政治参与度调查：流动，但不能流失话语权. 半月谈，（6）：44.

权利的利益表达成本很高，耗时、耗力、耗钱，个人难以承担，严重挫伤了新生代农民工的利益表达积极性。这也使大多数新生代农民工不得不选择了忍耐和沉默，最终导致了新生代农民工尊严感的下降。正如美国著名学者阿尔蒙德提出："利益表达是要付出代价的，坚持持续不断的利益表达，其耗费量很大，靠公民个人无力承担。"① 因此，利益表达的组织载体缺失是广大新生代农民工利益表达陷入困境、尊严严重受损的一个重要成因。

（三）利益表达缺乏法律保障

邓小平同志曾指出"为了保障人民民主，必须加强法制，必须使民主制度化、法律化"②。建设社会主义法治国家，为保障改善民生、维护人民尊严提供强大的法律保证。经过改革开放 30 多年的法制建设，一个立足中国国情、适应社会主义初级阶段要求、符合改革和建设需要的，以宪法为核心的多层次、多部门的中国特色社会主义法律体系已经形成，这为实现在法律面前人人平等的人格尊严奠定了制度基础，对于维护公民的自身权益、实践公民的自身价值发挥了重要作用。当前，保障新生代农民工利益表达的法律和规章制度有宪法、人民代表大会制度等，这为维护新生代农民工的利益表达权利，使其有尊严地工作和生活提供了宏观的法律环境。同时，也要看到，由于宪法、人民代表大会制度过于宽泛，缺乏全国统一的具体的可操作性强的相关法律和规章制度，新生代农民工利益得不到法律的有效保护，人格尊严受到侵犯的现象时有发生。在基层社会中，一些公权力部门为了部门利益和"政绩"，常常置国家法律于不顾，肆意侵犯新生代农民工财产权和生存权，导致多数新生代农民工难以通过司法渠道来进行利益表达和维护。一些企业漠视新生代农民工的人身权，用工合同违反法律的规定，新生代农民工不能有尊严地生活和体面地劳动。一些新生代农民工文化水平较低，法制观念不强，对现代民主知识了解相对较少，以及诉讼程序的复杂性和诉讼费用的昂贵性等因素，造成多数新生代农民工在权益受到侵害时不愿投诉、不敢投诉或者无力投诉。值得注意的是，2011 年 7 月 15 日，《半月谈》民意调查中心发布的"新生代农民工尊严感"调查成果指出，新生代农民工劳动权益受损问题严重，但其在维护自身权益时，通过法律途径维护自身权益的仅有 11.1%。因此，在改革开放的成果和副作用都开始显现的今天，如何构建一个以人的尊严为价值基础的法治秩序，是保护新生代农民工基本权利的关键所在。

---

① 阿尔蒙德. 1987. 比较政治学：体系、过程和政策. 曹沛霖译. 上海：上海译文出版社：211.
② 邓小平. 1993. 邓小平文选. 北京：人民出版社：316.

（四）利益表达意识和能力较弱

我国新生代农民工利益表达的困境与其自身的素质也有很大关系。新生代农民工利益表达意识和能力的缺乏阻碍了他们的利益表达活动，直接影响到他们利益表达的效果和体面劳动尊严的实现。首先，深受传统文化的影响。民主的深层结构在某种意义上是一种文化、价值观和行为规范。近些年来，我国新生代农民工在公民意识方面虽然已经有了很大的进步，但几千年来中国传统文化下形成的"三纲五常""顺民""臣民"理念在不少新生代农民工思想中根深蒂固，许多新生代农民工缺乏现代性的公民意识、开放意识、参与意识和自主意识，在自己的利益受损时不是去积极进行申诉，而是选择怨气吞声。其次，利益表达的经济基础薄弱。马克思指出："权利永远不能超出社会的经济结构以及由经济结构所制约的社会的文化发展。"[①] 没有一定的物质保障，人们是不可能关注温饱之外的社会公共生活、国家的政治方向及公民的政治责任等较高层次的目标的。因为"严重贫困的群众根本无法获知公共事务的足够信息，对公民事务进行有效的讨论"[②]。大多数新生代农民工都是来自中西部经济发展水平还比较落后的农村地区，较低的收入水平迫使他们不得不把主要精力放在挣钱、省钱等层面，难以有精力关心国家大政方针的制定，缺乏参与公共政治生活的经济实力。再次，受教育程度不高。西方的研究证明，在现代社会，受教育程度的高低对公民的利益表达态度和行为有着相当直接的影响作用。一般来说，受教育程度高的人对利益表达信息和符号有更为清楚、深刻的理解，因此其利益表达的能力也要高于教育水平低的公民。调查显示，新生代农民工中，"小学以下程度的占 11.6%，初中以下程度的占 48.6%，高中及中专程度的占 35.9%，大专以上程度的占 3.9%"[③]。由于新生代农民工所受教育大多在初中及初中以下，有限的教育使得他们不了解参与公共生活的途径、方法、程序，通常无法掌握表达利益的技能。政府也没有提供一定的途径帮助他们进行相应的学习和训练。即使政府能够提供大量对其有益的利益信息，他们也由于文化程度不高而没有足够的能力进行辨别、选择和吸收。

三、社会急剧转型的价值震荡

亨廷顿（S. P. Huntington）指出："一个处在社会急剧变动、社会体制转轨

---

① 中共中央马克思恩格斯列宁斯大林著作编译局. 1995. 马克思恩格斯选集（第 3 卷）. 北京：人民出版社：305.
② 科恩. 1988. 论民主. 聂崇信译. 北京：商务印书馆：111.
③ 袁浩. 2010. 构建我国新生代农民工培训的远程教育机制. 成人教育，（11）：45.

的现代化之中的社会，往往充满着各种社会冲突和动荡。而一个高度传统化的社会和一个已经实现了现代化的社会，其社会运行是稳定而有序的。"①而"随着每一次社会制度的巨大历史变革，人们的观点和观念也会发生变革"②。

改革开放 30 多年来，中国在不断地进行政治和经济转型。政治和经济的转型极大地促进了物质文化和财富的增长，中国的经济取得了飞速发展，人民生活水平整体上得到了很大的提高。但还要清醒地看到，经济的快速发展带来了贫富差距的不断加大，人们并没有平等地分享到发展的成果。有位西方评论家对中国的改革开放及发展曾颇有感慨地说："西方社会 200 年的现代化转型，在中国被压缩在 30 年内进行着。"③

的确，社会的急剧转型导致社会整体利益格局的深刻调整、社会结构的深刻变动、思想观念的深刻变化，并且由这种变化导致的利益矛盾和冲突，构成了体制转换中的社会和谐问题；不断涌现的各种新思想、新观念正在不断丰富我们的精神世界，提升我们的思想道德境界，并对人们已有的社会心理系统形成巨大冲击；社会的规则体系重建，规则秩序恶化导致社会信任危机，旧的规则已经失效，而新的规则却尚未建立；社会非认同感增大，造成社会成员之间的关系处于紧张状态；就业、住房等带来的社会竞争压力日益加大，维护社会公平面临新挑战，人们常常处于矛盾和冲突之中；不断加快的生活节奏使人们缺乏一种应对社会变革、生活变化的从容心态，强化了对未来前景的不安全感，降低了幸福指数，唯恐"一步赶不上，步步赶不上"，焦虑的种子就在内心萌芽。社会急剧转型带来的复杂多变的形势使人们处于希望与危机并存、成功与失败同在的心理困惑和心理紧张之中，常常感到无所适从。

因此，一个以经济发展为主导的社会，社会转型使得人们的价值观念发生了巨大的变化，而且还必然会伴随着与之相适应的价值观的生成。但还要看到，由于思维意识较为单纯，新生代农民工价值观的改变在急剧转型带来的复杂多变的形势下并不科学，也并不健康，在思想上出现一些问题也是在所难免的。

四、企业因素的制约

目前，一些企业的员工多为"80 后"和"90 后"的新生代农民工，他们的

---

① 亨廷顿. 1989. 变化社会中的政治秩序. 王冠华，等译. 北京：生活·读书·新知三联书店：40-41.
② 刘红林. 2010. 和谐社会思想政治教育视域下的马克思主义宗教观教育. 河南社会科学，(6)：211.
③ 王丽萍. 2011. 中国转型期社会焦虑问题的研究现状及展望. 理论学刊，(10)：74.

要求不仅仅是涨工资，而是全面综合考虑企业诸如工资待遇、工作环境和企业文化等。因此，招工企业要想真正能稳住这些"80后"和"90后"的新生代农民工，就必须在保证职工工资待遇不差的前提下，做好文化娱乐、社会保障、工作环境等各项福利待遇工作。

（一）工资待遇问题

在企业招工过程中，工资一直是一个敏感的话题，工资水平的高低不但影响到招工，也影响到企业内部原有新生代农民工工作的积极性和去留问题，因为对新生代农民工来说，工资是其家庭收入的来源，是满足家人和自己物质文化生活的需要。当前，薪酬过低是新生代农民工频频更换工作岗位、群体性事件日益增多的主要原因。《劳动法》规定了用人单位付给农民工的工资不得低于当地最低工资标准。截至 2015 年 7 月，全国有 14 个地区上调了 2015 年最低工资标准。这在一定程度上反映了监管机构对劳动者权益的保护。但在实际生活中，我们还要看到的是，新生代农民工的工资水平低于当地最低工资标准的现象十分普遍，且新生代农民工所从事的工作大多都属于劳动报酬也相对较低的体力劳动。不仅如此，用人单位还只顾自己的谋利，不按时足额支付劳动报酬，利用各种手段随意扣减农民工的工资，导致农民工以极端方式讨薪的事件频发。当新生代农民工发现自己的付出与收益严重不匹配时，必然会采取"用脚投票"的方式，一走了之。这就要求企业必须坚持以人为本，充分尊重农民工的尊严，保护其合法权益，重塑新型的劳资关系。

（二）工作环境的原因

新生代农民工由于受教育程度及劳动技能的限制，大多在劳动密集型企业里工作。这类企业很多为私营中小企业，具有规模小、资本金少的特点，只注重短期利益，利益至上，为了降低生产成本，不注意改善工作环境，不愿意在工人尤其是农民工的劳动保护设备和工作环境的改善上多投入，由此引发的职业病和工伤事件屡见不鲜。在一些企业，农民工的工作和生活都在同一个场所，一旦工作场所受污染，则会导致职业病泛滥，这就直接影响了农民工的身心健康。更甚者，还有一些企业常年与有毒、有害物质接触，工作条件极其恶劣，使得农民工的工作更加危险。南方一些城市的外资企业因不注意劳动保护而发生农民工累死车间、集体中毒等事件，多次被中央电视台《今日说法》栏目报道。企业恶劣的用工环境和漠视农民工权益的做法自然留不住农民工。

（三）企业文化欠缺

新生代农民工相对较高的受教育程度，使得他们对未来有了更多的期待。他们不仅有在法律援助方面的需求，而且还有在文化和心理层面的需要，而企业文化的缺失在我国企业发展当中是不争的事实。俗话说，三流企业靠生产，二流企业靠管理，一流企业靠文化。目前，中小企业竞争激烈，而是否具有强大再生力量的企业文化就成为企业间激烈竞争的关键因素。目前，不少企业缺乏文化建设导致了"民工荒"的产生。物质、精神和心理是企业文化建设的主要内容。本课题组的调查发现，由于一些企业的私人性质，企业规模小，急功近利，一味只顾生产而忽略企业的文化建设，职工仅仅成为企业赚钱的工具，企业缺乏以人为本的人文关怀。职工的主人翁意识不强，企业和员工唯一的联系在于工资，缺乏对企业建设的热情和对企业的归属感、认同感。不少新生代农民工的业余生活基本以上网、看电视、打牌为主。笔者的调查也显示，大多数新生代农民工认为自己的休闲生活内容"不太丰富"或"很单调"，只有 4%的新生代农民工对自己的休闲生活比较满意。在企业文化欠缺的条件下，企业向前发展的路子就越走越窄，出现企业招工难现象，或者新生代农民工频繁跳槽也就在所难免。

五、职业教育与职业技能培训的缺位

（一）职业教育与企业需求不衔接

使受教育者获得某种职业或生产劳动所需的职业知识、技能和职业道德的教育是职业教育这一概念的本质和核心，而缺乏与企业的互动，缺乏培养机制的创新是目前我国现行的职业教育培养体系培训工作中出现的急需解决的问题。职业教育往往缺乏"校企合作"的思想，年轻技能人员毕业后，企业往往需要花费很大的成本来对这部分年轻人员进行再培训。同时，在目前的职业学校中，对于教师的考核仍旧看重科研学术能力，而非实践能力。这种"校企合作"脱节的现象是我国现行的职业教育仍未完全脱离学历教育的必然反映，也折射出职业学校的培养成果和企业的实际需求之间存在一定的差距。其结果必定是缺乏重视对学生的职业能力的培养和职业生涯的规划，导致所培训的学生从质量到数量上都难以满足企业的需求。其实，那些"回流"的农民工打道回家的时候，不仅意味着自己对"进城"的放弃，同时在某种程度上也意味着他们是被产业、技术升级和素质提高的浪潮淘汰了。因此，"民工荒"的实质是劳动力需求结构由于沿海地区产业结构的升级而发生变动，致使素质型工人满足不了劳动力需求从而造成岗位空缺；而与此相映照的是，大量的无效劳动力供给或数量型工人却因找不到工作而成为失业大军的一员。这种现象不仅意味着自己对"进城"的放弃，同时在某种程度上也反映出技术职业教育的毕业生不能第一时间投入到社会的生产实践工作中而导致大批岗位空缺。

（二）职业资格证书没能起到引导就业的作用

职业资格证书是表明劳动者具有从事某一职业所必备的学识和技能的证明。它是用人单位招聘、录用劳动者的主要依据，是劳动者求职、任职、开业的资格凭证。职业资格证书反映特定职业的实际工作标准和规范，其与职业劳动活动密切相连。职业资格证书主要考核人员的职业技能，其基本属性是以就业为导向。作为劳动者具有从事某一职业所必备的学识和技能的证明，统一培训教学工作、提高就业者技能水平、提高培训质量是职业资格证书应该起到的重要功能。但现阶段，导致国家职业资格标准与工作岗位的实际需求严重脱节的一个主要问题是职业资格考试的命题方向和内容都严重偏离了实际工作的需求。这也使职业资格证书在某种程度上偏离了其本该发挥的作用，也发挥不到提升从业者素质的作用，无法引导考证的农民工就业。

（三）职业技能培训的质量不高

从目前新生代农民工职业技能培训的实际情况来看，新生代农民工职业技能培训与就业需求严重脱节，严重制约了新生代农民工技能培训的质量和就业效果。一是缺少联系实际的环节。通过调查各级政府组织的培训发现，纯理论灌输仍然是不少新生代农民工培训机构采用的培训模式，导致社会需求与培训规划二者不统一，新生代农民工的培训需求在培训过程中不能得到充分满足，不能让新生代农民工感受到培训带来的好处，很难保证培训员工一上岗即熟练，符合企业对熟练工的需求。二是师资力量较为薄弱。一方面，从事新生代农民工职业技能培训的教师数量不多，专职教师较少，外聘教师较多。因为职业技术学校待遇工资不高，一般年轻教师不愿久待，一有机会就会跳槽。笔者曾经走访过郑州市几所职业技术学校，发现教师数量普遍都在15~20人。因此，学校大多外聘教师上课，专职教师不多。另一方面，专兼教师不多，"双师型"教师更少。"双师型"教师是扎实理论知识与丰富实践经验的综合体，堪称职业培训师之中的"教授"，聘请费用较高。大多数职业培训学校考虑运营成本，工作重心在于招生，不太注重师资队伍建设，造成"人才难得，有价无市"的尴尬局面。师资力量的薄弱，严重制约了新生代农民工职业技能培训的质量。三是职业技能培训专业设置针对性差。近年来政府组织实施的职业技能培训，虽然受训人次和规模逐年明显增加，但多为电气焊、美容美发等技术含量低的初级职业技能培训，而各种高级技术人才培训少。这种职业技能培训与企事业单位的实际需求相去甚远，受训的新生代农民工很难快速实现知识型和技能型的双转变，难以适应市场竞争的需要，难以满足社会需求，导致企业急需的高级技术工人用工荒和新生代农民工就业难的矛盾依旧突出。

（四）职业技能培训资金投入不足

职业技能培训的一个核心问题就是培训的资金投入问题。然而，当前我国新生代农民工职业技能培训工作滞后，远远跟不上新生代农民工现实和潜在需求，这最直接地表现在培训经费的投入上。从政府来看，当前对新生代农民工的职业技能培训基本上以政府投入为主。但不能不看到，虽然政府用于补贴农村劳动力转移培训的经费有"阳光工程"的25亿元，但是这对于解决近2亿新生代农民工的职业技能培训来说仍是杯水车薪。另外，由于一些地方政府财政困难，不能全额支付新生代农民工所需的职业技能培训费用，导致新生代农民工职业培训经费投入不足，免费培训的覆盖面有限，严重影响了新生代农民工培训工作的正常进行。笔者通过对郑州市培训市场的调查发现，培训经费一般在800～1200元，并且在经过3个月的培训后，新生代农民工才有可能掌握一技之长。国家在2004年开始实施的"阳光工程"对参加培训的人员按人均100元进行补助，加上按照河南省实施的"春风工程"人均500元补助来计算，每个参加培训的人员平均累计补助达到600元，但这种补贴标准明显偏低，低于培训经费的下线。从用工企业来看，用人单位作为新生代农民工技能培训的重要受益方，应当承担一定的培训投入，但在利润至上的原则驱使下，有众多新生代农民工就业的中小企业重"使用"轻"培训"，片面认为新生代农民工完成一定量工作即可，技术够用就行，何必花费资金送他们去提升技能和强化素质，这样浪费时间又耗费金钱，因此不愿意或难以独立地承担企业内新生代农民工技能培训的任务。此外，由于新生代农民工具有就业活动性大、流动性强、转换快的特点，企业对新生代农民工进行人力资本投资的预期收益具有很大的不确定性，不易于人力资本投资的回收，导致企业对新生代农民工的技能培训发生收益外溢的现象，不但不会给企业带来经济效益，还会让企业损失各种费用，可谓"得不偿失"，从而使用人单位对培训的投资动力不足，更加不愿意花费成本对农民工进行技能培训。从个人来看，由于工资低等方面的原因，新生代农民工个人在职业技能培训方面的投入也极其有限。笔者在调查中发现，新生代农民工中有 60.02% 的人学习费用不足 150 元，有 24.50% 的人在 150～250 元，有 17.53% 在 250 元以上。

（五）职业技能培训服务体系基础薄弱

目前，我国针对新生代农民工的职业技能培训服务还处于起步阶段，基础薄弱。主要有以下几个方面的表现：①宣传工作不到位。当前，政府部门对新生代农民工的职业技能培训极为重视，并出台了一些相关政策和措施来推动新生代农民工的就业培训工作。但由于宣传工作不到位，许多新生代农民工对政府出台的关于职业技能培训方面的政策了解不够。这既影响到新生代农民工参加职业技能的积极性，也导致社会各界对培训新生代农民工的重要意义缺乏共识，因而也无法吸引更多的社会力量和资金投入到新生代农民工的职业技能培训去中。②角色错位。政府在新生代农民工职业技能培训中担当着规划者和执行者的双重角色，容易导致政府角色发生错位，使之不能更好地指导、规范、监督新生代农民工培训体系中其他主体的活动，严重制约了政府主导作用的发挥。③劳动力市场管理混乱。由于立法滞后等方面的原因，培训市场缺少统一的管理规范和制度，特别是培训机构的市场准入制度，从而影响到新生代农民工职业技能培训效果，进而影响到新生代农民工参与职业技能培训的积极性。另外，组织缺位。教育程度和参加职业技能培训是影响新生代农民工生活质量的两个最重要的因素。在受教育程度已是既成事实的情况下，职业技能培训对于解决新生代农民工就业就显得十分重要，但在实际工作中，一些地方政府和部门对新生代农民工的职业技能培训工作缺乏足够的重视和认识，往往热衷于见效快、收益大的能够博取政绩的投资项目和形象工程，对见效缓、收益不明显的农村转移人口的人力资源投资重视不够，关注短期经济利益，忽视人力资本投资带来的长远效益。这种短视行为使得职业技能培训工作的实施缺乏积极性和主动性，农民工职业技能培训工作缺乏强有力的组织保障。

六、市场经济的价值误区

市场经济具有竞争性、平等性、开放性等一般特征。同时，由于对利益的追逐及其所规定的交换行为，市场经济又具有逐利性的特征。市场经济的这种逐利性使人们容易屈从于外在物质的制约，往往只在功利主义、经验主义、实用主义的层面去寻找人生的答案，而不再去思考那些具有永恒意义的价值。市场经济的这种逐利特征导致人们在开展各项活动时分不清哪些是合理的，哪些是要抛弃的，哪些是市场要求的，哪些是自己需要的，结果导致人们在活动中与市场功利掺杂在一起。

改革开放 30 多年来，市场经济已经深入人心，在我国社会生活中占据主导地位。新生代农民工在社会主义市场经济条件下，自我意识、竞争意识、进取精神及成就欲望同样强烈，同时也重视并维护自己的尊严和追求个人的利益需求。然而，因为没有正确的理论基础和思想灵魂，新生代农民工在充满压力和面对各种各样的诱惑时易失去控制力和判断力，在理想和现实的强烈落差前容易迷失自我。如果再不加以关爱，新生代农民工为了一己私利，不遵守道德规范，铤而走险，走上犯罪的道路。

七、新生代农民工主体的内在作用

（一）主体自我意识不断觉醒

弗洛伊德将人格结构划分为三个层次：本我、自我、超我。本我是本能冲动的根源，是无意识的核心部分，是一切心理能量之源。它按照快乐原则行事，急切地寻找发泄口，一味追求满足。本我中的一切，永远都是无意识的。自我，即是指"自己"，为本我服务，其思维特点具有客观性和逻辑性，而超我是人格的第三个主要机构，是人格中专管道德的司法部门。它遵循至善原则，最终形成道德良心。

根据弗洛伊德人格三大系统中的自我系统，可以得知自我意识是对现实自我的反映，是对现实自我"做什么""为什么做""怎样做"的评价，以及由此而产生的满意或不满意或反抗的情感体验，是自我意识的基本内容。

所谓自我意识是指观察和认识自我时产生的意识活动。由于环境的刺激，自我会产生情感和思想反应，但这些反应常常是自发的，没有明确的概念。比如，有人骂我，我感觉很愤怒，在愤怒的怂恿下我可能出手伤人，这就是自发的情绪。如果把愤怒作为观察对象，用理性来思考愤怒，愤怒就可能得到遏制。自觉到自己的情绪并用理性加以调节，自我意识就觉醒了。自我意识的觉醒就是努力改造本我的本能，克服自我的限制，达到超我的境界。自我意识是把自发的生存状态变成自觉的体验和认识。只有自觉到自我在做什么，做的意义何在，以及如此做的效果，自我才能真正成为自己的主人，也才能发现奋斗带来的充实的精神快乐。

　　主体意识的觉醒和高扬是改革开放以来中国社会的一个重要变化。因为市场经济本身就是一种主体经济，因此随着社会主义市场经济体制逐渐取代计划经济体制，主体意识空前觉醒后的新生代农民工开始对过去一切陈旧的价值观念进行深刻反思和重新审视，使他们意识到自己存在的价值，其价值观也从一元价值观转向多元价值观。

（二）新生代农民工的整体文化素质相对较低

　　虽然和上一辈农民工相比，新生代农民工的文化素质有了较大的提高，但是从总体上看，这个群体的文化素质还不高。调查显示，新生代农民工中，初中及高中毕业的占80.3%。由此可见，大多数新生代农民工的文化程度只有初、高中文化水平，这种文化水平影响着他们看待问题和解决问题的看法及态度。由于文化素质低，新生代农民工转移能力弱，进城后就业竞争力弱，接受新知识和新观念慢，这些因素制约了他们的生存与发展空间，影响了生活质量的提高。他们远离父辈，缺乏外在的约束，又没有社会制度的指导，他们遇到问题后只能从自身立场出发，对问题进行取舍，并综合确定自己的价值观，这些价值本身就可能不是正确的。由于家庭、社会等各方面的原因，有限的教育使得新生代农民工在人际交往方面的知识欠缺，从而阻碍了他们与文化水平相对较高的城市市民之间的正常交往，造成沟通上的障碍，在许多方面都难以产生认同感。此外，他们本身期望值比较高，在遇到问题、受到挫折后，容易导致偏激行为。①

（三）自我身份认同模糊

　　身份认同是心理学和社会学的一个概念，指一个人对于自我特性的表现，以及与某一群体之间共有观念（国籍或文化）的表现。社会交换论的代表人物之一、美国社会学家布劳（P. M. Blau）认为："流动的人不能简单的抛弃旧有的角色属性和角色关系，但他们如果不接受新的角色属性，不建立新的角色属性，那么他们就不能适应他们的新位置。"②个人的自我身份认同和自我意识的形成是伴随着社会化过程进行的，而社会化过程的实质是个体反映社会现实的过程，从心理学来看，就是社会现实内部化的过程。因此，新生代农民工进城务工的过程也是一个不断社会化的过程，且这个社会化的过程对于新生代农民工而言十分重要。运用社会化理论来分析，不难发现新生代农民工首先和土地紧密相连，因而其先赋角色是农民；又因为他们与企业紧密相连，因而其自致角色是

　　① 李贵成. 2013. 价值冲突与精神皈依：社会转型期新生代农民工价值观研究. 内蒙古社会科学（汉文版），（5）：149.
　　② 杨嫚. 2011. 消费与身份构建：新生代农民工手机行为研究. 新闻与传播研究，（6）：11.

职工。这样就出现了新生代农民工先赋角色和自致角色之间的冲突。这种角色的冲突导致新生代农民工既对自己农民身份的不认同，同时也对自己城市人的身份不认同，出现对其自身认识十分模糊的现象。身份的边缘化和自身定位的矛盾二重性扼杀了新生代农民工这一特殊群体的精神文化消费意愿，并且影响着他们的精神文化价值观的形成，成为新生代农民工融入城市生活的一大障碍。

（四）精神生活贫乏

与上一代农民工打工挣钱的单一性相比，新生代农民工务工的目的由以往进城挣钱回乡发展开始向精神层面拓展，即由单纯谋生向追求归属感延伸，由承担家庭经济责任向实现人生价值延伸。求发展、开眼界开始成为新生代农民工的主流。事实上，新生代农民工大多渴望进入城市、融入社会，有着强烈的精神文化需求，但不得不提的是，新生代农民工在出现这些积极变化的同时，还面临着精神文化生活条件严重不足的问题。比如，在人际交往方面，新生代农民工交往的对象和范围主要局限于基于血缘、亲缘和地缘关系的家人、亲戚、朋友和老乡身上，由此导致新生代农民工群体与城市市民群体之间存在着严重的心理隔阂，形成新生代农民工城市生活的另一种"内卷化"状态和"心理孤岛"现象，造成新生代农民工与城市市民共同生活"有交往没有交流"的现象，处于一种"镶嵌式"状态，形成封闭的群体性生活。他们游离在农村与城市之间，"城市边缘人"的社会角色让他们面临着巨大的心理落差，强烈的迷茫和不安时常笼罩在他们内心深处。在这种心理落差下，新生代农民工比上一代农民工少了几分坚韧，在面对挫折和压力时不少人选择了逃避，甚至有极端者选择了死亡，稚嫩的翅膀被过早地折断。在社会上吵得沸沸扬扬的富士康12连跳的自杀连环事件，就十分鲜明地映射出新生代农民工的精神生活、精神抚慰和人文关怀缺失的严峻性。新生代农民工精神生活贫乏的根本原因在于户籍制度没有打破，使他们总有一种"外乡人"的感觉，而权益保障的缺失则是新生代农民工精神生活贫乏的另一个症结所在。由于基本权利得不到保障，新生代农民工在有限的收入中必须要考虑年老生病等问题，根本就没有多余的钱去参与和享受精神文化生活。对此，在笔者的访谈中，一位新生代农民工很是伤感地说："通过我们的双手，城市变得漂亮了，但城市里却没有我们的立足点。望着自己的劳动成果，心里觉得很失望，没有幸福感和成就感。"可以说，新生代农民工群体的"感情孤独"，影响的不仅是这一群体本身，更关乎每一个城市的"幸福指数"。这也是影响新生代农民工价值观的重要精神因素。

第五章

民工荒视域下新生代农民工价值观引导对策

　　物质层面和制度层面的转型在一定程度上影响到价值观的转型，并且价值观的转型要滞后于物质层面和制度层面的转型。对此，马克思主义认为，在社会物质层面和制度层面中可以找到价值观转型的根源。恩格斯指出，在我们充分认识了某一历史阶段的社会物质条件、社会经济状况的前提下，"一切历史现象都可以用最简单的方法来说明，而每一时期的观念和思想也同样可以极其简单地由这一时期的生活的经济条件以及由这些条件决定的社会关系和政治关系来说明"①。奥格本也认为，制度和观念文化往往是在适应物质文化的过程中而发生变迁的，且制度和观念文化的变迁往往要滞后于物质文化的变迁。因此，制度文化、观念文化和物质文化的变迁速度不一致，导致各方面关系紧张，这就是所谓的文化滞后。②总体来看，解决当前"民工荒"的根本之举，就是要从政府、企业、社区、城市层面去寻找引导新生代农民工价值观的对策和途径，要在政策、组织、制度上赋予新生代农民工更多的权利，要在内容和方法上不断创新和突破，以适应新生代农民工不断变化的就业诉求，充分发挥好新生代农民工的主体性。

---

　　① 中共中央马克思恩格斯列宁斯大林著作编译局.1972.马克思恩格斯选集（第3卷）.北京：人民出版社：41.
　　② F.奥格本.1989.社会变迁：关于文化和先天的本质.王晓毅，陈育国译.杭州：浙江出版社：106.

第一节　引导新生代农民工树立符合社会主义核心价值体系的价值观

价值观是行动遵循的准则，是判断是非的标准，是人们心中的深层信念。任何社会都存在着多种多样的价值观，但每一种社会或某一社会的不同发展时期都有其相应的核心价值观。这种核心价值观反映了该社会人们不同的生产生活方式、文化传统及利益需求等。核心价值观在社会的价值观系统中居于核心地位，起着主导、统领和整合的作用。核心价值观包含社会发展的指导思想和价值目标，对经济建设、社会进步和人的发展发挥着统领和主导作用。是否拥有广泛认同的核心价值观将对一个国家的凝聚力和影响力产生直接的影响。

按照性质的不同，社会主义价值观可以分为一般价值观和核心价值观这两类。社会主义一般价值观包括自主、自立、竞争、能力、公正、法制、开放、科技等价值观念。社会主义核心价值观是社会主义社会的政府和人民共同为之努力奋斗的价值取向，也就是共同理想。如果一个社会不是社会主义社会就无所谓社会主义核心价值观。

任何社会都有自己的核心价值体系。在中国古代，"国之四维，一维绝则倾，二维绝则危，三维绝则覆，四维绝则灭。倾可正也，危可安也，覆可起也，灭不可复错也。何谓四维，一曰礼，二曰义，三曰廉，四曰耻"就出现在先秦典籍《管子·牧民》中。[①] 后来，儒家礼教思想融化了"礼义廉耻，国之四维"之说。从此，"礼义廉耻，国之四维"就成为我们中华民族长期秉承的反映社会本质和建设规律的根本原则和价值观念的理性集结体，成为中国封建社会的核心价值体系。

今天，中国的核心价值体系只能是社会主义核心价值体系。新中国的建立，确立了以社会主义基本政治制度、基本经济制度和以马克思主义为指导思想的社会主义意识形态，为社会主义核心价值体系的建设奠定了政治前提、物质基础和文化条件。改革开放以来，我国社会主义意识形态建设不断进行新的探索，提出了从建设社会主义核心价值体系到以"三个倡导"为内容，积极培育和践行社会主义核心价值观的重要论断和战略任务。

---

① 张旭东. 2011-10-18. 让核心价值观根植于心. 中国教育报，7版.

1978 年 12 月，党的十一届三中全会重新恢复和确立了实事求是的思想路线，坚持把马克思主义与改革开放和我国社会主义建设伟大实践相结合，科学继承了毛泽东思想，创立了邓小平理论、"三个代表"重要思想、科学发展观等马克思主义中国化最新成果，马克思主义在意识形态领域的指导地位不断巩固。

2006 年 3 月，我党提出了"八荣八耻"的社会主义荣辱观，继承和发展了我们党关于社会主义思想道德建设褒荣贬耻和我国古代的"知耻"文化传统，同时又赋予了新的时代内涵，深化了我们党对社会主义道德建设规律的认识。

2006 年 10 月，党的十六届六中全会第一次明确提出了"建设社会主义核心价值体系"的重大命题和战略任务，明确提出了社会主义核心价值体系的内容，并指出社会主义核心价值观是社会主义核心价值体系的内核。学界开始对社会主义核心价值观的概念进行深入探讨。

2007 年 10 月，党的十七大进一步指出了"社会主义核心价值体系是社会主义意识形态的本质体现"。

2011 年 10 月，党的十七届六中全会强调，社会主义核心价值体系是"兴国之魂"，建设社会主义核心价值体系是推动文化大发展大繁荣的根本任务。提炼和概括出简明扼要、便于传播和践行的社会主义核心价值观，对于建设社会主义核心价值体系具有重要意义。

2012 年 11 月，中共十八大报告明确提出"三个倡导"，即"倡导富强、民主、文明、和谐，倡导自由、平等、公正、法治，倡导爱国、敬业、诚信、友善，积极培育社会主义核心价值观"，这是对社会主义核心价值观的最新概括。

2013 年 12 月，中共中央办公厅印发《关于培育和践行社会主义核心价值观的意见》，明确提出以"三个倡导"为基本内容的社会主义核心价值观，与中国特色社会主义发展要求相契合，与中华优秀传统文化和人类文明优秀成果相承接，是我们党凝聚全党全社会价值共识做出的重要论断。

面对世界范围思想文化交流交融交锋形势下价值观较量的新态势，面对改革开放和发展社会主义市场经济条件下思想意识多元多样多变的新特点，积极培育和践行社会主义核心价值观，对于巩固马克思主义在意识形态领域的指导地位、巩固全党全国人民团结奋斗的共同思想基础，对于促进人的全面发展、引领社会全面进步，对于集聚全面建成小康社会、实现中华民族伟大复兴中国梦的强大正能量，具有重要现实意义和深远历史意义。

从适应国内国际大局深刻变化看，我国正处在大发展大变革大调整时期，在前所未有的改革、发展和开放进程中，各种价值观念和社会思潮纷繁复杂。

国际敌对势力正在加紧对我国实施西化分化战略图谋，思想文化领域是他们长期渗透的重点领域。面对世界范围思想文化交流交融交锋形势下价值观较量的新态势，面对改革开放和发展社会主义市场经济条件下思想意识多元多样多变的新特点，迫切需要我们积极培育和践行社会主义核心价值观，扩大主流价值观念的影响力，提高国家文化软实力。

从推进国家治理体系和治理能力的现代化要求看，培育和弘扬核心价值观，有效整合社会意识，是国家治理体系和治理能力的重要方面。全面深化改革，完善和发展中国特色社会主义制度，推进国家治理体系和治理能力现代化，必须解决好价值体系问题，加快构建充分反映中国特色、民族特性、时代特征的价值体系，在全社会大力培育和弘扬社会主义核心价值观，提高整合社会思想文化和价值观念的能力，掌握价值观念领域的主动权、主导权、话语权，引导人们坚定不移地走中国道路。

从提升民族和人民的精神境界看，核心价值观是精神支柱，是行动向导，对丰富人们的精神世界、建设民族精神家园，具有基础性、决定性作用。一个人、一个民族能不能把握好自己，很大程度上取决于核心价值观的引领。发展起来的当代中国，更加向往美好的精神生活，更加需要强大的价值支撑。要振奋起人们的精气神、增强全民族的精神纽带，必须积极培育和践行社会主义核心价值观，铸就自立于世界民族之林的中国精神。

从实现民族复兴中国梦的宏伟目标看，核心价值观是一个国家的重要稳定器，构建具有强大凝聚力、感召力的核心价值观，关系社会和谐稳定，关系国家长治久安。实现"两个一百年"的奋斗目标，实现中华民族伟大复兴的中国梦，必须有广泛的价值共识和共同的价值追求。这就要求我们持续加强社会主义核心价值体系和核心价值观建设，巩固全党全国各族人民团结奋斗的共同思想基础，凝聚起实现中华民族伟大复兴的中国力量

马克思曾经说过："历史不过是追求着自己目的的人的活动而已。"[①]当前，我国利益格局复杂多变，正在经历着深刻的经济体制变革和社会结构变动，而社会变革必然引起社会价值观的冲突和变迁。在激烈的社会竞争当中，人们的价值观日趋多元化和功利化，这必将导致社会的个体卷入享乐主义、物质主义的漩涡，追逐本能和寻求感官刺激，成为商品、金钱的奴隶。

对于新生代农民工而言，由于其思想观念趋于成熟，价值观正处于形成阶段，可塑性强，极易受外界因素、社会现象的影响。作为社会的边缘，不少新

---

① 郭建平. 2011. 新生代农民工在流动境遇中的价值诉求与现实对策. 理论月刊，(1)：178.

生代农民工随着他们思想活动的自主性、个体性、多样性的明显增强，不同程度地受到影响，存在着价值取向扭曲、理想信念淡泊、政治信仰动摇、艰苦奋斗精神淡化等问题，价值观呈现出多元复杂的趋势。

当前和今后一个时期，要推动城乡一体化建设，应把提高广大农民工素质作为国家发展战略一个重要部分，尤其是对新生代农民工进行社会主义核心价值观的培养。新生代农民工只有在充分理解并接受社会主义核心价值观的基础上，才能树立正确的个体价值观，从而更好地适应和融入城市社会。但如何充分利用思想政治教育资源，坚持以人为本，推动新生代农民工社会主义核心价值观的培养，把教育人、引导人、尊重人、理解人、关心人、帮助人有机结合起来；如何尊重新生代农民工以独立思想和人格对文化追求的权利和价值选择，在对他们旗帜鲜明地开展社会主义核心价值观宣传教育的过程中，找出诸多社会问题的实质及其产生的根源，在潜移默化中增强其对社会主义核心价值观的认同，帮助新生代农民工树立正确的思想观念；通过对新生代农民工社会主义核心价值观的引导和培养，引导其把个人理想与社会现实相结合，与社会共同理想统一起来，用中国特色社会主义共同理想来统领个人理想，这是当前我们党在新时期思想政治教育的重要任务之一。

为此，必须加强对新生代农民工在社会流动过程中的社会主义核心价值观教育，引导他们把个人成长与社会发展、时代进程结合起来，把物质利益和精神动力有机结合起来，超越自身经验与个人利益的局限，把社会主义核心价值观教育作为选择价值取向与行为方式的理论根据与基本准则。

第二节　完善政府政策和职能建设

民工荒视域下的新生代农民工价值观与一定的利益关系、文化现象和社会制度紧密相连，其价值观的变迁具有广泛的社会历史根源，涵盖政治、经济、文化、社会等领域。这决定了新生代农民工价值观的引导是一个长期性的渐进过程，绝非一蹴而就就能够达到实现引导的目的。当前，受城乡社会制度差异的影响，新生代农民工仍徘徊在城乡之间，尽管他们比老一代农民工市民化得更快、更好。因此，为给新生代农民工成长成才提供优化的社会环境，就要着力发挥政府的主导作用，完善政府政策和职能建设，为新生代农民工价值观引导提供切实的保障。

一、建立科学合理的产业、人口结构和土地政策，进一步解放农村劳动力

首先是产业结构的问题。产业是立城之本，强城之基。城镇的发展、功能的提升，都离不开产业的支撑和带动。随着社会经济发展水平的提高，当一个国家或地区的劳动密集型企业发展到一定阶段，劳动力价格低廉的优势就会逐渐消失，必须向技术密集、资本密集等高附加值产业发展，而"民工荒"正是对技术含量低、附加值低的劳动密集型产业布局不合理的反映。因此，从根本上说，在新型城镇化过程中，解决用工短缺问题在很大程度上取决于产业结构与劳动力供给的匹配程度。对小城镇而言，一方面要继续吸纳和发展劳动密集型为主的产业，使其成为农村剩余劳动力转移的主要载体；另一方面更要重点探索如何提升小城镇的产业层次，优化小城镇的宏观布局。对大中城市而言，特别是那些经济发展水平较好的城市，如沿海发达地区，则要积极致力于发展高新技术产业和现代制造业等高附加值产业。

其次是人口结构的问题。拥有一支稳定的有技术、有知识、年龄相对年轻的产业工人大军是城市保持产业活力和竞争力的关键。逐步解决农民工的落户、子女教育问题是大城市应对农民工难以融入城市的一个十分紧要的问题。可以想象，只要一些在城市工作了三年以上、有固定工作的农民工能够在城市安家落户稳定下来，就不会在五十岁的时候告老还乡，他们服务城市的年龄有望延长十年，而他们的子女拥有较高的劳动技能，在城市接受到完全现代化的教育，在心理上已经完全认同城市，因此他们也会留在城市里继续服务。这样可以确保城市在较长时间内享受人口红利，"民工荒"也就自然会消解。

最后是土地政策的问题。调整人口、土地政策与城镇化的关系，其最核心的问题是要让农民带着土地的收益在城市中立足、发展。让农民带着土地权利进城，成为新市民，是保护农民利益的需要，也是促进城镇化健康发展和社会和谐稳定的需要。现在农民的土地没有在土地流转和城镇化中获取相应的利益，导致农民既想在城市立足，又想保留农村的权益，形成一家两地、一家两房的状况，这样使得资源分散与浪费，不利于土地的集约化和城市化发展。

改革开放以来，党中央、国务院十分重视"三农"问题，先后出台了十三个中央"一号文件"，对农村问题进行规划。中国农村问题的核心是土地。从1978年家庭联产承包责任制改革到2008年十七届三中全会通过的《中共中央关于推进农村改革发展若干重大问题的决定》，都是围绕土地制度的改革进行的，因为土地制度的改革关乎着整个国家的稳定和经济的发展，也关乎农民的衣食住行、

生存之本。然而，由于农村改革涉及的核心问题，即土地流转一直未能突破，农村改革实际上处于停顿状态。农民由于不拥有土地所有权，只能把自己的土地经营权转让给其他农户或经济组织。起初土地流转受制于种种弊端，没有得到大范围推广。随着城镇化进程的推进，农村剩余劳动力不断涌入城市，造成农村大量土地闲置。

根据相关法律法规，我国土地按所有权归属划分为国有土地和农村集体土地两类，农村集体土地又分为农用地和建设用地。目前，农用地的流转已经在全国各地自发开展，由农户自主协商、政府主导或大户直接与农户对接等方式实现。

十八届三中全会提出，建立城乡统一的建设用地市场。此次会议首次鼓励农村建设用地使用权流转，为新一轮土地制度改革指明了方向。

所以，应赋予农民工对承包土地、宅基地和集体资产股权自主处置权，让农民以土地作为资本直接参与工业化和城镇化，分享土地增值收益。当然，要保障土地流转高效、有序运作，急需要整合资源，集聚各方合力来发展，因而是一项复杂而长期的系统工程，必须充分发挥地方政府、中介组织和农民三者的作用和力量，方能既优化土地资源，又能保证国家粮食安全，还能提高农民收入。

二、要坚持"赋权"与"赋能""两条腿"走路，让新生代农民工平等地享有市民待遇

所谓"赋权"，就是要进行户籍制度改革，让每个进城务工的农民和城镇居民一样享有政府提供的公共服务的权利。"民工荒"产生的核心原因与户籍制度有很大的关联。长期以来，我国典型的二元双重结构下的制度障碍，成为农村剩余劳动力的"手铐""铁链"，使农村成为剩余劳动力的"死湖"。城乡二元社会结构体制，是我国由计划经济体制向市场经济体制转型过程中，由户籍制度改革滞后而带来的极不协调的矛盾。这种矛盾带来的后果是新生代农民工备受歧视。"城镇户口"和"农村户口"在城乡二元结构的分割下修葺了一道不可逾越的墙。农民工为城市建设即便付出了血的代价也无法和城市居民一样享受到"养老、医疗、失业、救济、补助"等由国家提供的多重福利，这使得农民工在城市工作却看不到发展的希望，自然而然对城市生活的向往逐渐减少。因此，这种产生于计划经济时代的户籍制度已经展露出种种弊端，必须改革不合理的

城乡二元社会结构体制，让新生代农民工平等地享有市民待遇。具体路径可以是：①放开小城市和小城镇的户籍落户限制。通过放松城镇特别是中小城市（镇）的户籍管制，为农民工获得城镇户籍居民身份提供稳定的安全预期，这是促进农民工市民化的必由之路。对那些在中小城市（镇）有合法稳定职业和合法稳定住所的进城务工农民，可以允许其在在中小城市（镇）落户，并享受当地市民的一切公共福利待遇。②逐步放开大中城市的户籍落户限制。可采取积分制入户政策，如工作年限、居住年限、信用记录、社会贡献及参加社会保障交费状况等，都是加分的依据，积分越高，就越可能落户。按分数高低，先后分期分批落户，循序渐进地推进农民工市民化。要重点解决长期举家迁徙，在城镇就业多年有稳定居住条件的居民。③在尚不具备大规模放开户籍落户条件的大城市和特大城市，应先通过缩小公共服务差距解决农民工市民化问题。同时，加强对农民工的权益保护，着力推进社会公平，缓解市民与农民工之间的矛盾。此外，还要将依附在户口上的"衍生物"——就业、教育、住房、医疗、养老等方面的特权从户口簿上去掉，还原户籍的本来面目，让它纯粹成为国家管理、统计人口和进行决策的依据，使农民工和城市居民享受同等的国民待遇。同时，还要废止剥夺公民居住和迁徙自由的《户口登记条例》，使新生代农民工获得合法的市民身份，享受与市民同样的国民待遇，使其能够以积极的姿态融入城市生活。

所谓"赋能"，即提升农民工的就业质量。在调研中我们发现，不少城市有很多农民进城后就业质量并不高，大多靠出苦力维持生计。因此，数亿农民工在实现职业转换、地域转移和身份转变的同时，"赋能"同样迫切。近年频发"民工荒"的一个重要原因就是"结构荒"。因此，政府应把中央提出的"就业优先战略"放在更为突出的位置，加快建立市场导向、产学结合的农民工培训体系，投入比正规教育更多的资金重新培训农民工，努力加强农民工人力资本开发，提高农民工创业就业能力，真正培养出新型产业工人。

三、逐步建立国民待遇的社会保障体系，尽快实现新生代农民工的市民化

农民工是我国经济社会转型时期形成的一个庞大的特殊群体。中共十八大报告提出："有序推进农业转移人口市民化，努力实现城镇基本公共服务常住人口全覆盖。"当前，无论是从现实需求还是发展趋势来看，在我国已进入城镇化加快转型与发展的重要时期，都要加快推进农民工市民化进程，让"农民工成

为历史"。"民工荒"现象的出现，意味着作为一种过渡性的城镇化形式和一个过渡性群体的"农民工"正日益暴露其局限性，已演变到某种临界点。

国际上多数国家的农村劳动力一旦流入城市，就自动获得了城市居民身份，即其农村劳动力流动和迁移的过程基本上是统一的，而我国农村劳动力流动的过程相对较为复杂。由于特殊的二元经济制度及其他因素的制约，他们并未像西方国家那样，经历从职业和身份上农民向市民转变的过程，而是走上了由农民到农民工再到市民的"中国路径"。在现行的制度设置下，真正意义上的产业工人和农民工之间，横着难以逾越的鸿沟：一方面，体制性的障碍使农民难以转化为产业工人；另一方面，工业化的进程又急需要稳定的产业工人队伍作为支撑。这种矛盾积累到一定限度，就会演变为"民工荒"。这表明没有真正意义上的、一定规模的产业工人队伍，产业的持续发展乃至转型就会落空；如果单纯依靠"农民工"来长久支撑国家城镇化和工业化进程，我国城镇化和工业化就难以顺利推进。

随着经济改革的不断深化，我国城市化水平不断提高，1978~2011 年，我国城镇人口从 1.72 亿人增加到 6.9 亿人，城镇化率从 17.92%提升到 52.6%。契合这一趋势，城镇化成为以增量改革推动存量变革方式解决农民工问题的路径，而新型城镇化的突破口在于把农民转化为市民，把农民工转变为真正意义上的产业工人。从根本上说，这是新型城镇化整体进程中最为深刻的层面，是我国新型城镇化战略的核心目标，也是解决民工荒问题的重要步骤。

然而，在积极推进农民工市民化的过程中，要警惕农民工市民化过程中的"被市民化"现象。这种现象表现出我们城镇化进程中不健康的超前性，其根源是经济发展程度滞后于虚高的城镇化进程，在统筹经济发展和城镇建设方面出现了矛盾。城镇化进程本来是因为农村经济发展而出现大量的剩余劳动力，已经不适应社会发展的程度，被迫向城市转移的过程，然而人为的催化使得农村经济的发展跟不上城镇经济水平，使得农民被城市化，导致一些农民在身份转变、经济收入水平及社会地位方面陷入边缘化，甚至在一段时间之后出现城中村的现象。从全国一些地区的实践来看，有些地方为了快速提高本地的城镇化率，没有客观地把握农村社会经济发展程度，不尊重农民工自身的意愿，可能会通过各种手段让农民工在一两年之内完全转变成城镇居民，出现农村劳动力总量与农村社会生产资料不调合的矛盾。这必将会把"农村问题"转变成"城市问题"，带来一系列的不良后果，很有可能最终出现政府和农民工都是输家的局面。

逐步建立国民待遇的社会保障体系，有利于加快和实现新生代农民工市民化进程。社会保障是调节社会分配、保障人民生活的一项基本制度。由于历史原因，到目前为止，我国实行的是城乡有别的社会保障制度，具有"碎片化"的特征。新型城镇化的核心是人口城市化，使得我国社会保障体系面临着新型城镇化加速发展带来的诸多挑战。然而，逐步建立国民待遇的社会保障体系：①改革传统的户籍制度。城乡二元社会结构体制，是我国由计划经济体制向市场经济体制转型过程中，由户籍制度改革滞后而带来的极不协调的矛盾。这种矛盾带来的后果是新生代农民工备受歧视。所以，应该改革户籍制度，让在城市工作的新生代农民工融入城市，真正享受平等的城市人待遇，从根本上解决农民工权益受侵害的现象。②建立健全维护农民工权益的法律。为了使新生代农民工的社会保障、子女上学、文化权益这三大核心问题真正落到实处，全国人大可制定出台《农民工权益保障条例》，依法保障新生代农民工的文化权益。同时，废止剥夺公民居住和迁徙自由的《户口登记条例》，使农民工获得合法的市民身份，享受与市民同样的国民待遇，能够以积极的姿态融入城市生活。

四、提高经济收入，夯实提高新生代农民工价值观的物质基础

马克思指出："物质生活的生产方式制约着整个社会生活、政治生活和精神生活的过程。不是人们的意识决定人们的存在，相反，是人们的社会存在决定人们的意识。"[①] 这说明经济基础决定上层建筑，上层建筑对物质基础有能动的指导作用。当物质得到了满足就可以使精神生活活跃起来，从而来指导物质生活。同样，经济因素也必然制约和影响着新生代农民工的价值追求。因此，夯实提高新生代农民工价值观的物质基础，提高他们的经济收入就显得尤为必要。

一方面，政府要大力发展农村经济。国家应加大对农村的扶持力度，全面实现农村经济的大发展，从而为新生代农民工精神生活的提高奠定坚实的物质基础。另一方面，建立新生代农民工工资正常增长机制。主要表现为：①要建立健全农民工工资发放的保障制度，坚决杜绝拖欠农民工工资现象的再发生。②实施新生代农民工最低工资增长制度，根据城镇居民消费价格指数及社会经济发展水平情况，适时适度调整最低工资标准，调整的幅度应与物价上涨水平相挂钩，调整的原则应以不降低农民工的生活幸福指数为标准。③要建立新生代农民工工资支付监控制度，对新生代农民工工资的发放实行重点监管，强制这些企业在开户银行按期预存新生代农民工工资保证金，实行专户专账管理。

---

① 中共中央马克思恩格斯列宁斯大林著作编译局. 1995. 马克思恩格斯选集（第2卷）. 北京：人民出版社：32-33.

对连续两年以上拖欠新生代农民工工资的企业和拖欠新生代农民工工资引起群访事件破坏社会稳定的企业，应当采取果断措施，如对该企业法人代表依法追究法律责任，或责令该企业停业整顿，或将该企业清除出市场，取消其营业执照。

五、建立健全利益表达机制，畅通新生代农民工利益诉求渠道

利益是推动人类从事一切活动的根本动因，而利益的满足和实现需要畅通的利益表达途径。正如恩格斯所指出的："每一个社会的经济关系首先是作为利益表现出来。"[①] 作为国家建设和现代化发展的中坚力量，新生代农民工的意见如何表达，是否有序，关系着中国的政治文明和政治发展的进程。积极构建新生代农民工利益表达的有效机制，让新生代农民工有尊严的生活在城市的每个角落，有利于维护社会稳定和构建和谐社会。

1）要加强和完善人大代表制度建设。现有的各级人大中，新生代农民工代表的比例过低是新生代农民工话语权丧失、利益表达失效的重要原因。要保护新生代农民工权益，实现宪法意义上的平等，就必须改革现有的人大代表选举制度，增加新生代农民工这一群体代表的份额。

2）要积极畅通信访渠道。信访制度是中国特有的一种人权救济方式，它一直是弱势群体寄予厚望的一种利益表达方式和维权工具，发挥着政府密切联系人民群众、维护群众合法权益、反映群众合理诉求的独特功能。针对新生代农民工利益诉求的数量日益增多的现实，必须改革信访制度，让新生代农民工的利益诉求通过信访的途径得以完全实现。

3）要充分发挥大众传播媒介的作用，为新生代农民工的境遇改善提供舆论支持。大众传播媒介主要包括网络、报纸、电视、电影、广播等。一方面，新生代农民工要主动向媒体表达自己的利益和要求，并通过媒体把自己的诉求顺畅地传达给政府和社会；另一方面，媒体也应主动关注新生代农民工的利益诉求问题，把目前新生代农民工在利益方面遭受到的问题及时传达给政府，为政府制定新的政策提供事由和依据。[②]

4）要加强对维护新生代农民工利益表达法律的完善和落实。法律属于上层建筑，是由经济基础决定并为经济基础服务的，它的这种服务功能，是通过权

---

① 中共中央马克思恩格斯列宁斯大林著作编译局. 1995. 马克思恩格斯选集（第2卷）. 北京：人民出版社：121.
② 李贵成. 2013. 社会排斥视域下的新生代农民工城市融入问题研究. 理论探讨，（2）：157-158.

力与权利相互关系的制度安排，去调整社会关系、社会利益来实现的。在建设社会主义和谐社会过程中，只有真正做到"有法可依、有法必依、执法必严、违法必究"，才能形成全体人民各尽其能、各得其所而又和谐相处的社会，人的尊严才能真正实现。新生代农民工和其他劳动者一样，都是历史的创造者。因此，对于新生代农民工的弱者身份，法律在更多方面应该给予关注和同情，让他们享受到特殊的关爱而不该一味地歧视。当前尽管新生代农民工利益表达的法律保护工作中存在一些问题，关键是我们要以理性的态度去面对这些问题，出台相应的法律法规来帮助他们实现权益。卢梭的一句名言："恰恰因为事物的力量总是倾向于破坏平等，所以法律的力量就应该总是倾向于维护平等。"① 因此，应从以下几个方面加强对维护新生代农民工权益表达法律的完善和落实：①完善立法，保护新生代农民工的权益。一方面，应制定专门的《农民工权益保护法》，规定农民工的各项基本权利，确立保护农民工合法权益的各项基本原则和制度；另一方面，应对《劳动法》进行具体的修改，使之能够更好地保护广大农民工的权益。要督促企业积极履行社会责任，强化科学管理和人性化管理。要积极指导新生代农民工签订劳动合同，推动新生代农民工与企业其他职工同工同酬。②加强执法，保护新生代农民工的权益。各级各地行政机关和执法部门应尽到自己应该尽到的行政义务，建立相应的法律干预机制，坚决制止和杜绝侵犯新生代农民工权益的行为。③加强普法宣传，进一步增强新生代农民工的法制意识。公民尊严需要法制来保障，更需要公民来自觉维护。因此，必须大力培养新生代农民工的法治意识，培养新生代农民工的公平正义思想，使他们学会用法律的武器维护自己的尊严，全面获得经济、政治、文化和社会等方面的合法权益。

　　5）要提升新生代农民工组织化程度。亨廷顿认为："组织是通往政治权力之路，也是稳定的基础，因而是政治自由的前提。"② 党的十八大报告指出："改进政府提供公共服务方式，加强基层社会管理和服务体系建设，增强城乡社区服务功能，强化企事业单位、人民团体在社会管理和服务中的职责，引导社会组织健康有序发展，充分发挥群众参与社会管理的基础作用。"积极心理学认为，积极的组织系统能够对人的积极力量的形成产生积极的作用。因此，在阶层和利益分化都日益明显的当代中国，要使新生代农民工的利益表达渠道合法化、组织化，就有必要尽快建立健全新生代农民工的权益代表组织，增强新生代农

---

① 卢梭. 1988. 社会契约论. 施新州译. 北京：商务印书馆：70.
② 塞缪尔·亨廷顿，琼·纳尔逊. 1989. 难以抉择——发展中国家的政治参与. 汪晓寿，吴志华，项继权译. 北京：华夏出版社：427.

民工利益表达和博弈的整体能力，从而改善新生代农民工的弱势地位，增强新生代农民工的集体话语权，真正维护新生代农民工的尊严。首先，要允许和支持新生代农民工建立农民工协会等组织。目前，新生代农民工在城市中基本处于无人管理的状况，这既不利于新生代农民工的"城市化"，也不利于其利益表达的权利维护，而农民工协会等组织可改变新生代农民工分散的弱势状态，增强新生代农民工同政府和厂商的博弈和合作能力，不断拓宽新生代农民工在现代化中的生存空间，提高农民工的自我组织能力。其次，要创新工会组建模式，注意在外资企业、私营企业中建立新生代农民工自己的工会组织，改变新生代农民工"弱劳工强资本"的状况，提高他们的利益表达能力和社会行动能力，从而有效地保障他们的正当权益不受侵害。最后，新生代农民工流入地的工会、青年团、妇联等组织的工作职责要明确地向新生代农民工群体覆盖。地方决策者可构建农民工和谐小区，设立专职农民工权益工作者为其服务，把其纳入到规范化的社会管理机制中去，使其真正形成市民阶层。党组织应加大在用人单位尤其是在私营企业和外资企业中建设基层组织的力度，积极将新生代农民工中的先进分子纳入组织，使其成为政治上成熟的公民，并在我国政治文明建设中发挥应有的作用。

六、发挥市场的参与功能，建立新生代农民工价值需求转化体系

当前，新生代农民工精神生活条件不足与其强烈的价值需求之间存在严重的供求矛盾，而市场作为调节供求关系的主要手段，理应发挥其应有的作用。首先，引导市场生产和供给适合新生代农民工的精神文化产品和服务，多举办新生代农民工愿意参与的文体活动，使得广大新生代农民工群体愿意买、买得起、用得上。其次，积极对新生代农民工价值需求规律进行研究和探索。可通过举办新生代农民工价值需求研讨会等形式，围绕诸如"城市如何以更多的空间和宽容的心态接纳新生代农民工""新生代农民工如何以自身的能力、素质、文化和心理适应城市""政府如何为新生代农民工的城市融入提供制度保障和服务安排"等问题，邀请政府官员、相关学者、新生代农民工代表、新生代农民工企业负责人、社区负责人等参与研讨新生代农民工价值需求中的问题和对策。最后，由于市场具有滞后性、盲目性等缺陷，在参与发展新生代农民工精神生活过程中，要加强政府的宏观指导，进一步净化文化市场，始终把握好新生代农民工价值需求的正确方向，以先进文化、健康文化去影响教育新生代农民工。

七、增强人文关怀，创设新生代农民工融入城市的良好社会氛围

加强人文关怀，满足新生代农民工的精神需求，是与保障农民工生存权益同等重要的民生问题，关系到和谐社会构建和我国工业化、城市化进程。

1）政府部门要加强以人为本的管理思想，促进市民与新生代农民工之间的沟通和理解。要加强市民的思想教育和宣传引导，教育城市居民养成宽容、大度、感恩的心态，摒弃鄙视农民工的心理，消除误解和隔阂，以宽容的精神理解新生代农民工，温情善待新生代农民工，对新生代农民工为城市所做出的贡献要存感恩之心，并以城市居民的身份看待和尊重他们，逐步形成尊重新生代农民工的社会氛围。

2）大力兴建一批农民工文化活动场所。要高度重视，科学规划，加大公共财政投入力度，有计划分区域地在农民工集聚区大力兴建文化场所。包括知识技能培训场所，如农民工夜校、图书室、电子阅览室、报刊橱窗等；文体活动休闲场所，如体育场、健身器材、电影院、音乐吧、绿色网吧等。

3）开展丰富多彩的群众性文体活动，积极吸纳新生代农民工参与。现有的文化馆、艺术馆、体育馆、博物馆、图书馆等公共文化活动场所，要向农民工免费或优惠开放。文化体育部门、工会、共青团和妇联等群团部门要经常组织群众性文体活动，进广场、进企业、进工地、进社区，举办符合新生代农民工特点的文化娱乐、联谊交友和相亲会等，为他们提供交友和融入的平台。

4）积极拓宽新生代农民工政治生活和社会生活参与面。逐步扩大一线新生代农民工在人大代表、政协委员中的比例，畅通利益诉求表达渠道。积极探索新生代农民工就地参与社区自治的方式方法，依法保障新生代农民工的选举权和被选举权。有关部门和用工企业要加强城市建设、相关法律政策制定和企业重大信息的公开透明度，征求新生代农民工意见建议，推动他们有序参与社会管理和企业管理。建立积极的焦虑防卫机制，积极对新生代农民工进行心理疏导和行为矫正服务，让新生代农民工正确认识和对待焦虑，提高耐挫能力，消除或缓解各种心理问题和心理障碍。

5）要发挥社区成人教育的作用。当前，新生代农民工的社区成人教育可从两个方面着手：①加强对新生代农民工的心理教育。由于新生代农民工有很多都是处于青春期的孩子，他们孤单地漂泊在他乡，如果其所遭受到的社会和自身的压力得不到及时排解，就会促使新生代农民工做一些违法行为，破坏社会的安全和稳定。所以很有必要对新生代农民工进行心理教育。通过发放贴近新

生代农民工心理实际的通俗读物、丰富多彩的宣传手册及开办知识讲座等，引导新生代农民工学会正确处理自身与社会、他人的关系，提高应对挫折和自我心理调节的能力。②积极为心理存在一定问题的新生代农民工提供免费的心理咨询服务，对他们进行心理调适、疏导，给新生代农民工更多精神上的关怀。

6）新闻媒体作为一种舆论传播手段，要充分发挥社会传播导向功能，在全社会形成尊重、关心新生代农民工的良好氛围，促进新生代农民工群体适应和融入城市社会。①

八、尽快完善民生保障，实现公共服务均等化

胡锦涛同志在十八大报告中指出："在改善民生和创新管理中加强社会建设。要多谋民生之利，多解民生之忧，解决好人民最关心最直接最现实的利益问题，在学有所教、劳有所得、病有所医、老有所养、住有所居上持续取得新进展，努力让人民过上更好生活。""十二五"规划中提出："逐步完善符合国情、比较完整、覆盖城乡、可持续的基本公共服务体系，提高政府保障能力，推进基本公共服务均等化。"对新生代农民工而言，要实现公共服务均等化，一方面要积极推进户籍制度改革，放宽中小城市特别是县城的落户条件，研究制定新生代农民工在大中城市落户的具体标准和条件，使在城镇稳定就业和居住的新生代农民工有序转变为城镇居民，享受与城镇居民同等的待遇；另一方面要推动有条件的城市将有稳定职业和收入的农民工逐步纳入城镇住房保障体系，发展公共租赁住房，建设农民工公寓，将农民工纳入经济适用房保障范围，探索建立农民工住房公积金制度，使新生代农民工在求职就业、劳动报酬、子女教育、公共卫生、住房租购、权益维护、文化生活等方面，逐步享有与城镇居民同等的待遇。然而，实现新生代农民工共享公共服务均等化将是一个长期而艰巨的任务，特别需要政府积极转变职能，同时新生代农民工自身也要增强维权能力。

九、转变地方政府职能，将农民工福利纳入输入地地方政府目标

经济发展水平的千差万别导致我国中央政府在供给提高农民工工资水平的

---

① 李贵成. 2013. 社会排斥视域下的新生代农民工城市融入问题研究. 理论探讨，（2）：158.

制度时面临着来自信息获取和监督等方面的高额成本，使中央政府难以成为提高农民工工资水平的制度的主要供给者，而地方政府在这方面制度的供给上具有天然的优势，并且改革开放以来的行政性分权也为地方政府进行制度创新提供了较大的空间，因此地方政府理应成为提高农民工工资水平方面制度的主要供给者。然而，在现有的制度安排下，地方政府对辖区内经济增长的过度追求导致其高度依赖资本，具有强烈的资本偏向，从而忽视了农民工的利益，缺乏提供有利于农民工的制度安排方面的意愿，导致相关制度供给的不足。因此，要使地方政府成为提高农民工工资水平制度的主要供给者，就必须提高地方政府的制度供给意愿。提高地方政府的制度供给意愿，关键在于两个方面：①降低 GDP 在地方政府目标中的权重，改变地方政府的资本偏向，增加公众福利在地方政府目标函数中的权重。根据上文的分析，作为一种保证中央政府税收收入的过渡性制度，分税制是导致地方政府资本偏向的重要原因，因此政府职能的转变，首先应从分税制改革入手。分税制改革的目标是保障地方政府的税收收入，通过调整税种分配结构和分配比例，为地方政府提高公众福利提供财力保障。②将农民工福利纳入到迁入地地方政府的目标函数。相比于中央政府对整体国民福利的关注，地方政府更关注本辖区公众福利，提高地方政府对农民工的制度供给意愿，除通过转变政府职能，使其更关注辖区内公众福利外，还需要将农民工纳入到地方政府的目标函数。这一目标的实现需要通过两方面的措施：一方面，依靠中央政府供给相应的制度鼓励和支持地方政府出台相应的政策将外来农民工转变为本辖区居民；另一方面，改变地方政府关于低工资有利于经济增长这一传统错误认知，使地方政府充分认识到适度提高农民工工资水平对经济发展方式转变的重要意义，进而提高地方政府的制度供给意愿。[①]

第三节　充分发挥社会各方的协同作用

一、企业

对于企业而言，如果能够朝着一个方向把员工的价值需求和价值目标有效地整合起来的话，那么员工就会把在本企业的工作不仅仅当作是一种谋生的手

---

① 白战伟. 2012. "民工荒"治理与经济发展方式转变. 南开大学博士学位论文：144.

段，而且更当成实现自己人生目标的不间断的过程。这样，企业的价值目标也会因此达到一个新的境界，上升到一个更高的层次。

（一）积极调适价值目标差异

1）寻找价值观的共同基点。每一个企业都有各自的核心价值观，而企业的核心价值观是否与个人的价值观相融、互补或排斥，直接决定着企业和个人错综复杂的文化交融或文化冲突关系，影响到企业文化能否为每一位新生代农民工所认同和接受。企业在管理的时候，要充分考虑到新生代农民工更加追求个性化的现实，积极寻求共同的价值观。唯有如此，新生代农民工工作的积极性才会得以极大提高，企业设定的价值观才能得以贯彻和执行。因此，在新生代农民工的权利意识极大提高的新的社会文化背景下，企业寄希望于通过生硬的教化和灌输的方式要求新生代农民工适应企业的价值观也是不公平的。同时，企业将自己的价值观强加给现代社会的新生代农民工也是不现实的。因此，企业要尊重包容新生代农民工不同的价值观差异，在此基础上，寻找出企业核心价值观和个人价值观互融、共振的共同价值基点。

2）重视新生代农民工激励机制的建立和运行。工业化时代"民工荒"产生的主要原因之一，就是企业对新生代农民工的激励严重不足。当前，很多企业忽视人的社会性，把人简单地当作资源来利用，片面关注成本和利润，管理水平低下，对员工的切身利益漠不关心，导致员工高流失率。还有很多企业激励新生代农民工时只注重物质激励而忽视精神激励的作用，缺乏与员工的有效沟通，无法及时反馈员工的工作绩效，导致激励不及时，不能够有效满足他们的需求。还有不少企业没有为新生代农民工提供安全的工作环境、稳定的就业和收入，这与大多数新生代农民工渴望优越的工作环境，渴望认同感和成就感背道而驰。因此，企业要重视新生代农民工激励机制的建立和运行，多宣传树立一些员工身边的榜样，多开展一些推优表彰活动，让新生代农民工了解企业在鼓励什么，反对什么，创造良好的个人晋升环境，使新生代农民工形成符合企业文化价值观的稳定的习惯或品质，进而激发他们的上进心、责任心和对企业的荣誉感及归属感，降低对企业的距离感。

3）要加强对新生代农民工精神文化的引导和教育工作。企业要多组织开展丰富多彩的集体文化生活，使他们增加工作生活愉快程度，更好地在企业工作，增加企业的内在凝聚力。要把解决和丰富新生代农民工的精神文化生活纳入成本开支，建立足球场、篮球场、乒乓球室、阅览室等文化设施，按时按质向他们开放，让新生代农民工有时间、有场地、有节目、有伙伴参与精神文化生活。

有条件的用工企业还可建立心理咨询室，为新生代农民工提供心理疏导，做到对新生代农民工的关爱既重"薪"更重"心"，以期让他们既能体面地劳动，又能有尊严地生活。

（二）认真解决新生代农民工价值匮乏问题

当前，解决新生代农民工价值匮乏问题可从两个方面入手。

1）解决新生代农民工的生存问题，以保障其基本的生存条件。获取比在家务工更高的收益是新生代农民工进城务工的一个很重要的原因，然而不得不看到，大部分新生代农民工的收入仅仅停留在应付日常开销和维持生计阶段，有时企业还会以各种理由和借口推迟甚至克扣新生代农民工的工资。因此，直接导致新生代农民工不得不离开城市返回农村的重要原因就是他们辛苦的付出与其实际收入之间形成的强烈反差。面对用工短缺日益加剧的现实，从长远看，企业应尊重新生代农民工的各项权益，尽量满足他们的合理诉求，定期支付并随着企业的发展逐步提高新生代农民工的工资福利待遇，使其收入能够满足他们维持生存、发展和再生产劳动力的需要。因此，实现新生代农民工的最低价值观目标是企业发展的必然要求，也有助于开发新生代农民工自身的潜能，使其能以主人翁的态度关心企业的声誉，并积极而努力地在企业工作。

2）企业要树立正确用工观念，降低新生代农民工的流动性。企业员工流动性大是许多企业的顽疾，成为企业发展的一大困扰。老一代农民工在就业过程中，追求一种"保守的稳定"，去熟悉的地方做熟悉的工作，外出打工的目的很明确——挣钱回乡盖房子、孝敬父母、抚养孩子；而新生代农民工大都受过初中以上教育，"厂漂"现象越来越明显。他们会反复权衡各项工作的利弊得失，一旦有更好的去处，"跳槽"在所难免，流动性比较大。因此，企业要树立正确的用工观念，减少新生代农民工的流动性。有条件的企业可以尝试实行员工固定制，将优秀的新生代农民工纳入企业固定员工的行列，并保证纳入企业固定员工行列的新生代农民工享有与其他员工一样的待遇，以此来激发和提高新生代农民工的工作积极性。员工队伍稳定了，员工更有上进心，办事效率上去了，企业自然也就能发展得更好。

（三）适度调适价值认知冲突

1）改变新生代农民工的自我认知。企业是新生代农民工在城市中最重要的组织机构，在企业的工作体验是新生代农民工城市适应的重要组成部分。尽管一些企业也会组织员工外出旅游或是开展一些文体活动，但是由于大部分企业一味追求经济效益，忽视了对新生代农民工文化认同感的培养，缺少或者没有提供相应的娱乐设施，大多数新生代农民工在工作之余仍然感到寂寞无聊，精神文化生活十分贫乏。对此，首先，应进一步加强行业技能资格培训，给他们提供在业余时间参加自学考试或到各类成人学校进修学习的机会，让年轻工人有奋斗目标和职业技能追求；其次，要把新生代农民工的思想政治工作纳入到企业文化建设和企业职工思想工作范畴中来，把新生代农民工和企业员工一视同仁，为做好新生代农民工思想政治工作奠定良好的政治基础和制度保障。

2）改变企业对新生代农民工的价值认知。企业应转变观念，大力宣扬新生代农民工是城市建设中一支不可或缺的力量；同时，还要积极改善劳动条件，加强人文关怀，应尽最大努力解决新生代农民工劳资纠纷、子女入学难和就业难等突出问题，积极承担社会责任，增强新生代农民工对企业的认同感和归属感，畅通新生代农民工职位上升渠道，提高企业对从业人员的吸引力。

二、城市

（一）尊重与接纳

新生代农民工从农村来到城市，以自己的辛苦汗水为中国的现代化做出了重要贡献，并且极大地促进了城市的繁荣和发展。新生代农民工理应得到应有的尊重，这既是对他们为社会所做贡献的充分肯定，同时也是维护其基本人权的现实需要。体力劳动者的收入普遍高于白领是西方一些国家的现实。对于中国而言，尽管暂时无法在分配上实现"工作无贵贱"，但至少可以在社会管理和文化观上践行这句话。

事实上，新生代农民工为城市的建设出了力，干了许多城里人不想干也干不来的活，理应得到城市的尊重与接纳，不应让他们徘徊在城市的边缘。认为新生代农民工群体应该受到城里人的尊重与平等对待是笔者在调查中发现的绝大多数新生代农民工的真实心声。当然尊重新生代农民工，并不是仅仅表现在口头上，而且还要表现在行动上。城市一方面要在理念上充分尊重新生代农民工的独立人格和首创精神，另一方面还应拿出相应的政策，解决他们所面临的问题。

建议城市尽可能地给予新生代农民工与城市社区居民同等的地位和待遇，在现有条件下把新生代农民工纳入城市社区管理系统。伴随着城中村的改造，城市也可以专门辟出一块地方作为新生代农民工住宿区，加强保安和管理，让他们居有定所。还可以在城郊建立一批经济实惠的新生代农民工公寓，供他们租住。同时，应加大对劳务市场的管理，规范劳务市场，督促各类招用新生代农民工的企业积极响应最低工资标准，提高新生代农民工的工资。

（二）善待与宽容

新生代农民工的原型是 20 世纪 80 年代的异地务工人员，多年来他们常因"讨薪"成为新闻里的主角。虽然各种政策屡有颁布，但多数集中在不得拖欠农民工工资等方面，似乎这个群体没有其他的生存需求，而在有的主政者看来，给他们要来钱，就足以让他们感恩戴德，何必过多关心其他？

新生代农民工用自己勤劳的双手，建设起了一条条纵横城乡之间的道路桥梁，盖起了一栋栋遍布城市的高楼大厦，制造出了一个个畅销海内外的优质产品。可以说，没有新生代农民工的贡献，就没有城市的繁荣和生机，市民们也就享受不了由新生代农民工提供的便捷的生活服务，但不得不指出的是，新生代农民工们辛苦了很多年，努力融入这个城市，想要成为这个城市的一分子，却被各种政策和轻蔑的目光打击得没有了自信。

党的十八大提出，"让农民工融入城市，从人文关怀走向制度设计"。因此，城市要有善待与宽容新生代农民工的心理准备。因为一些价值观、生活习惯的不同，城里人有时候会对新生代农民工有一些误解，甚至是偏见。因此，城市的居民应该以一种更加包容的心态去接纳新生代农民工，给他们一点时间和空间，相信他们可以很快地融入城市。因为善待新生代农民工就是善待我们的城市，本质上就是善待我们自己。

（三）融合与共荣

缩小城乡差别的过程也就是实现包括市民和农民在内的人的解放和全面发展的现代化过程，而绝不是一味地让农民都进城，抢城里人的地盘；也不是把城里人赶到乡下去，接受贫下中农再教育。

1）提高农村的现代化程度，是实现新生代农民工融入城市现代化进程目标的前提。农民是社会主义现代化进程中的基本力量，社会主义现代化内在地包含了农民、农村和农业的现代化。我国要实现全面建设小康社会的目标，就必须实现农民、农村和农业的现代化。要实现社会的全面小康和国家的富强，首先就要实现农民的小康和富裕；要实现整个社会的安定，首先就要实现农村的稳定；要实现整个社会的现代化，首先就要实现农业的现代化。

2）城市维护新生代农民工的权益，是实现新生代农民工融入城市现代化进程目标的关键。新生代农民工的权益是否有保障，直接关系到他们的生存权和发展权，关系到他们在城市生活的幸福感和满意度，也关系到他们对城市的忠诚度，而漠视新生代农民工这个人数庞大群体的利益，就会对城市的经济社会发展带来严重的影响。

因此，城市要以民生净福利指标体系为指挥棒，进一步深化保障新生代农民工合法权益的管理服务体系和长效机制，不搞头疼医头、脚疼医脚、口惠而实不至，使城市成为一座新生代农民工与城市同心同德、共生共荣的城市。

三、社区

"社区"一词源于拉丁语，意思是共同的东西和亲密的伙伴关系。后来美国人把这个词翻译为 community。社区研究是个公认的国际前沿课题，社区这一概念是德国著名社会学家和哲学家斐迪南·滕尼斯（Ferdinand Tönnies）首次提出，并将之用于社会学研究，且用德文 gemeinschaft 表示。滕尼斯指出，所谓社区，是一种生活共同体。这种生活共同体以地域、意识、行为及利益为特征，生活于其中的人们之间形成守望相助、密切但又相对狭隘的生活关系。①

从滕尼斯开始，人们对它的理解发生了很大的变化。在汉语里，社区其实是个外来语。20 世纪 30 年代，费孝通把英语单词 community 翻译成社区。费孝通指出，"社区"这个词实际是指在一个地方共同生活的人……是指一群聚集在一个地方分工合作的人，它是具体的，这群人之间的关系，即人际关系，构成社会。② 因此，他将社区定义为："若干社会群体（家庭、民族）或社会组织（机关、团体）聚集在一地域里，形成一个在生活上互相关联的大集体。"② 社区这个概念自费孝通提出后逐步成为社会学的一个专门概念，并一直沿用至今。

社区研究在 20 世纪二三十年代的美国占有极其重要的地位，以研究都市社区而闻名于世的美国芝加哥学派开拓了现代社区的研究。与社区最初定义的情感因素不同，美国芝加哥大学社会学系教授、社会学家罗伯特·帕克（Robert E. Park）第一次提出了社区的明确概念。他认为"社区不仅仅是人的汇集，也是组织制度的汇集"，是"占据在一块被或多或少明确地限定了的地域上的人群汇集"。我们不难发现，帕克在对社区概念的定义中引入了制度、要素、内

---

① 滕尼斯. 1999 共同体与社会. 林荣远译. 北京: 商务印书馆: 3.
② 徐永祥. 2001. 社区发展论. 上海: 华东理工大学出版社: 33-34.

部结构、地域等特征。①

目前，社会科学家们大致认定，作为一个社区必须具备这样几个特征：①有一定的地域和环境条件，是人类活动高度聚集的地域空间，即地理要素（区域）；②有按一定的社会制度和社会关系组织起来共同生活的人口，即社会要素（社会交往）；③社区有相对配套的制度、规范和管理体系，即制度要素；④社区在情感和心理上有共同的地域观念、乡土观念和认同感，即社会心理要素；⑤社区内部有相对完善的生活服务设施，即硬件要素。

事实上，社区这种人类社会生活的重要现象早在社区这一概念形成之前就已存在。

首先，农业的发展促进了社区的产生。人们在从事农业生产的过程中需合群而居于某个地区。于是，具有一定地域特征的村庄社区就出现了。村庄社区就成了社会群体聚居、活动的重要场所。其后，城镇社区开始出现。工业革命以来，在广大乡村社区之间又出现了数量日益增多、规模日益扩大的城镇社区。伴随着都市化的发展过程，许多大城市、大都会社区因此而产生。

随着现代社会生活的发展，社区的结构与功能在社区类型和规模不断发展的基础上已经发生了种种变化，每个社区都设有服务性的商店、学校、医疗单位等；一定的制度、机构和设施在每个社区也都完整具备，以有效地服务整个社区，满足其成员的各种需要。

新生代农民工进城打工，大多数就职于非国有经济企业，分散在各个城市社区，社区则成为他们道德观念赖以形成和成长的根基。为此，必须将新生代农民工群体作为合法的社区成员，纳入一种规范的社区环境中，充分发挥社区的整合功能和合作精神，对他们进行思想道德素质和文化知识水平教育，以提高新生代农民工的综合素质，促进其精神的升华和灵魂的净化。②

（一）努力打造促进新生代农民工与城市市民互动和交往的社区文化环境

社区文化是社区所创造的精神财富和意识形态成果。因此，任何一个有凝聚力的社区必须有一些能连接各个个体的文化因素。

从文化社会学的角度来看，根据默顿的理论，没有一个共通性的文化是造成新生代农民工与异质性很强的城市社区疏离的最根本原因之一。这种境况正如帕克所言："他既不能对其中任何一种文化群体的价值标准忠贞不渝，又不能

---

① 罗伯特·帕克. 1987. 城市社会学. 宋俊岭译. 北京：华夏出版社：110.
② 黄爱萍，刘永红. 2007. 当代农民工的价值取向分析. 宜宾学院学报，（2）：105.

为他所认同的任何一种文化群体所充分接受。"① 这就要求社区充分发挥其所特有的服务功能、整合功能、凝聚功能、稳定功能和发展功能，通过经常性地开展丰富多彩的文艺体育活动，消除新生代农民工的孤独感和焦虑心理，为他们健康地融入城市生活提供一个舒适、可接纳的文化环境，从而增强新生代农民工对城市社区的认同感和对城市居民的亲近欲望。

此外，还要加强城市社区对新生代农民工基本精神权益的保障作用。建立社区图书馆、文化馆等基础文化设施，为丰富新生代农民工精神文化生活提供条件。建立社区"新市民学校"，免费为新生代农民工提供包括礼仪、法律等方面的培训，提升新生代农民工的人文素养。

（二）以社区成人教育为载体，提高新生代农民工的城市适应能力

社区成人教育是成人教育发展的新领域，是全面开展社区教育的重要组成部分，是社区政府适应经济发展需要和社区个体自身发展要求所开展的教育形式。当前，对新生代农民工的社区成人教育可从两个方面着手。

1）开展心理健康教育，帮助新生代农民工以积极的心态融入城市。为提高新生代农民工在心理层面的城市适应能力，社区成人教育需要积极开展心理健康教育。一方面，要设立新生代农民工心理咨询机制，划拨专项经费和场所用以建立社区员工帮助计划（Employee Assistance Program，EAP），把维护新生代农民工心理健康作为一种责任和福利，纳入社区日常管理教育中，以多样的形式开展新生代农民工心理健康教育活动。社区还应整合内外资源并切实发挥作用，及时疏导新生代农民工"心结"，让新生代农民工感受到"人情味"和温暖。另一方面，要免费为新生代农民工提供心理咨询服务，提高他们应对挫折和自我心理调节的能力，引导他们学会正确处理自身与社会、他人的关系，以更加积极和健康的心态看待自我和理解生活，以避免不健康的心理给新生代农民工造成个人人生观、价值观的紊乱和错位。

2）创建热情、可接纳的社区环境，转变城市居民的排斥观念。新生代农民工进城后，由于其所占有的资源十分有限，面对陌生的环境，在短期内无法融入城市社交圈，导致他们与城市居民的社会距离正在逐步增大。关于新生代农民工与城市居民之间的关系，学者郭星华和储卉娟借用社会距离（social distance）的概念对其进行探讨。郭星华和储卉娟在研究中发现，社会距离的增大在很大程度上缘于城市居民与新生代农民工之间日益彰显的隔阂，而社会距离的增大严重影响到新生代农民工的城市融入进程。在这种情形下，基于乡缘

---

① 帕克，伯吉斯，麦肯齐. 1987. 城市社会学. 宋俊岭译. 北京：华夏出版社：59.

和血缘的关系，农民工群体自愿选择结成自己的社群网络，并因此与城市生活产生隔阂。[①]

因此，社区要创建积极接纳的良好氛围，通过创办联欢会、体育比赛等文娱活动的形式，既促进新生代农民工摒弃心理障碍真正融入到城市中去，也教育城市居民转变旧有的排斥观念，尊重、理解并支持新生代农民工。

四、学校

当前，职业技术学校、成人学校和普通高校等要充分利用其师资、教学设备和浓厚的学习氛围等优势，根据新生代农民工的不同需求和特点，开展灵活多样的职业教育和培训工作。

（一）优化新生代农民工职业技能培训的法制和政策环境

良好的法律环境和政策环境是新生代农民工职业技能培训健康发展的基础。在法律环境方面，国家要不断健全农民工职业技能培训的法律法规体系。目前我国虽已开始实施职业资格证书制度、劳动就业预备制度及劳动准入制度，但由于这几项制度在我国刚刚开始实施不久，相关法律和法规还不够健全，执法的监察力度也不够大，有些职业技能培训机构和鉴定机构不够正规，职业技能培训人员和鉴定考评人员水平参差不齐，国家职业资格证书的权威性还没有得到全社会的充分认可。因此，农村劳动力和城市用工单位还没有引起对职业技能培训的足够重视，劳动预备制度、职业资格证书制度和劳动准入制度的作用非常有限，农民工职业技能培训还没有走上规范化、法制化的轨道。在这一方面，有必要从法律上确立劳动就业预备制度、职业资格证书制度及劳动准入制度，即严格规定完成基础教育的代村劳动力到城市就业必须接受职业技能培训，城市用工单位必须依法从取得职业资格证书的求职者中录用职工。同时，依法加大对实施劳动预备制度、职业资格证书制度和就业准入制度进行监察的力度，促使职业技能培训逐步走上规范化、法制化的轨道。在政策环境方面，各级政府要建立新生代农民工职业技能培训的管理协调机构，将新生代农民工的管理全面纳入到城市管理体系和政绩考核体系中，实行目标管理，通过制定政策和制度创新，充分利用一切可以利用的资源，广泛开展新生代农民工职业技能培训工作，形成比较完善的农民工服务管理体系和工作机制，使新生代农

① 郭星华，储卉娟. 2004. 从乡村到都市：融入与隔离——关于民工与城市居民社会距离的实证研究. 江海学刊，（3）：91-92.

民工在子女教育、社会保障、住房安排、政治权利等方面，逐步实现与市区户籍居民享受相同或相近的待遇，最终能够参与城市的政治和社会生活，融入新的城市环境。同时，要制定有效的新生代农民工职业技能培训激励政策，鼓励新生代农民工主动参加职业技能培训，鼓励用人单位主动组织新生代农民工参加职业技能培训。要引入竞争机制，鼓励和引导各施教机构通过自身努力，提高办学水平和能力，吸收更多的新生代农民工参加职业技能培训。

（二）在全社会树立重视新生代农民工职业技能培训的理念

社会学研究发现，中国社会阶层划分机制与过去相比发生了显著的变化。新生代农民工在社会阶层划分中处于社会的下层，在市场和社会中属于弱势群体。虽然新生代农民工已经成为农民工的主体，是城市现代化、农村现代化、城乡一体化的宝贵人力资源，是未来城市发展不可或缺的重要后备力量，但由于新生代农民工的弱势地位，对其职业技能培训的重视程度相对较低。因此，应在全社会树立重视新生代农民工职业技能培训的理念。各级党委、政府和各有关部门要从贯彻落实科学发展观、解决"三农"问题、建设社会主义新农村、构建社会主义和谐社会的高度认识新生代农民工职业技能培训工作的重要性和必要性，加大舆论宣传力度，在全社会积极营造重视新生代农民工职业技能培训工作的良好环境。发挥电视、广播、报刊、网络等媒体的作用，积极宣传国家关于进城务工人员职业培训的各项优惠政策与法规，让新生代农民工充分了解职业技能培训的意义、内容与信息，以便新生代农民工主动参加技能培训并根据自己的条件选择就业方向和就业培训内容。到新生代农民工集中或人员流动较大的城市主要广场、街道、车站等地方讲解外出务工基本常识，提倡新生代农民工向公共就业服务机构寻求帮助。采取流动科技大篷车走乡串村入户等方式深入乡村进行宣传，转变新生代农民工落后的思想与观念，让新生代农民工明白职业技能培训不仅事关经济收入的提高，而且影响其社会地位的提升。

（三）建立多元化的职业技能培训投入机制

加强对新生代农民工的职业技能培训，首先要解决的是新生代农民工职业技能培训的经费问题。这就要求建立"政府主导、多方筹集"的多元化的职业技能培训投入机制：①要切实加大政府投资。由于新生代农民工职业技能培训是一项社会公益事业，具有准公共产品的性质，负载着美好的社会理想和价值追求，因此政府应承担起对新生代农民工职业技能培训的主要投资任务，把对新生代农民工的职业技能培训工作列入城市经济社会发展规划，在促进就业资金中增加农民工公共就业服务补贴资金，并逐步实现农民工职业技能培训完全免费。②强化敦促企业投资。企业员工职业技能培训能够为企业自身培养高素质的人才，使工作效率提高，成本相应降低，员工能力和收入得以提高，也提高企业对人才的吸引力。因此，要改变企业培训用人观念，积极鼓励、引导企业投入到新生代农民工职业技能培训中去。不过政府应加强劳动就业合同法规建设，促进和完善人力资本产权制度，以解决企业担心农民工流动性强导致企业培训投资回报不稳定的问题，确保企业对职业技能培训投资的回报收益。③引入市场机制，积极鼓励民间资本投资。通过政策导向支持社会各方面力量兴资助学，倡导社会慈善人士和机构对新生代农民工职业技能培训进行资助，并不断构建和完善相应的新生代农民工职业技能培训资助体系，加快民办职业技能培训机构的发展。④新生代农民工承担部分培训费用。新生代农民工是职业技能培训的主体和直接受益人，从谁收益、谁投入的角度来讲，理应承担部分培训费用。对此，要通过宣传让新生代农民工意识到参加职业技能培训不仅事关经济收入的提高，而且影响其社会地位的提升，进而提高新生代农民工对职业技能培训的投资责任，主动承担一定比例的培训费用。

（四）制订新生代农民工职业技能培训发展计划，提高培训质量

随着工业化、城镇化进程的加快和经济发展方式的转变，加快技术进步和产业升级是一些企业的必然选择。在这种情形下，对技工的需求增长将快于对普工的需求增长，必然要求劳动者也不断提高职业技能素质。这就需要政府、企业、院校、培训机构积极制订农民工职业技能培训发展计划，不断优化培训内容和形式，切实提高培训质量。灵活开展技能培训教育，努力构建"个性"突出的培训格局。主要内容有：①合理设置专业。建立新生代农民工就业培训意向和市场用工情况定期摸底调查制度，在调查的基础上合理设置培训方向，调整培训专业，提高培训专业的针对性。特别是解决转型升级中新生代农民工所急需掌握的专业问题，使新生代农民工农民工学有所用，学用结合。②突出重点。一是建好基地。可由人力资源和社会保障部门牵头，各有关部门配合，组织力量对具备培训能力的教育培训机构、行业协会、重点企业进行资格认定，对符合布局要求、师资力量、实验操作设备等资格条件的，报请政府统一授予"农民工培训基地"认定，大力推进农民工培训示范基地建设，确保培训阵地牢固有力。二是配强师资。从培训机构教师和企业技术人员中筛选部分人员作为

农民工培训的师资力量，建立培训师资库，定期组织开展师资培训，确保培训师资队伍人员足，力量强。三是树大品牌。要以各级劳动就业培训管理中心、职教中心、职业学校和民办培训机构为主渠道，发挥多种培训资源的作用，发挥优势专业，培育专业品牌，多渠道、多层次、多形式开展农民工教育培训工作，做强培训专业，做大培训机构，打响技工品牌。③畅通渠道。各农民工培训机构牢固树立"培训是手段，就业是目的，发展才是硬道理"的理念，加强与用工企业的联系与沟通，灵通掌握用工信息，分析用工市场，掌握用工需求，大力推广"校企联合""订单培训"等模式，增强职业技能培训的针对性和时效性，畅通新生代农民工培训后的就业、创业渠道，不断提高农民工就业安置率，从而使新生代农民工学到技能，领到证书，找到工作，谋求发展，实现价值。④在完善培训内容和模式的基础上，可尝试建立职业资格证书制度，实行就业准入制度。用人单位招收新生代农民工属于国家规定的实行就业准入控制的职业（工种），必须从取得相应培训资格证书的新生代农民工中招用。如果用人单位因特殊原因要招收技术性强，但尚未参加培训的特殊职业（工种）的新生代农民工必须在报经劳动保障部门批准之后，先招收后培训，取得相应职业资格后再上岗。⑤加强新生代农民工就业服务信息化建设，建立覆盖广泛的劳动力资源信息网络。建立新生代农民工人才库，尽快建立信息收集、整理、发布、传递的劳动力市场信息网络，依托现代化手段，建立网络、广播、电视等多渠道信息发布平台，使农民工可以及时了解就业政策和就业信息，有针对性地选择职业技能培训的工种与专业。

五、大众传播媒介

大众传播媒介是指在信息传播过程中处于职业传播者和大众之间的媒介体，主要包括广播、电视、报纸、图书、期刊、电影、网络等。这些大众传播媒介具有速度快、范围广、影响大等特点，同时具有宣传、新闻传播、舆论监督、实用和文化积累五项功能。

大众传播媒介随着现代电子技术的迅猛发展而获得了空前的发展。现代传播学理论认为，大众媒介为青少年提供了现实世界的图景和各种人生理想的模型，它必将给他们的价值观念、思维模式等带来一场深刻的革命。对于新生代农民工而言，大众传媒媒介对他们的行为活动具有影响作用，对他们的价值观念具有塑造作用。

（一）增强新生代农民工的话语权

法国后现代思想家福柯最早提出"话语权"这一概念。福柯认为："话语就是权力，人通过话语赋予自己以权力。"[①]法国当代著名的社会学家布尔迪厄也对话语权这一问题进行了深入的研究。布尔迪厄非常关注的问题是语言与符号带来的"温和的暴力"（the gentle violence）。他揭示了语言更为丰富的"社会性"。他认为话语权作为一种潜在的现实权力，更大程度上体现的是一种社会关系。因此，话语权的强弱代表了这个团体在社会上的地位及影响。布尔迪厄还认为人类的每一次语言交流和表达都体现了一次权力关系和权力行为。因此，在言语交流中，始终有难以辨认的权力，语言的运用充分体现了权力的运作。[①]

从新生代农民工的角度来看，他们一直以来都是城市社会中的"沉默阶层"，往往难以拥有一定的权威资本，话语权缺失，更多的只是被关注、被影响、被帮助的弱势群体。新生代农民工在遭遇有形和无形的障碍后，才勉强在城市里栖居下来，但他们的民主政治权益却很难得到切实维护，缺乏对城市社会的话语权。由于新生代农民工缺乏话语权，没有对同自己的权利相关的社会事务的发言权，许多政府部门制定政策时很少考虑到他们的权益，自然而然地，他们在经济、文化、健康等方面的权益就难以得到保障。话语权的缺乏阻碍了新生代农民工的政治参与，导致新生代农民工群体对政治的疏离感，这必将进一步弱化他们在就业市场上的竞争地位和维护合法权益的能力，而新生代农民工在社会化过程中，媒体是其话语表达的载体和工具，也是他们重要的信息来源。媒体在报道了他们的困难后很快就会在社会上引起广泛的关注，如媒体在连续关注和报道富士康12连跳事件后，在社会上就引起极其强烈的反响，由此引发了关于工人权益的社会讨论。因此，媒体不仅成为新生代农民工利益和舆论表达的途径，同时也催生着他们的话语权，影响着决策层的政策制定。

（二）媒体要坚持客观公正的舆论立场

某些媒体在现实的报道中由于偏见而存在对新生代农民工妖魔化报道的现象。媒体的妖魔化报道说明了新生代农民工的社会地位在传播活动中低于城市民众的社会地位，反映了农民工与城市市民之间不对等的权利关系，同时在客观上也隐藏着一种话语暴力。

---

① 赵秀芳. 2010. 从公民话语权看弱势群体利益的维护. 理论与现代化，（3）：10.

　　传播学有一种描述舆论形成的理论假设，即"沉默的螺旋"理论。该理论是德国女传播学家伊丽莎白·诺依曼（Elisabeth N. Neumann）于 20 世纪 70 年代提出的。1974 年，伊丽莎白·诺依曼的论文《重归大众传播的强力观》在《传播学刊》上发表。在该文中，她在首次提出了"沉默的螺旋"一词。1980 年，伊丽莎白·诺依曼又发表了一篇重量级的论文——《沉默的螺旋：舆论——我们的社会皮肤》。在该文中，她又进一步发展了"沉默的螺旋"理论。

　　关于沉默的螺旋理论，伊丽莎白·诺依曼有如下观点：①"沉默"的一方造成自己意见的弱势，而势必造成另一方意见的增势。意见增势的一方比"沉默"的一方显得更加强大。在意见增势一方的面前，更多的持不同意见者被迫转向"沉默"。如此循环，"沉默"的一方越来越"沉默"，意见增势的一方越来越强大。②从人的本性来说，个人意见的表明是一个社会心理过程。人是一种社会性的存在。人的这种社会性的存在使得人总是力图从周围环境中寻求支持，以避免自己陷入孤立状态。这是人作为一种社会动物所特有的"社会天性"。③大众传播的一个十分鲜明的特性是营造"意见环境"来影响和制约舆论。伊丽莎白·诺依曼认为，人们惧怕孤立的心理强制人们对"优势意见"采取趋同行动。所处的社会环境、大众传媒可以导致"意见环境"的形成，而后者的作用更强大。①

　　"沉默的螺旋理论"提供了一种考虑问题的视角，它提醒人们在接受和传播思想、观点的时候，一定不要随大流，要坚守自己的公民良知，保持最起码的道德感和责任感，通过自己理性的分析之后，表示赞同或反对，决不要人云亦云。

　　对于新生代农民工与市民的关系而言，由于市民认识新生代农民工的直接信息源是媒体对他们的报道，因此这个多数人的意见被城市媒体所掌握。处在这样由媒体构建的信息拟态环境中，脏乱差、偷窃及在公共场合高声喧哗就成为公众对新生代农民工的刻板成见。媒体对新生代农民工的负面形象塑造，严重阻碍了其社会化进程。因此，媒体必须遵守职业道德，在对新生代农民工进行报道时坚持客观、公正的立场，选择有利于维护新生代农民工良好形象的、正面的、健康的内容，在全社会营造有利于他们成长和发展的良好的社会舆论氛围。

（三）为新生代农民工提供尽可能多的信息

　　美国社会学家和社会心理学家英克尔斯（A. Inkeles）在《从传统人到现代

---

① 王晓慧. 2010. 论网络时代下的"沉默的螺旋". 今传媒，（11）：139.

人》一文中对大众传媒的作用进行了详细的研究。他指出："大众传媒启迪并探讨纷呈多样的意见；向人们显示新的行为方式；给人们带来有关现代生活诸多方面的信息；刺激并加强对教育与流动性的期望；给人们打开了输入新观念的大门……所有这一切在能够接受外来影响的人那里将会导致更大的现代性。"[①] 这些论断表明大众传媒是人们的重要信息来源。

大众传媒作为一种重要的社会化手段，是新生代农民工向外部世界表达自我的重要渠道，同时也是他们认识外部世界的一个连接点。由于受经济水平和受教育程度的影响和制约，在新媒体时代的大背景下，新生代农民工并不能像城市市民一样享受媒介进步所带来的信息盛宴。新生代农民工作为城市中的"移民"，在其由农村向城市的转变过程中，随着生活空间的变换，信息传播水平高度发达的城市媒介反映的外部世界同农村社会的实际生活存在的巨大的反差得以显现，不可避免地会冲击到他们的城市经历与认知，使他们比其他群体对传媒信息的反应更为强烈，进而发生思想与价值观念的改变。面对突如其来的城市文明，新生代农民工通过媒体认识了外部世界和城市文明生活方式，他们在经历最初的茫然后迅速地融入城市文明当中，并进一步推动他们的社会化进程，甚至带来继续社会化的问题。

（四）加强新生代农民工的媒介素养教育

在现代社会的语境下，媒体作为公众认知社会、获取知识的重要通道能够影响国民的世界观、价值观。媒体在市场经济条件下商业化运行日益成熟，因此一个现实的问题就是如何引导或创造条件使公众在媒介数量高速增长和传媒信息内容无限量增加的情形下，有能力科学地、理性地接触和使用媒介。于是便有了媒介素养（或媒体素养）（media literacy）的概念。

媒介素养的概念来自英文 media literacy，属于地地道道的舶来品。媒介素养实质是人们怎样处理与媒介的关系问题，是对人们传统的听、说、读、写能力的超越和延伸。

对新生代农民工开展媒介素养教育，一方面有助于该群体开阔眼界，另一方面也有助于该群体在媒介环境中学会甄别、选择和反思媒介内容，同时还有助于该群体更好地融入城市生活，进而促进他们形成健康的世界观、人生观和价值观。

---

① 阿列克斯·英克尔斯. 1992. 从传统人到现代人. 顾昕译. 北京：中国人民大学出版社：224.

第四节　丰富新生代农民工价值观引导的内容

一、提高新生代农民工的思想政治教育

当前，中国农民工群体正在发生着脱胎换骨般的变化，新生代农民工开始登上历史舞台。然而，由于受城乡有别的二元社会保障的约束，新生代农民工无法和城市居民一样享有政府提供的就业、医疗、住房等公共服务。在这样竞争激烈、充满诱惑的情况下，新生代农民工生存压力比较大，如果再不加以关爱，他们很容易铤而走险，发生过激行为，走上犯罪的道路，导致社会的不稳定。因此，这一数量庞大的群体所带来的问题是社会不能忽视的，有针对性地加强新生代农民工的思想政治教育，有助于他们更加清晰全面地认识自我和社会，有助于他们更新思想观念，树立起正确的人生观和价值观，有助于他们提高整体素质，同时也有助于促进社会的和谐。

（一）做好新生代农民工思想政治教育要坚持的原则

1. 坚持以人为本的原则

当代思想政治教育正在向以"以人为本"为内在价值尺度，以马克思主义哲学为指导思想，借鉴西方主体间性思想为重要辅助的新型主体间性思想政治教育过渡。从历史发展的逻辑来看，以人为本思想的发展经历了由神本到人本、由人本到以人为本的过程。大致说来，西方早期的人本思想，主要是相对于神本思想来说的，主张用人性反对神性，用人权反对神权，强调把人的价值放到首位，而以人为本是科学发展观的核心。科学发展观是以胡锦涛为总书记的党中央立足于我国社会主义初级阶段的基本国情，全面深刻地总结改革开放的发展实践，并借鉴国外发展经验，适应新的发展要求提出来的。思想政治教育的转向，就是在要求思想政治教育中要更加体现"以人为本"的精神。它超越了单子式以人为本的思想，把单子式的人引向多维式的人。主体间性理论认为思想政治教育是"教育者与受教育者之间的平等交往"，是"推己及人""将心比心"的情感历程，"是一种双向互动的理解"，是"不同价值取向之间的真诚沟通"，是"发展个性""尊重差异"的活动，是双方的情感、意识、人格力量沟通的过程。主体间性的这种思想政治教育理念，体现了对教育对象前所未有的

关注，实现了教育者与教育对象主体与主体间的共存和共在。因此，以主体间性理论观照新生代农民工思想政治教育过程，就要尊重新生代农民工的需要、人格及创造性，把新生代农民工看成是有思想、有灵魂、有要求的主体，充分发挥他们的主体性，帮助新生代农民工形成正确的世界观、人生观、价值观，做一个真正合格的社会主义建设者。

2. 坚持贴近现实的原则

我国著名教育家陶行知说："教育要通过生活才能发出力量而成为真正的教育。"事实上，思想政治教育只有贴近生活，才具有生命力，才能发挥它的育人功能。相反，脱离了生活的思想政治教育就会成为无源之水、无本之木，而主体间性思想政治教育追寻的是具体的、现实的人的生活意义，强调教育关注现实的个人，"回归生活世界"。"生活世界"这一概念是由德国著名哲学家、现象学之父胡塞尔（E. G A. Husserl）最先提出来的。胡塞尔认为，"生活世界"是我们各人或各个社会团体生活于其中的现实而又具体的环境，随个人的生活实践兴趣得以展开，具有鲜明的主体性特征和人性化特色。当前新生代农民工的思想政治教育因受到科学世界的宰割和技术理性的支配而失去了生活的底蕴，其典型表现就是针对新生代农民工的思想政治教育脱离如胡塞尔所说的"日常的、伸手可及的、非抽象的世界"，搞"两张皮"，其对新生代农民工的思想政治教育也难以取得积极的效果。因此，新生代农民的思想政治教育应该坚持贴近现实生活的原则，把"应是"和"实事"结合起来，根据新生代农民工的现实困境、实际需求和时代特点，有针对性地开展诸如心理健康、法律知识及城市文明生活方式等内容的思想政治教育，真正完成教育世界和生活世界的融通，实现教育品格上的实践性。

3. 坚持双向互动的原则

双向互动是具有独立个性的双方的"敞开"与"接纳"。世界是由自我与他我之间、主体与主体之间的交互关系构成的统一体。只有在主体与主体之间相互影响、相互沟通、相互承认的前提下，人才能对主体自身的权力、责任、义务有更清醒的定位和更深刻的理解，从而摆脱自我中心意识，通过在相互倾听、接受和共享中实现"视界融合"、精神互通，并在有效的交往、沟通与合作中寻求主体间具有约束力的价值共识。还要认识到，主体间的互动不仅是一种教育关系，更是一种社会关系和心理关系，互动的前提是民主与平等，条件是倾听与理解，过程是对话与交往，结果是共识与共享。在具体教育方法上应抛弃"我讲你听"的居高临下的工作方式和"我打你通"的教育模式，重视加强教育主体间的互动，充分尊重新生代农民工的主体性、平等性和差异性，注重以语言、知识、技能和活动为中介进行的多层次、多维度人际交往以实现和情感、知识的交流，达到主体间的认同一致和相互理解，获得交往双方或多方的思想道德发展和境界的提升。

4. 坚持民主平等的原则

马克思主义认为，任何人都无权以教育者自居，道德面前人人平等。主体间性思想政治教育模式把教育者和受教育者作为平等的主体，二者处于平等的地位，共存于一个现实的生活世界之中，主体之间展开平等的交流和沟通，共同实现思想道德水平和能力的提升①。因此，教育者和受教育者在思想政治教育中是地位平等、相互依存的两个主体，他们在法律、人格、言论自由等方面都具有平等的权利，体现着人格平等与相互尊重，通过平等交流达到思想政治教育的目的。新生代农民工的性格、生活方式和人生观都不同于老一代农民工。绝大多数新生代农民工接受过高中阶段教育，他们没有从事过农业，想在城市里生活下去。新生代农民工更加注重对自身劳动权益的保护，在选择劳动单位时，不光考虑工资多少，还会考虑劳动环境、社会保险、对职业生涯有无帮助等因素，而且新生代农民工民主平等的观念很强烈，他们会向老板提出涨工资等要求，也反对社会歧视。因此，要做好新生代农民工的思想政治教育，思想政治工作者要坚持民主平等的原则，尊重新生代农民工的人格，加强与新生代农民工的沟通与交流，关心新生代农民工的生活、工作和困难，充分发挥其主体性，与之建立民主、平等、和谐、融洽的关系，把思想政治教育过程看作是平等主体在对话、理解和共享的过程中实现认识提高的交往实践活动。

（二）要正确定位思想政治教育的主体

主体是指实践活动和认识活动的承担者。主体是与客体相对应的存在，主体与客体的关系在本质意义上就是人的认识活动。《现代汉语词典》对于主体的释义有三种说法：①事物的主要部分；②哲学上指有认识和实践能力的人；③法律上指依法享有权力和承担义务的自然人、法人或国家。② 因此，思想政治教育主体定位清晰明了，既有利于填补体制管辖的"空档"，也有利于激发思想政治教育各个主体的能动性、自主性和创造性，更好地实现思想政治教育的目标。③

对于新生代农民工而言，其思想政治教育的主体应是与他们的日常生活关

---

① 刁龙. 2015. 道德教育的主体间性转向及对当代中国的启示. 长春工业大学学报（高教版），（3）：100-103.
② 中国社会科学院语言研究所词典编辑室. 2000. 现代汉语词典. 北京：商务印书馆：1643.
③ 张耀灿，郑永廷，吴潜涛. 2006. 现代思想政治教育学. 北京：人民出版社：248.

系较为紧密的社区、企业及各级各类党、团组织等。这些社区、企业和各级党、团组织就使得新生代农民工的思想政治教育主体具有多样性的特点，而这种多样性特点必然会导致针对新生代农民工的思想政治教育具有主体多元性特点。

因此，在多元利益格局下，要增强思想政治教育的针对性，有必要设立一个专门负责统筹和协调新生代农民工思想政治教育的统一的机构，并建立各主体责任分担机制，真正把新生代农民工的思想政治教育落在实处，以防出现因责任不清而影响思想素质教育工作成效的问题。

（三）要积极构建思想政治教育内容体系

思想政治教育要取得扎扎实实的成效，还要克服内容的狭隘性而持有开阔的视野。但要看到，由于忽略了农民工作为人的主动性层面的发挥，目前针对新生代农民工的思想政治教育具有明显的狭隘性特征，导致他们往往只"知其然，而不知其所以然"，而不是积极和主动地去适应和遵守。这种内容狭隘的思想政治教育自然对新生代农民工的自我发展起不到应有的作用和效果。

因此，必须要以更加开阔的视野积极构建新生代农民工的思想政治教育内容体系。一方面，由于教育程度、家庭背景等因素，新生代农民工群体内部具有一定的层次性；同时即使是同一个体，新生代农民工在其不同的发展阶段也会呈现出一定的差异性。因此，要尊重新生代农民工群体和不同个体需求的层次性、差异性特征，在构建新生代农民工思想政治教育内容时做到"历时性和共时性"的结合、"先进性与广泛性"的结合。另一方面，新生代农民工思想政治教育内容还应增加一些如心理健康教育、法律知识和公民意识教育等与其相关的特定内容，以更好地适应新生代农民工的实际需求、现实困境和时代特点。

（四）要改进思想政治教育的方法

毛泽东曾经说过："我们不但要提出任务，而且要解决完成任务的方法问题。我们的任务是过河，但是没有桥或没有船就不能过。不解决桥或船的问题，过河就是一句空话。不解决方法问题，任务也只是瞎说一顿。"[①] 在这里，毛泽东生动而又深刻地用过河要有桥或船的形象比喻，说明了有一个很好的解决问题的方法对完成任务、做好工作的极端重要性。事实上，方法对实现思想政治教育的实际效果、目的和任务同样起着至关重要的作用，是思想政治教育者对受教育者实施教育影响的基本手段。加强新生代农民工思想政治教育工作除了明确工作指导原则、把握工作内容之外，还要改进方式方法，增强说服力和感染

---

① 聂辰席. 2013-10-18. 群众路线是破除"四风"的必由路径. 人民日报，4 版.

力。各级政府应充分尊重新生代农民工的主体性、平等性和差异性特性，努力从协调城乡、工农关系的战略高度，加快政府管理和职能转变步伐，坚持解决思想问题与解决实际困难相结合，切实做好新生代农民工思想政治工作；在思想政治教育工作中要做到教育主客体之间的互动，尽量避免"你打我通"的教育模式和宣传、说教等居高临下的工作方式，充分尊重他们的劳动，理解他们的艰辛，努力消除内心歧视、社会偏见，关心他们的生活、工作和困难；要合理选择、组合运用和不断创新思想政治教育的载体来增强思想政治教育的效果和效益；要通过开辟心理咨询热线、开设心理咨询室等途径加强对新生代农民工的心理教育，及时解决他们在就业、生活、婚姻等方面遇到的心理问题；要拓展思想政治教育的维度和力度，充分发挥各级工会、共青团、妇联组织的桥梁和纽带作用，畅通思想政治教育工作者与新生代农民工的血肉联系。

（五）要建设一支政治强、业务精、纪律严、作风正、有爱心、专兼职相结合的思想政治教育队伍

首先，要加强专业思想政治教育队伍建设。要按照职业化、专业化的要求，采取有效措施，切实做好专业思想政治教育队伍的选拔、培养、教育和提高，这是确保思想政治教育的性质和正确方向的重要保证。同时，还要按照有利于稳定、有利于提高、有利于发展的培养管理机制和动态平衡原则，积极吸纳一些从事心理教育、法律咨询、医疗保障的心理学家、律师和医生等专家充实到新生代农民工思想政治教育队伍中去，弥补由新生代农民工流动性造成的思想政治教育缺口。

二、就业观教育

就业观的形成是以个人的价值观念为基础，结合各种复杂的社会现实因素共同制约的过程，它与个人的个性、专业修养、教育背景、个人期望、家庭环境、综合能力、生活习惯、就业市场变化，甚至与个人的长相气质等都有着直接密切的联系。新生代农民工的就业观是他们在择业和从事自己工作中所形成的价值取向，是他们的价值观在职业选择和职业评价上的体现，是他们对待职业的一种态度，并通过择业或工作行为体现出来。受一定社会政治、经济、文化状况的制约，新生代农民工的就业观具有社会性；同时又受个人价值观的制约，因而又具有个人性。就业观不仅决定了新生代农民工的职业选择倾向，还决定了他们以后工作的态度。针对当前出现的"民工荒"现象，重要的是要以

价值观教育为核心，帮助新生代农民工树立正确的就业观。

（一）要教育广大新生代农民工树立科学的择业观念

要教育广大新生代农民工认识到在我们所生活的环境中每项工作都会有许多工作者，社会中的各行各业本没有高低贵贱之分，每一种不同的职业都是实现自己人生理想的大舞台。从事不同职业的人们在人格上是平等的，每一位普通劳动者，都在为社会做贡献，都值得我们尊重。只有树立正确的择业观，才能进行科学而又合理的自我定位和职业定位。新生代农民工在与用人单位进行双向选择时，必须全面衡量自己的兴趣和认识自己的专长所在，结合职业性质和特点，做出正确的自我评价，找到符合自身能力的工作岗位，以避免在选择职业时出现随意性和盲目性现象。

（二）要教育广大新生代农民工学好文化知识，提高文化素质

文化知识是保持个人和社会发展的基础。当今社会发展日新月异，而且随着产业结构逐步由劳动密集型向技术密集型转变，不管你走到哪里，从事什么工作都需要具备一定的文化素质。调查发现，尽管新生代农民工的文化水平在不断地提高，但仍显不足，还不能跟上时代发展的要求。因此，要想在城镇就业，或者是找到更好的工作，就需要具备一定的文化知识。对于那些文化素质还不能满足劳动力市场发展需求的新生代农民工来说，扎实掌握科学文化知识就显得尤为重要。作为一个学习者，要想学习好科学文化知识，关键是要树立学习的主动性和自觉性，而且要将那种"要我学"的错误观念，转变为"我要学"的正确认识。一方面，对于那些即将成为新生代农民工的人来说，在走向城镇就业前，应重视科学文化知识的学习，不能因为不想学或者不打算继续学而敷衍塞责，这样不仅荒废了青春，而且在当前这种时代的高要求和严峻的就业形势下，没有一定的文化知识即便走向社会也很难得到好的发展；另一方面，对于那些已经走向城镇就业的新生代农民工来说，要树立终身学习理念，提高文化素质。学习不是一劳永逸的事情，只有不断地学习才能跟上时代发展的步伐，因此新生代农民工在城市务工的同时要主动参与学习，加强科学文化知识的积累。虽然在城市工作辛苦，业余时间不多，但是要想在城镇稳定就业，获得更好的发展，就应努力克服困难，树立坚强的毅力，积极主动地去学习，这样才能持之以恒。另外，还要利用、善用各种学习渠道和机会，不断学习从而提高文化素质。例如，到成人教育机构、工会、行会及其他团体组织的文化学校和培训班进行学习，有意愿的还可以根据自身的特点和兴趣，参加

社会上对成人开放的各种考试，以获得更高的学历，以期弥补学历不足这一弊端。①

（三）要对新生代农民工进行职业道德教育

职业道德是人们对本职工作的态度和认识。诚实守信和爱岗敬业是社会主义职业道德的精神内核和基本要求。马克思主义认为：越是竞争充分的市场经济就越依赖道德与之相契相合、良性互动；越是完备、成熟的市场经济就越显得理性。因此，道德发展是与经济基础相适应的②。通过调查、访谈及参阅相关调查我们可以发现，很多新生代农民工不仅工作耐受力低，而且期望值过高，也缺乏敬业精神。这些都给用人单位留下了不好的印象，当再有招聘时，用人单位在心底已经埋下了对新生代农民工的排斥感。这不仅影响农民工自身的就业，也给整个群体树立了不好的形象，从而影响了整个群体的就业。因此，针对新生代农民工缺乏老一代农民工那种责任感和吃苦耐劳精神的现状，要对新生代农民工进行职业道德教育，引导他们发扬勤劳致富的精神和吃苦耐劳的品质，树立爱岗敬业、诚实守信、公平竞争、乐于奉献的职业意识。爱岗敬业是一个从业者应该具有的素质，也是做好本职工作的前提。只有拥有良好的职业精神，才能获得别人的认可，而且也能为整个群体树立良好的形象，在招聘时企业才能欣赏这个富有激情的新生代群体。

三、城市适应教育

城市适应是一个社会学术语，指的是城市新移民通过与城市的经济、社会、政治和文化等环境因素发生连续而不断改变的相互作用从而与城市社会建立起和谐关系的过程。一般而言，城市适应要经历交往、适应和融合这三个连续的阶段。对于城市新移民而言，其城市适应能力越强，对城市也就越有归属感；反之，城市适应能力差，对城市也就存在"逃逸心理"，就业也会越发不稳定。

新生代农民工进城后面对的是一个"新奇"而又"陌生"的世界，他们在进入并逐渐融入城市的过程中必须不断地在工作方式、生活方式、社会交往、社会心理上做出种种调节，从而适应自身所处的生存环境。不过，从城市适应方面来看，我国新生代农民工的城市适应能力普遍不高，仅有少部分新生代农民工城市适应性处于正常状态。这是新生代农民工进城后为了适应城市生活所

---

① 邓文勇. 2011. 新生代农民工就业难的原因及对策探究. 曲阜师范大学硕士学位论文：22.
② 房广顺，郑宗保. 2015. 马克思主义与中国传统文化相契合的当代选择. 社会主义研究，（2）：33.

面临的一个不可回避的现实问题。

（一）要对新生代农民工进行社会公德教育

党的十八大报告强调：要"加强社会公德、职业道德、家庭美德、个人品德教育"，"全面提高公民道德素质"。社会公德是指人们在社会交往和公共生活中应该遵守的行为准则，是人的全面发展的重要指标。它倡导团结互助、关爱他人的风尚，要求全体社会成员遵循社会交往的基本行为准则。从基本要求来说，每个公民都应自觉树立爱护公物、保护环境等良好的社会公德观念，而所有这些最根本的一点就是树立社会公共责任意识，即要积极认同和支持公共价值和公共利益，自觉关心公共生活秩序并逐步在社会化进程中使社会责任成为最普遍的规范和要求。

新生代农民工要融入城市现代化的进程，一方面，要改变原有的生活文明旧习惯，遵守城市中已经存在的各种规则，努力适应城市"商品化"的生活方式。受旧生活习惯的惯性影响，新生代农民工从农村来到城市后并不可能马上就适应城市文明，在他们的身上沉淀了诸如乱吐痰、随地小便、购物插队等很多很难被市民接受并与城市生活不相融合的思想观念和行为习惯。另一方面，要保护城市的公共产品。公共产品已经成为城市居民生活中不可或缺的组成部分。然而，我们要看到，在农村环境中生长的农民往往缺乏对公共产品的保护意识。因此，有必要对新生代农民工进行社会公德教育，使其加快向良好市民心理和行为特征转变的过程，以更早、更好地适应城市生活，这样才会有助于他们能够更好地被城市居民真诚接纳。

（二）要对新生代农民工开展心理健康教育

心理健康是个体认知发展的基础。相对于老一代农民工，这些年轻的"80后""90后"的新生代农民工们进入城市，渴望与市民享有平等的教育、医疗、就业、住房等社会保障，能像城里人一样生活得更加富有色彩，而对曾经生育、养育过他们的农业、农村和土地有了距离感、产生了陌生感。他们感受的是城市生活，但从事的是城市人不愿干的最苦、最累且薪水较低的工作。这两者之间的反差，使他们实现梦想的机会变得渺茫，进而产生迷茫、彷徨、无助、仇视、焦虑、自卑、人际交往困难等心理危机。

从概念上来分析，心理危机既指精神面临崩溃或精神失常，也指心理状态出现严重的失调，心理发生障碍。从价值观上来探讨，心理危机会造成个人人生观、价值观的紊乱和错位。新生代农民工出现心理危机会导致他们以歪曲或否定的心态看待自我和理解生活。因此，对新生代农民工积极开展心理健康教育和心理咨询工作，使其在心理上获得抚慰和认同，提高他们在心理层面的城市适应能力就显得既必要又迫切。

（三）要对新生代农民工开展法制教育

加强对新生代农民工的普法教育，可以带动整个农民工队伍法律意识和维权能力的提高，有助于预防少数新生代农民工犯罪，维护社会治安。主要是：①加强普法教育。制定对新生代农民工的中长期普法规划，加大对他们的法律知识宣传；各有关部门要在为新生代农民工办理法律事项、解决法律问题的过程中对其进行普法教育，引导他们增强维护自身权益的意识和遵纪守法意识。②社会组织要积极搭建完善的普法平台。工会、工商联等群众团体通过开办讲习班、散发宣传材料、广播电视讲座等多种形式来积极开展普法教育工作，引导农民工真正树立起法制观念，学习和掌握与自身利益密切相关的法律法规。各类社区教育中心、企业职工教育培训中心（学校）要将普法教育内容纳入新生代农民工就业前、上岗前的培训计划中去，通过举办培训班、专题辅导、讲座等形式，把法律知识的教育和职业技能的培训有机结合起来。大众传媒要开设普法栏目，提高新生代农民工学法的积极性，切实依法维护自己的合法权益。

（四）要对新生代农民工开展城市参与管理意识教育

提高城市管理水平是包括新生代农民工在内的每一个市民义不容辞的责任和义务。城市管理的质量和效率在很大程度上影响着城市经济水平和竞争能力的高低，它的发展对城市经济的发展具有非常重要的作用。事实上，作为我国公民的一员，新生代农民工也是国家的主人，是社会主义现代化建设的重要力量，理应参与到城市管理中去。但要看到，许多新生代农民工由于自身素质不是很高，不具备参与城市管理的素质与能力，致使其参与城市管理的愿望无法实现。这就需要教育新生代农民工树立以城市为家的思想，努力提高个人素质充分融入城市，以主人翁姿态，积极参与到城市的各项事务管理中去。

（五）要对新生代农民工进行公民意识教育

由于传统的城乡二元制度结构之下的身份、权益等诸多原因，新生代农民工无法完全融入城市生活，在身份认同上处于"农民"和"市民"之间的尴尬境地，经常受到歧视和不公正待遇。这是全面深化改革过程中不容忽视的社会问题。解决这一问题，除了积极促进改革新生代农民工在城市定居的户籍制度、加强新生代农民工的职业技能培训、加强新生代农民工的权益保护等，还要重点加强新生代农民工公民意识教育。

新生代农民工公民意识教育有利于促进新生代农民工的全面发展。公民意识是公民自觉地以宪法和法律规定的基本权利和义务为核心内容，以自己在国家政治生活和社会生活中的主体地位为思想来源，把国家主人的责任感、使命感和权利义务观融为一体的自我认识。公民意识教育是指以现代公民的本质特征为基本内容和基本目标而实施的各项教育活动的集合体，其核心是要使受教育者正确地认识、积极而负责地参与国家和社会公共生活，以国家和社会的发展为己任。公民意识的薄弱，与公民教育的不成功有关。中国历来的公民教育，强调一种奉献的教育，过于推崇榜样的力量，习惯将一些事迹夸大宣传，舍家卫国、舍己为人的精神受到社会的极度推崇，而作为一个基本的社会人所需要的公民意识却在大而空的思想意识教育中受到冷淡。由此呈现的是，一些基本的社会伦理规范无法得以传承，个体公民意识不能得以弘扬，甚至出现作为社会个人和自我的冲突，以致做出一些违背常理的事情。

新生代农民工的公民意识是新生代农民工对自己基本社会身份的认同，是以一定价值观为指导对个人与国家、社会及他人之间关系的认识和态度，强调其在社会生活中的责任意识、公德意识、民主意识等。公民意识不是与生俱来的，必须通过教育和实践获得。我国公民意识教育的目的是培养中国特色社会主义现代化建设所需要的现代公民，尤其是培养具有积极的生活态度、良好的政治参与热情及民主法治素养，能遵守社会公德的现代公民。人的全面发展是马克思主义的最高人格理想与价值目标。加强新生代农民工公民意识教育是实现新生代农民工全面发展的基础和重要途径。加强新生代农民工公民意识教育有助于新生代农民工树立正确的人生理想，塑造健康的人格，提升人际交往能力，养成良好的习惯，从而促进新生代农民工全面发展。

第五节　完善新生代农民工价值观引导的方法

"方法"一词最早来源于希腊文，含有"沿着"和"道路"的意思，表示人们活动所选择的正确途径或道路。在我国"方法"一词不仅使用早，而且与希腊文"方法"一词含义也颇为一致。古人云："事必有法，然后可成，师舍是则无以教，弟子舍是则无以学。"①而方法在思想政治教育中同样不可或缺。对新生代农民工开展思想政治教育工作，对教育方法科学运用与采纳，会起到事半功倍的效果。

一、注重引导手段的创新性

首先，不能采用生搬硬套、用价值取向说教的方法。截至目前，我国在新生代农民工思想政治教育过程中使用的方法存在着单一陈旧的现象，采用较多的是生搬硬套、用价值取向说教的方法。这些方法有自己特定的优势和值得肯定的地方，但同时也存在一定的缺陷与不足。由于市场经济以追求平等、公正、自由为特性，价值灌输的方法所产生的教育主客体间的不平等地位和教育者的救世主心态已显得十分无力和苍白。价值取向本身的形成是一个潜移默化、润物细无声的过程，在使用时要讲求科学性，要注意运用更有利于受教育者学习和接受的形式，实事求是，尽量正面说理，以理服人，以情感人，同时要求施教者具备较强的理论知识与业务素养。

由于新生代农民工工作、生活朴实性的特征，那些高深的价值取向理论问题对于理论水平和文化知识水平相对较低的新生代农民工而言，既显得高深莫测，又显得可望而不可即，他们在日常道德实践中不需要把一些高深的价值理论取向问题搞得清清楚楚。

因此，从积极引导新生代农民工的价值取向出发，如果仅仅停留在"唱高调"上，他们既没有兴趣，也无法接受。为增强新生代农民工思想政治教育的感染力与说服力，就需要结合他们所处的社会大环境，采取自上而下的策略，对其进行价值观教育，从而把形而上的理论问题转化为形而下的具体范式。

其次，要引导新生代农民工形成正确的价值取向，还可通过消除他们产生错误价值取向的社会根源来进行。俗话说，没有无缘无故的爱，也没有无缘无故的恨。其中，导致新生代农民工在城市化过程中形成不正确价值取向的重要根源之一是贫困问题。因此，大力发展生产、努力消除新生代农民工的贫困现状，有利于帮助新生代农民工树立正确的价值观念。

最后，要将新生代农民工自身的生活习性和浓厚的传统文化特点结合起来。现实中，新生代农民工的教育主要采用开大会、贴标语、广播、电视、报纸、报告宣传这些方法，主要宣传城市及企业的法律法规、规章制度，而忽视了浓

---

① 聂辰席. 2013-10-18. 群众路线是破除"四风"的必由路径. 人民日报, 4版.

厚的传统文化特点和新生代农民工自身的生活习性，未充分将传统文化与现代文明结合起来，更忽视了咨询辅导、实践锻炼、互动性交流的方式，造成教育效果不佳。同时，由于教育人员大多是社会兼职人员，难以对农民工的思想状况进行全面系统的分析研究，出现空洞说教现象，未充分发挥现代信息传播载体的优势，如互联网、微博、影视传媒这些载体对新生代农民工具有潜移默化的自我教育作用。

二、加强教育方向的明确性

主要是：①关注诚信教育。诚信是一个人最重要的品德之一，是一切道德的基础和根本，也是一个社会赖以生存和发展的基石。当前，新生代农民工社会责任感不强，诚信意识较差，如爱岗敬业不够、遵章守纪不够、公德意识淡薄等。这就需要开展诚信宣传教育活动，使"诚实守信"内化成他们做人和做事的一种品质。②注重认知教育。首先，要遵循价值的形成规律。价值的形成是一个渐进过程，而价值认知是价值信仰和价值思想形成的前提。认知越深刻全面，判断越科学准确，在此基础上形成的价值思想就越正确坚定。对新生代农民工的价值认知教育必须遵循这一基本规律，把教观点与教知识结合起来，着力提高新生代农民工自我调节、自我控制、自我修正的能力。其次，科学设置教育内容。社会责任是组织或个人承担的高于组织或个人目标的社会义务。因此，要把社会责任作为对新生代农民工价值认知教育的重要内容，教育他们对自己、对他人、对家庭、对社会、对企业都要负有责任心。③注重审美教育。对新生代农民工的审美教育就是教育他们分清什么是真、善、美，什么是假、恶、丑，从而引导他们提高理性分辨是非的能力，形成扬善弃恶的风尚。

三、提高自我教育的有效性

人作为一种高级动物，既是一种"可教的动物"，也是一种"自我教育的动物"。教育的根本要求之一就是要人们学会自我教育，正如苏霍姆林斯基所说："没有自我教育就没有真正的教育。"[1]反身学习、个人学习、教学、对话和群体学习等是人们根据教育活动中交往主体之间关系结构的不同而分成的五种模式，其中反身学习和个人学习属于自我教育活动。[2]现代教育理论认为：从他育

---

① 冯建军. 2001. 当代主体教育论. 南京：江苏教育出版社：235.
② 项贤明. 2000. 泛教育论. 太原：山西教育出版社：56.

到自育是通向素质教育的必由之路①。

（一）树立自立自强意识

奥地利心理学家阿德勒（A. Adler）认为："每个人都有其先天的生理或心理缺欠，这就决定了人们的潜意识都有自卑感存在，只是程度不同或者说表现形式不同而已。"②只有当每一位新生代农民工真正拥有了与城市居民同样的自信与自觉，在城市中找到归属感和认同感，把城市当成自己家的时候，平等融入城市才有可能。唯有如此，新生代农民工才能真正树立起自立自强。这就要求新生代农民工用自己的双手奋力拉开城市之门，勤于学习、善于思考、勇于探索、敏于创新，不断提高实践能力、创新创业能力，切实掌握过硬本领，为走上社会、成就事业打下坚实基础。

（二）培养自我管理能力

自我管理能力，是指为了实现职业发展目标，充分调动自身的主观能动性，卓有成效地利用和整合自我资源（价值观、时间、心理、身体、行为和信息等），运用科学管理方法开展自我认识、自我计划、自我组织、自我控制和自我监督等一系列活动的能力。素质开发自我管理能力的养成不仅可以促进新生代农民工持续获得稳定就业的职业技能，而且可以促进新生代农民工通过不断更新自身素质、扩展自身职业的上升空间，进而带动自身市民化素质的提高。具体而言，要引导新生代农民工加入工会组织，合理表达利益诉求，依法维护自身权益。鼓励新生代农民工参与社区自治，加强与城市居民的交流。鼓励优秀的新生代农民工在流入地加入党团组织，选举人大代表、政协委员，参与政治生活，提升社会责任感和爱国意识。

（三）提高自身文化素质

美国著名的社会思想家阿尔文·托夫勒（Alvin Toffler）认为："人们受教育的程度愈高，对民主的要求就愈强烈。"③一个人的价值观与其文化素养是密不可分的。文化素养越高的人，就越会更全面、更透彻、更理性地看待问题和事物；反之，则有可能产生理解上的偏差，影响到其价值认知和价值判断。

新生代农民工正陆续进入城市并成为农民工的主体。要使新生代农民工真

①　罗明东，李舜. 2000. 从他育到自育：当代素质教育的必由之路. 学术探索，（1）：68-71.
②　任文双. 2015-4-26.《自卑与超越》读书报告. http://blog.sina.com.cn/s/blog_a4f49eed01017l83.html.
③　中共中央马克思恩格斯列宁斯大林著作编译局. 1995. 马克思恩格斯选集（第2卷）. 北京：人民出版社：32.

正完成从农民到市民的角色转换，逐步达到市民化的目标，不仅要解决好他们的打工、社保问题，还要关注如何提升他们的素质问题，而提升新生代农民工的主体素质，更需要他们在思想观念、社会文化方面发生根本性转换，而不仅仅只是要求他们实现职业身份的转变和居住空间的转移。

产业结构的不断调整对务工人员的素质要求也会越来越高。这就要求他们在生活上仅仅满足于适应城市的规则是远远不够的，否则自身的地位仍然不会发生根本性的变化，但事实上，不少新生代农民工由于文化程度较低，以及受农村传统观念的影响，来到城市后不重视知识的学习和技术的提高，存在得过且过、干几年就回家的短视心理。因此，新生代农民工本身的素质直接影响到其就业和择业。新生代农民工要想在城市中占据正规、理想的工作岗位，获取更好的工资收入，就必须正确地看待他们与市民之间在文化、教育等方面的差异，自觉培养谋生的技术和手段，以适应产业升级和集约化发展的要求。

因此，提高新生代农民工的文化素质，有助于他们形成正确的价值观。一方面，要提高新生代农民工的受教育程度。新生代农民工在教育程度提高后，相对于父辈而言，对精神文化生活的期望值更高，也更容易接受新鲜事物，对于城市的依赖感和归属感要远远大于农村，从而更希望留在城市里生活。因此，城市政府及相关组织要通过多种形式，为优秀的新生代农民工提供进入高等学院接受学历教育的机会，对他们进行科学文化知识和生产技能的培训，提高他们的科学文化素养，增强就业技能和生活技能。另一方面，要培养新生代农民工全面树立和养成与现代城市生活相适应的思想观念和思维方式。首先，要培养新生代农民工的参与意识，通过渗透性方式教育、针对性实践教育、全面性协同教育等多种教育形式和途径，让他们感觉到自己的重要性，而不是对生活随波逐流。其次，要培养新生代农民工的城市适应能力，逐步引导他们破除封闭保守的小农思想，在社会和心理层面树立体现城市文明的规则意识和城市人际交往意识。最后，要对新生代农民工进行社会主义核心价值观教育，教育和引导新生代农民工树立起诚实劳动、遵纪守法、敬业爱岗、自强创业的正确价值观。

参考文献

阿列克斯·英克尔斯. 1992. 从传统人到现代人. 顾昕译. 北京：中国人民大学出版社.

阿瑟·刘易斯. 1989. 二元经济论. 梁小民译. 北京：经济学院出版社.

艾鹤，李德. 2006. 农民工价值观取向的变化. 求实，(3)：257-258.

爱弥尔·涂尔干. 2001. 道德教育. 陈光金译. 上海：上海人民出版社.

安东尼·吉登斯. 1998. 社会的构成. 李康，李猛译. 北京：生活·读书·新知三联书店.

柏拉图. 1986. 理想国. 郭斌和，张竹明译. 北京：商务印书馆.

保罗·朗格让. 1988. 终身教育导论. 滕星，滕复，王箭译. 北京：华夏出版社.

鲍吾刚. 2004. 中国人的幸福观. 严蓓译. 南京：江苏人民出版社.

彼得·德鲁克. 2003. 社会的管理. 徐大建译. 上海：上海财经大学出版社.

卞桂平，张朝霞，焦晶，等. 2010. 新生代农民工主体意识问题研究. 理论探索，(3)：95-97.

波德里亚. 2006. 消费社会. 刘成富，全志刚译. 南京：南京大学出版社.

卜长莉. 2005. 社会资本与社会和谐. 北京：社会科学文献出版社.

布希亚. 2001. 物体系. 林志明译. 上海：上海人民出版社.

蔡昉. 2007. 中国人口与劳动问题报告. 北京：社会科学文献出版社.

蔡昉. 2005. "民工荒"现象：成因及政策涵义分析. 开放导报，(3)：56.

蔡建文. 2006-8-16. 从"讨薪"到"讨性"：农民工的心思谁人知. http://www.gmw.cn/02sz/
   2006-08/01/content_485693.htm.

曹丹，杨清. 2009. 大学生与手机互联网——福州市大学生手机上网行为与素养调查报告. 东
   南传播，(1)：149-152.

岑国桢. 1990. 国际教育百科全书（第五卷）. 贵阳：贵州教育出版社.

长子中. 2009. 当前新生代农民工价值观念透视. 经济，(5)：1-11.

陈刚. 1996. 马克思的自由观. 郑州：河南人民出版社.

陈桂蓉. 2007. 和谐社会与女性发展. 北京：社会科学文献出版社.

陈桂蓉. 2009. 公民:"以人为本"的主体. 福建师范大学学报(哲学社会科学版),(3):9-12.

陈红. 1998. "民工潮"的产生、影响及对策. 玉溪师范学院学报,(2):64-65.

陈惠雄. 2003. 快乐原则——人类经济行为的分析. 北京:经济科学出版社.

陈力丹. 1999. 论网络传播的自由与控制. 新闻与传播研究,(3):14-21.

陈立旭. 1999. 市场逻辑与文化发展. 杭州:浙江人民出版社.

陈敏. 2002-02-02. 收入低不够消费——杭州五成外来务工者节后不回头. 东方早报,第3版.

陈世斌. 2006. 城市休闲产业合理规模评价研究. 生产力研究,(7):206-208.

陈伟娜,凌文铨. 2009. 工作生活质量的研究述评. 经济管理,(4):69-72.

陈妍. 2011. 建筑行业农民工劳动合同签订状况的调查研究. 中国科技信息,(22):173.

陈义平. 1999. 关于生活质量评估的再思考. 社会科学研究,(1):83-86.

陈永森. 1999. 公民精神纵横谈. 北京:中国文联出版公司.

陈永森. 2006. 公私观与和谐社会的制度安排. 甘肃社会科学,(2):119-122.

陈永森. 2008a. 和谐社会与公民的公共精神. 思想理论教育,(23):4-9.

陈永森. 2008b. 马克思主义视野下的生态问题及出路——对佩珀生态社会主义思想的解读. 马克思主义与现实,(5):95-98.

成思危. 2003. 知识经济时代与人的休闲方式变革. 自然辩证法研究,(2):70-71

程江平. 1996. 闲暇教育:当代社会的新课题. 浙江师范大学学报(社会科学版),(4):35-37.

程宏志. 2008. "民工潮"现象的背后. 中国经济周刊,(11):16.

崔丽娟,刘琳. 2003. 互联网对大学生社会性发展的影响. 心理科学,(1):64-66.

崔雪松. 2003. 探析"民工潮"问题的成因与解决途径. 经济师,(5):43.

戴敦峰. 2004-07-15. 中国遭遇20年来首次民工荒. 南方周末,第6版.

戴星翼,冯立天. 1996. 中国人口生活质量再研究. 北京:高等教育出版社.

邓慧. 2010. 社会主义核心价值体系在公民教育中的作用. 中南林业科技大学学报(社会科学版),(2):86-86.

邓玲玲. 2000. 对"民工潮"回流现象的思考. 湖南社会科学,(3):24.

迪尔凯姆. 1995. 会学方法的准则. 狄玉明译. 北京:商务印书馆.

丁娅. 2011. 266名重庆市农民工价值观调查报告. 湘潮月刊,(11):66.

丁展望. 2006. 切实解决农民工问题是巩固党的阶级基础的需要. 中国工运,(4):28-32.

杜威. 1990. 民主主义与教育. 北京:人民教育出版社.

恩靳·伊辛,布雷恩·特纳. 2007. 公民权研究手册. 王小章译. 杭州:浙江人民出版社.

方松华. 1995. 中西幸福观之比较研究. 社会科学,(2):34-37.

方文. 2008. 群体资格:社会认同事件的新路径. 中国农业大学学报(社会科学版),(1):89-108.

方兴东，胡泳. 2003. 媒体变革的经济学与社会学——论博客与新媒体的逻辑. 现代传播，（60）：80-85.

斐迪南·滕尼斯. 1999. 共同体与社会——纯粹社会学的基本概念. 林荣远译. 北京：北京大学出版社.

费孝通. 1985. 乡土中国. 北京：生活·读书·新知三联书店.

风笑天. 2002. 社会调查中的问卷设计. 天津：天津人民出版社.

风笑天，林南. 1998. 中国城市居民生活质量研究. 武汉：华中理工大学出版社.

冯建军. 2001. 当代主体教育论. 南京：江苏教育出版社.

冯俊科. 1992. 评费尔巴哈的幸福观. 浙江学刊，（1）：67-72.

冯立天. 1992. 中国人口生活质量研究. 北京：北京经济学院出版社.

冯立天. 1995. 中国人口生活质量与国际比较. 人口学刊，（6）：7-14.

冯诗礼. 2013. 新生代农民工的特点、挑战与市民化. 河南社会科学，（9）：98.

弗朗索瓦·佩鲁. 1987. 新发展观. 张宁，丰子义译. 北京：华夏出版社.

弗朗西斯·福山. 2001. 信任：社会美德与创造经济繁荣. 彭志华等译. 海口：海南出版社.

甘永祥. 1987. 青年社会学. 成都：西南财经大学出版社.

高丙中. 1998. 西方生活方式研究的理论发展叙略. 社会学研究，（3）：61-72.

高峰. 1995. 生活质量与小康社会. 苏州：苏州大学出版社.

高鸿业. 2004. 西方经济学（第三版）. 北京：中国人民大学出版社.

高梅书，梁莹. 2003. 从城市化的视角看民工潮. 经济与社会发展，（2）：29-31.

高友端. 2010. 新生代农民工市民化进程中的文化教育问题. 社会学研究，（6）：105-106.

高中建. 2008. 当代青少年问题与对策研究. 北京：中央编译出版社.

葛兰西. 2007. 狱中书简. 北京：人民出版社.

古德尔. 2000. 人类思想史中的休闲. 成素梅等译. 昆明：云南人民出版社.

郭继红. 2010. 城市化进程中新生代农民工的教育问题研究. 中国成人教育，（16）：20-21.

郭嘉，吕世辰. 2010. 农民工政治管理初探. 山西师范大学学报（社会科学版），（2）：27-30.

郭建平. 2011. 新生代农民工在流动境遇中的价值诉求与现实对策. 理论月刊，（1）：177-179.

郭军. 2011. 农民工"薪酬低"与"民工荒"关系探析. 学习论坛，（8）：39-41.

郭凯杰，梁聪生. 2012. "民工潮"的现状分析及管理方法. 经济研究导刊，（24）：105.

郭鲁芳. 2005. 休闲经济学——休闲消费的经济分析. 杭州：浙江大学出版社.

郭圣乾. 2005. "民工潮"到"民工荒"凸显农民工权益保障——我国农民工就业歧视问题分析. 甘肃农业，（4）：19.

郭熙保，黄灿. 2010. 刘易斯模型、劳动力异质性与我国农村劳动力选择性转移. 河南社会科学，（20）：64-68.

郭熙保，宋晓文. 1999. 发展的新方向：以人为本. 探索与争鸣，（2）：5-7.

国家统计局. 2014-1-20. 年中国城乡收入比 3.03∶1 为 10 年来最低. http://news.xinhuanet.com/
　　fortune/2014-01/20/c_126030509.htm.

国务院研究室课题组. 2010. 中国农民工调研报告. 北京：中国言实出版社.

哈耶克. 1999. 自由宪章. 杨玉生，冯兴元，陈茅，等译. 北京：中国社会科学出版社.

海德格尔. 1987. 存在与时间. 陈嘉映等译. 上海：上海三联出版社.

海德格尔. 2004. 人诗意地安居. 郜元宝译. 上海：远东出版社.

韩福国. 1999. "民工潮"和城镇就业的两难选择. 晋阳学刊，（4）：23.

韩雪松. 2009. 新生代农民工的心理困境与解决策略. 西安社会科学，（4）：121-123.

何玮娜. 2008. 人口转变背景下次级劳动力市场供求关系研究——以上海为例. 上海社会科学
　　院硕士学位论文.

何晓红. 2010. 挣扎与弥补：构建新生代农民工精神生活的关怀体系. 中国青年研究，（9）：
　　30-33.

何欣荣，秦亚洲，魏宗凯，等. 2009-2-2. 来自六大区域关于"新工荒"的调查报告. http://
　　finance.people.com.cn/GB/70392/17043888.html.

何贻纶. 2004. 国家安全观刍议. 政治学研究，（3）：61.

何贻纶. 2006. 也谈马克思主义的基本原理和根本原则. 马克思主义与现实，（4）：140-141.

何贻纶. 2007. 科学发展观与构建和谐世界. 唐都学刊，（1）：5-6.

何贻纶. 2008. 马克思主义与中国社会科学创新. 马克思主义研究，（1）：121-123.

何贻纶. 2009. 构建马克思主义国际关系理论体系的若干思考. 福建师范大学学报（哲学社会
　　科学版），（1）：1-5.

贺飞. 2007. 转型期青年农民工婚恋观念和行为的社会学分析. 青年研究，（4）：42-48.

贺国庆，王保星，朱文富，等. 2006. 外国高等教育史. 北京：人民教育出版社.

黑格尔. 1976. 逻辑学（下）. 杨一之译. 北京：商务印书馆.

亨德森. 2000. 女性休闲——女性主义的视角. 刘耳译. 昆明：云南人民出版社.

洪朝辉. 2003. 论中国城市社会权利的贫困. 江苏社会科学，（2）：116-125.

洪银兴. 1996. 发展经济学与中国经济发展（第二版）. 北京：高等教育出版社.

侯钧生. 2006. 西方社会学理论教程. 天津：南开大学出版社.

胡辉华. 2005. 论知识社会学的困境. 哲学研究，（4）：92-98.

胡凯，原艳娜. 2008,基于需要理论的新生代农民工思想政治教育探析. 湖南医科大学学报（社
　　会科学版），（4）：58-60.

胡荣. 2009. 社会资本与地方治理. 北京：社会科学文献出版社.

胡伟清，张宗益. 2007. 农民工劳动供给行为的理论分析——"民工荒"的微观经济视角. 理

论与改革,(4):77-79.

胡晓义. 2009. 走向和谐:中国社会保障发展 60 年. 北京:中国劳动社会保障出版社.

胡艳辉. 2004. 论城市化进程中农民工的"三德"教育. 湖南师范大学社会科学学报,(4):28-32.

胡银华. 2006. 新生代农民工思想道德的二维性及教育对策研究. 山东农业大学学报(社会科学版),(1):51-55.

胡月红. 2007. 透过"民工荒"看中等职业教育发展面临的新问题. 特区经济,(3):35.

华莱士,沃尔夫. 2008. 当代社会学理论. 刘少杰等译. 北京:中国人民大学出版社.

黄春红. 2002. "民工潮"给农村社会带来的问题及对策——广西巴马县黄村个案透析. 百色学院学报,(5):83-86.

黄婧,纪志耿. 2011. 双重二元分割视角下中国失业问题探析. 中央财经大学学报,(4):72-77.

黄锟. 2011. 中国农民工市民化制度分析. 北京:中国人民大学出版社.

黄丽云. 1012. 新生代农民工市民化进程的价值观解析. 福建农林大学学报(哲学社会科学版),(2):30-33.

黄奇帆. 2010-03-10. "民工荒"有利于提高工人工资调整产业结构. 重庆日报,第 1 版.

黄希庭. 1994. 中国青年价值观与教育. 北京:人民出版社.

黄岩. 2006. 外来工组织与跨国劳工团结网络. 开放时代,(6):89-103.

嵇友山. 2010. 社会主义核心价值体系的引领方式. 理论前沿,(3):30-31.

吉登斯. 1998. 社会的构成. 北京:生活·读书·新知三联书店.

济群. 1999. 幸福人生的原理. 北京:民族出版社.

贾春增. 2008. 外国社会学史. 北京:中国人民大学出版社.

贾楠. 2007. 机会成本与民工潮、民工荒的调控. 湖南农业大学学报(社会科学版),(3):43.

贾若祥,刘毅. 2002. 中国半城市化问题初探. 城市发展研究,(2):19-23.

贾先文,黄正泉. 2010. 论我国农村剩余劳动力转移的"拐点". 改革与战略,(1):94-96.

简新华,黄锟. 2008. 中国工业化和城市化进程中的农民工问题研究. 北京:人民出版社.

简新华,张建伟. 2005. 从"民工潮"到"民工荒"——农村剩余劳动力有效转移的制度分析. 人口研究,(2):34.

江传月. 2009. 构建社会主义和谐社会的价值观研究. 广州:中山大学出版社.

江立华. 2007. "地缘维权"组织与农民工的权益保障——基于对福建泉州农民工维权组织的考察. 文史哲,(1):134-139.

姜建成. 2008. 科学发展观:现代性与哲学视域. 江苏:江苏人民出版社.

姜胜洪. 2011. 城市化进程中新生代农民工的舆情问题研究. 社科纵横,(2):21-24.

杰弗瑞·戈. 2000. 你生命中的休闲. 唐筝译. 昆明:云南人民出版社.

杰里米·里夫金.1998.工作的终结.王寅通译.上海：上海译文出版社.

金耀基.2001.大学之理念.上海：上海三联出版社.

靳义萃.2011-09-07.农民工工伤保险缺失严重政府应加大宣传力度.工人日报,第4版.

荆晓艳.2010.新生代农民工交往的特征及其路径优化.重庆社会科学,（10）：71-74.

卡尔·波兰尼.2007.大转型：我们时代的政治与经济起源.冯钢,刘阳译.杭州：浙江人民出版社.

坎贝尔·麦克南,斯坦利·布鲁,大卫·麦克菲逊,等.2006.当代劳动经济学.刘文,赵成美译.北京：人民邮电出版社.

康德.1990.历史理性批判.何兆武等译.北京：商务印务馆.

康君.2007.生活品质与国民幸福指数.杭州：浙江人民出版社.

康永久.2003.教育制度的生成与变革——新制度教育学论纲.北京：教育科学出版社.

兰久富.2010.全球化过程中的价值多样化.北京：北京师范大学出版社.

劳动和社会保障部课题组.2004-9-4.关于民工短缺的调查报告.http://news.xinhuanet.eoln/zhengfu/2004-09/14/contentee1979817.html.

雷蒙·威廉斯.2005.关键词：文化与社会的词汇.刘建基译.北京：生活·读书·新知三联书店.

雷艳萍.2011.伦理视域下新生代农民工价值观的构建.中共山西省委党校学报,（1）：68-70,78.

李爱民.2013.中国半城镇化研究.人口研究,（4）：80-91.

李波平,田艳平.2011.两轮"民工荒"的比较分析与启示.农业经济问题,（1）：88-94.

李崇福,李建平.2006.科学发展观与历史唯物主义.北京：人民出版社.

李德顺.1996.实践的唯物主义与价值问题.南京社会科学,（2）：13-18.

李东阳.2012.基于托达罗修正模型对当前"民工荒"现象的成因分析.中央民族大学硕士学位论文.

李广胜.2004.从执政党的阶级基础看农民工的重要地位.中州学刊,（5）：14-17.

李广贤.2005.人的全面发展与农民工现代性的提高.经济与社会发展,（1）：125-128.

李贵成.2013a.新生代农民工城镇化的现实困境与对策研究.学习论坛,（7）：42-45.

李贵成.2013b.增权理论视域下的新生代农民工尊严缺失问题研究.郑州大学学报（哲学社会科学版）,（3）：29-32.

李贵成.2013c.价值冲突与精神皈依：社会转型期新生代农民工价值观研究.内蒙古社会科学,（5）：146-151.

李贵成.2013d.人的尊严视域下的新生代农民工利益表达机制研究.东南学术,（5）：167-173.

李贵成.2013e.社会排斥视域下的新生代农民工城市融入问题研究.理论探讨,（2）：155-158.

李辉敏. 2006. 农民工是工人阶级的重要组成部分. 中国特色社会主义研究,（2）：47-51.

李建平. 2006. 论马克思主义的生命力和竞争力. 福建师范大学学报（哲学社会科学版）,（6）：2-5.

李建平. 2006. 资本论第一卷辩证法探索. 北京：社会科学文献出版社.

李静睿. 2006-01-04. 依法讨薪：农民工最锋利的武器. 南方日报, 第5版.

李乐军. 2010. 以城市公共物品供给为先导促进新生代农民工市民化. 理论导刊,（3）：53-55.

李立文, 余冲. 2006. 新生代农民工的社会适应问题研究. 中国青年研究,（4）：12-15.

李龙, 周刚志. 2001. 论公民意识的法治价值. 浙江社会科学,（1）：9-10.

李培林. 1996. 流动民工的社会网络和社会地位. 社会学研究,（4）：42-52.

李培林. 2003. 农民工——中国进城农民工的经济社会分析. 北京：社会科学文献出版社.

李培林. 2006. 和谐社会十讲. 北京：社会科学文献出版社.

李沛武, 范天森. 2008. 全球化时代农民主流意识形态教育面临的困难与挑战. 安徽农业科学,（36）：16178-16180.

李鹏程. 1982. 人的解放问题是马克思实现哲学革命的思想纲领. 学术月刊,（4）：7-14.

李强. 2004a. 农民工与中国社会分层. 北京：社会科学文献出版社.

李强. 2004b. 应用社会学. 北京：中国人民大学出版社.

李秋萍. 2010. 对"民工荒"现象的理性思考. 时代金融,（4）：38.

李秋萍. 2012. 农民工的权益与社会保障. 理论探索,（5）：65.

李士梅, 徐志勇. 2005. 推进城镇化：我国国债投资思路的新选择. 税务与经济,（4）：20.

李涛. 2009. 新生代农民工市民化问题的社会学分析. 长春理工大学学报（社会科学版）,（5）：729-731.

李玮. 2012. 从"民工荒"现象看企业对员工的责任. 中国青年政治学院学报,（2）：67.

李文治. 中国近代农业史资料. 北京：生活·读书·新知三联书店.

李雄, 刘山川. 2010. 新时期"民工荒"问题研究. 学术探索,（4）：70.

李艺敏, 孔克勤. 2010. 国内自卑研究综述. 心理研究,（12）：21-28.

李银河. 2003. 性文化研究报告. 南京：江苏人民出版社.

李友梅, 孙立平, 沈原, 等. 2006. 当代中国社会分层：理论与实证. 北京：社会科学文献出版社.

李远辉. 2010. 关于"用工荒"问题的几种解释及其看法. 魅力中国,（7）：21-22.

李仲广, 卢昌崇. 2004. 基础休闲学. 北京：社会科学文献出版社.

李自忠. 2011. 民工荒问题的经济学分析. 郑州轻工业学院学报（社科版）,（6）：112.

里夫希茨. 1963. 马克思恩格斯论艺术（第1册）. 曹葆华等译. 北京：人民文学出版社.

厉以宁. 1986. 社会政治经济学. 北京：商务印书馆.

联合国教科文卫组织组织. 2009. 学会生存——教育世界的今天和明天. 华中师大比较教育研究所译. 北京：教育科学出版社.

梁娜，杨烁. 2009. 80后大学生的手机依赖程度调查报告. 东南传播，（3）：99-101.

梁鹏，杨勇. 2014-12-4. 河南农村劳动力高速回流省内外就业差额创新高. http://roll.sohu.com/20140124/n394140946.shtml.

梁小民. 2007. 小民经济观察. 北京：北京大学出版社.

梁小民. 2010-2-12. 民工荒的深层原因在于民营企业过弱. 新京报，第4版.

梁雄军，林云，邵丹萍. 2007. 农村劳动力二次流动的特点、问题与对策——对浙、闽、津三地外来务工者的调查. 中国社会科学，（3）：138.

林崇德. 2003. 学习与发展（修订版）. 北京：北京师范大学出版社.

林南，王玲. 1987. 生活质量的结构与标志——1985年天津千户问卷调查资料分析. 社会学研究，（6）：187.

林南. 2005. 社会资本：关于社会结构与行动的理论. 上海：上海人民出版社.

林修果，林婷. 2005. 公共治理：构建和谐社会的一种行政学范式读解. 马克思主义与现实，（5）：111-116.

林修果. 2006a. 公共管理学. 长春：吉林人民出版社.

林修果. 2006b. 政治和谐：构建社会主义和谐社会社会的政治逻辑探索. 探索，（1）：62-65.

刘传江，程建林，董延芳，等. 2009. 中国第二代农民工研究. 济南：山东人民出版社.

刘传江，程建林. 2008. 二代农民工市民化：现状分析与进程测度. 人口研究，（5）：48-57.

刘传江，徐建玲. 2006. "民工潮"与"民工荒"——农民工劳动供给行为视角的经济学分析. 财经问题研究，（5）：73-80.

刘传江，徐建玲. 2007. 二代农民工及其市民化研究. 中国人口，（1）：6-10.

刘传江，徐建玲. 2008. 中国农民工市民化进程研究. 北京：人民出版社.

刘传江. 2010. 新生代农民工的特点、挑战与市民化. 人口研究，（2）：34-39.

刘慧. 2012. 建筑企业新生代员工离职倾向研究. 宁波大学硕士学位论文：39.

刘继为，崔松虎. 2011. 推拉理论及理性人视角下的"民工荒"现象解析. 经济视角，（2）：78-80.

刘晋，孙业亮. 2013. 民工荒背景下关于当前我国"人口红利"和"刘易斯拐点"问题的思考. 理论导刊，（2）：100.

刘俊彦，胡献忠. 2009. 新一代农民工发展状况研究报告. 中国青年研究，（1）：49-57.

刘林平，万向东，张永宏，等. 2006. 制度短缺与劳工短缺——"民工荒"问题研究. 中国工业经济，（8）：45-53.

刘茜. 2010-03-05. 民工荒荒出产业转型契机. 南方日报，第6版.

刘淑华. 2008. 家乡的"归根"抑或城市的"扎根"——新生代农民工婚恋取向问题的研究. 中

国青年研究，（1）：47-50.

刘小年. 2010. 农民工市民化的政策研究——主体的视角. 长沙：湖南人民出版社.

刘秀英，孟艳春. 2004. 论农民工与中国工人阶级队伍的两重化. 求实，（1）：59-61

刘艳丽. 2010. 试析我国目前"民工荒"的原因及对策. 湖北广播电视大学学报，（2）：83.

刘英丽，张意轩，李玲. 2004. 民工荒重塑劳资新局化. 新闻周刊，（29）：23-25.

刘云山. 2012-6-1. 深入推进社会主义核心价值体系建设. http://theory.people.com.cn/GB/
49169/49171/7191965.html.

刘志仁. 2003. 关于"民工潮"现象的深层思考——我国农村剩余劳动力流动的现状问题及其
对策. 中国行政管理，（11）：65.

刘忠良. 2011. 珠江三角洲"民工荒"现象分析及对策. 华南理工大学硕士论文：34，46，75，
115.

卢国显. 2010. 农民工：社会距离与制度分析. 北京：社会科学文献出版社.

卢汉龙，吴书松. 2009. 社会转型与社会建设. 上海：上海社会科学院出版社.

卢卡奇. 2004. 历史与阶级意识. 杜章智，任立，燕宏远译. 北京：商务印书馆.

鲁洁，王逢贤. 2000. 德育新论. 南京：江苏教育出版社.

鲁开垠. 2011. 农民工紧缺与社会保障体系的构建. 国家行政学院学报，（6）：74.

陆学艺. 2004. 当代中国社会流动. 北京：社会科学文献出版社.

陆训. 1998. "创业之星"带动农村经济发展的跟踪研究. 安徽行政学院学报，（11）：17.

路易·阿尔都塞. 2010. 保卫马克思. 顾良译. 北京：商务印书馆.

吕新雨. 2003. "民工潮"的问题意识. 读书，（10）：52-61.

吕元礼. 2002. 亚洲价值观：新加坡政治的诠释. 江西：江西人民出版社.

栾敬东. 2004. 流动人口的社会特征及其收入影响因素分析. 中国人口科学，（2）：67.

罗明东. 2008. 当代教育改革新探索. 山东：科学技术出版社.

罗忆源. 2007. 失业民工眼中的"民工荒"——自愿性失业青年农民工的个案研究. 调研世界，
（7）：15.

罗永泰. 技术工人短缺与技能人才激励机制设计. 经济经纬，（6）：85.

罗御，罗晴. 2006. 农民工问题的哲学分析. 安徽农业科学，（14）：3488-3489.

马长山. 1996. 公民意识：中国法治进程的内驱力. 法学研究，（6）：178.

马尔库塞. 1987. 爱欲与文明. 黄勇，薛民译. 上海：上海译文出版社.

马尔库塞. 1993. 单向度的人. 刘继译. 重庆：重庆出版社.

马尔萨斯. 1962. 政治经济学原理. 厦门大学经济系翻译组译. 北京：商务印书馆.

马惠娣. 2004. 走向人文关怀的休闲经济. 北京：中国经济出版社.

马惠娣，张景安. 2004. 中国公众休闲状况调查. 北京：中国经济出版社.

马克斯·韦伯. 1987. 新教伦理与资本主义精神. 于晓，陈继纲译. 上海：上海三联出版社.

马斯洛. 1987a. 人性能达的境界. 林方译. 昆明：云南人民出版社.

马斯洛. 1987b. 人的潜能和价值. 林方译. 北京：华夏出版社.

马斯洛. 1988. 人类价值新论. 胡万福等译. 石家庄：河北人民出版社.

马雪鸿. 2012. 少数民族农村富余劳动力转移动因及障碍研究文献述评. 北方经济，(13)：66-67.

马妍. 2012. 传统观念与个人理性的碰撞：80 后知识精英婚恋观研究. 青年研究，(5)：39-46.

曼昆. 2006. 经济学原理. 梁小民等译. 北京：北京大学出版社.

毛崇杰. 2002. 颠覆与重建：后批评中的价值体系. 北京：社会科学文献出版.

毛大庆. 2003. 城市生活质量评价理论及方法研究. 北京：北京原子能出版社.

米德. 2005. 心灵、自我与社会. 赵月瑟译. 上海：上海译文出版社.

米切尔·沃尔夫. 2001. 娱乐经济：传媒力量优化生活. 黄光伟等译. 北京：光明日报出版社.

米斯克尔. 2004-06-27. 一张地球反射地图带来的新思考. 参考消息，第 6 版.

苗启明. 1986. 哲学思考中心的演变与马克思在哲学上的革命. 云南社会科学，(6)：29-34.

苗元江，余嘉元. 2003. 幸福感：生活质量研究新视角. 新视野，(4)：3-12.

莫蒂默，艾德勒. 1991. 西方思想宝库.《西方思想宝库》编委会译. 长春：吉林人民出版社.

牟成文. 2008. 中国农民工意识形态的变迁——以鄂东 A 村为个案. 武汉：湖北人民出版社.

聂辰席. 2013-10-18. 群众路线是破除"四风"的必由路径. 人民日报，第 8 版.

宁晓菊. 2011. 社会主义核心价值体系对新生代农民工影响力研究. 求实，(3)：76-81.

农冬云. 2005. 手机时代青少年思想教育对策. 中国青年研究，(4)：50-52.

帕森斯. 1998. 现代社会的结构与过程. 梁向阳译. 北京：光明日报出版社.

帕森斯. 2003. 社会行动的结构. 夏遇南译. 北京：译林出版社.

潘绥铭. 2003. 中国人"初级生活圈"的变革及其作用——以实证分析为例的研究. 浙江学刊，(1)：203-209.

潘毅. 2005. 开创一种抗争的次文体：工厂里一位女工的尖叫、梦魇和叛离. 社会学研究，(1)：13-24.

潘泽泉. 2007. 社会、主体性与秩序. 北京：社会科学文献出版社.

潘泽泉. 2010. 底层生态和秩序建构：基于农民工问题的实证研究. 湖南师范大学社会科学学报，(5)：83-86.

钱正武. 2006. 新生代农民工的主观诉求与政策建议. 中国青年研究，(4)：18-20.

钱正武，李艳. 2011. 社会公正：农民工市民化的理念支撑. 长白学刊，(2)：136-140.

乔全兴. 2009-8-26. 中国农业 60 年：粮棉油等主要农产品产量实现大幅增长. http://www.cafs.ac.cn/show.asp?ResName=nyyw*order=56.

乔治·卢卡奇. 1992. 历史与阶级意识. 杜章智译. 北京：商务印书馆.

塞缪尔·亨廷顿. 1989. 变化社会中的政治秩序. 王冠华等译. 北京：生活·读书·新知三联书店.

邵方益. 2008. 终极关怀视野下高职学生的闲暇教育. 教育探索，（5）：16-17.

沈汉溪，林坚. 2007. 农民工对中国经济的贡献测算. 中国农业大学学报（社会科学版），（1）：96-102.

沈壮海. 2001. 思想政治教育有效性研究. 武汉：武汉大学出版社.

《社会学概论》编写组. 1984. 社会学概论. 天津：天津人民出版社.

盛来运，孙梅君，侯锐，等. 2005. 低工资是造成"民工荒"的根本原因——东部地区农民工短期问题的调查与分析. 调研世界，（9）：3-6.

盛运来. 2008. 流动还是迁移：中国农村劳动力流动过程的经济学分析. 上海：上海远东出版社.

施坚雅. 1991. 中国封建社会晚期城市研究. 长春：吉林教育出版社.

时蓉华. 1986. 社会心理学. 上海：上海人民出版社.

舒尔茨. 1990. 人力资本投资：教育和研究的作用. 北京：商务印书馆.

舒建玲. 2012. 产业经济学视角下的"民工荒"研究. 经济研究参考，（26）：65.

舒远招. 2003. 马克思主义哲学在当代中国的发展. 长沙：湖南人民出版社.

司马云杰. 2003. 价值实现论. 西安：陕西人民出版社.

宋虎林. 2010. 新生代农民工市民化途径和策略研究. 经济研究导刊，（17）：265-267.

单中惠，杨汉麟. 2001. 西方教育名著提要. 江西：江西教育出版社.

苏振芳. 2006. 道德教育论. 北京：社会科学文献出版社.

苏振芳. 2007a. 加强文化管理，促进和谐网络文化建设. 思想教育研究，（7）：112.

苏振芳. 2007b. 论青年马克思对道德功利主义的超越. 马克思主义研究，（10）：71-77.

苏振芳. 2008. 坚持文化创新，促进和谐文化建设. 马克思主义与现实，（1）：192-194.

苏振芳. 2009a. 把握先进文化方向，促进和谐文化建设. 思想理论教育导刊，（2）：14-18.

苏振芳. 2009b. 当代国外思想政治教育比较. 北京：人民出版社.

苏振芳. 2009c. 用社会主义核心价值体系引领网络文化建设. 中共福建省委党校学报，（2）：118-122.

孙培青. 1999. 中国教育史. 上海：华东师范大学出版社.

孙毓棠. 1957. 中国近代工业史资料. 北京：中国社会科学出版社.

孙正幸. 1996. 现代教养. 长春：吉林教育出版社.

谭崇台. 1998. 发展经济学. 上海：上海人民出版社.

谭明，方翰青. 2011. 新生代农民工就业能力及其提升. 河北大学成人教育学院学报，（7）：49-52.

谭志娟. 2014-02-15. 东西部再启用工拉锯战：底薪涨 20% 成常态. 中国经营报，第 6 版.

汤普森. 2001. 英国工人阶级的形成（上、下）. 钱乘旦译. 北京：译林出版社.

唐昌黎，孟海贵. 2010. 中国特色社会主义的三个时期和两次转轨. 中国延安干部学院学报，
（3）：30-35.

田川. 人口迁移：中国经济社会发展的重要因素. 社会科学报. 2016-11-29.

唐凯麟. 2000. 伦理大思路：当代中国道德和伦理学发展的理论审视. 长沙：湖南人民出版社.

唐永玲. 2011. "民工荒"危机下企业的机遇. 经济师，（3）：14-15.

陶广峰. 2010. 农民工权利保障的理论判断与宪政价值. 学习与探索，（3）：86-89.

陶玲. 2010. 南京市新生代农民工价值观调查分析. 经营管理者，（9）：16.

滕丽娟. 2006. 促进农民工向工人阶级转化旳途径探析. 前沿，（10）：201-203.

田翠琴，齐心. 2005. 农民闲暇. 北京：社会科学文献出版社.

田永泽. 2007. 中国大中城市流动人口迁移规律研究. 理论导刊，（8）：36.

童星. 2005. 发展社会学与中国现代化. 北京：社会科学文献出版社.

涂圣伟. 2011. 我国"民工荒"现象的新特点分析与对策建议. 宏观经济管理，（6）：33-35.

托马斯·古德尔，杰弗瑞·戈比. 2000. 人类思想史中的休闲. 成素梅，马惠娣，季斌等译. 昆
明：云南人民出版社.

托马斯·库恩. 2004. 必要的张力：科学的传统和变革论文选. 范岱年，纪树立译. 北京：北
京大学出版社.

万新恒. 2007. 玩经济：数字娱乐拷问中国. 北京经济科学出版社.

汪国华. 2011. 调适社会权利与社会政策张力系统：新生代农民工社会权利研究. 中国青年研
究，（6）：70-75.

汪生科. 2003-05-21. 谁赶走了石狮十万外来工. 21 世纪经济报道，第 5 版.

汪信砚. 2004. 当代视域中的马克思主义哲学. 武汉：湖北人民出版社

王冰. 2005. 自媒体的"歧路花园"——博客现象的深层解读. 学术论坛，（1）：165-168.

王常娟，何临春. 2010. 试论新生代农民工道德同一性问题. 现代交际，（9）：10-12.

王春光. 2001. 新生代农村流动人口的社会认同与城乡融合的关系. 社会学研究，（3）：63-76.

王春光. 2009. 对中国农村流动人口"半城市化"的实证分析. 学习与探索，（5）：94-103.

王春光. 2010. 新生代农民工城市融入进程及问题的社会学分析. 青年探索，（3）：5-15.

王岗峰. 2006. 以人为本是和谐社会的本质和核心. 福建师范大学学报（哲学社会科学版），
（1）：68-73.

王岗峰. 2007. 社会和谐发展论. 北京：社会科学文献出版社.

王岗峰，何贻纶，陈桂蓉. 2005. 走向和谐社会. 北京：社会科学文献出版社.

王国平. 2007. 推进和谐创业、提高生活品质. 杭州：浙江人民出版社.

王国兰，殷婷婷. 2011. 浅析"民工荒"发生的原因及应对措施. 中国集体经济，(9)：150-151.

王红梅. 2006. 从"民工荒"看未来若干年农村劳动力的供求. 统计研究，(2)：17-20.

王洪春，阮宜胜. 2004. 中国民工潮的经济学分析. 北京：中国商务出版社.

王俊霞，王孟欣. 2005. "民工荒"问题的经济学思考. 中国人口科学，(8)：242-244.

王琳琳，冯继康. 2006. 社会转型期农民工"国民待遇"问题研究. 曲阜师范大学硕士学位论文.

王宁. 2001a. 消费社会学. 北京：社会科学文献出版社.

王宁. 2001b. 消费社会学——一个分析的视角. 北京：社会科学文献出版社.

王萍. 1999. 论我国农村剩余劳动力的合理转移和有序流动. 青年研究，(7)：18.

王盛开. 2012. 改革开放以来乡镇企业的发展特点与政策取向. 北京行政学院学报，(4)：85-89.

王仕豪，张智勇. 2006. 制造业中农民工用工短缺：基于黏性工资的一种解释. 中国人口科学，(2)：58-64.

王思斌. 1987. 经济体制改革对农村社会关系的影响. 社会科学研究，(6)：26-34.

王武召. 2002. 社会交往论. 北京：北京大学出版社.

王小樯. 2011. 2010 年新一轮"民工荒"问题探析. 财经界，(3)：197-198.

王晓波. 2012. 中国农村劳动力流动的"民工荒"现象分析. 黑龙江大学硕士论文.

王晓辉，赵中建. 2002. 为了 21 世纪的教育：问题与展望. 北京：教育科学出版社.

王晓梅，阴冠平. 浅论新生代农民工价值观的嬗变. 齐齐哈尔大学学报（哲学社会科学版），(5)：61.

王雅林. 2003. 城市休闲：上海、天津、哈尔滨城市居民时间分配的考察. 北京：社会科学文献出版社.

王易慧. 2010. 双重"户籍墙"对农民工市民化的影响易. 经济学家，(6)：65.

王雨林，黄祖辉. 2011. 从"民工荒"看农民工权利问题. 南京社会科学，(9)：83.

王玉梁. 1993. 价值哲学新探. 西安：陕西人民教育出版社.

王章辉，孙娴. 1995. 工业社会的勃兴. 北京：人民出版社.

王镇文. 2007. 从"民工潮"到"民工荒"——农村剩余劳动力有效转移的制度分析. 理论导刊，(6)：78.

韦伯. 2002. 社会科学方法论. 韩水法，莫茜译. 北京：中央编译出版社.

韦陈锦. 2008. "民工荒"的原因与对策研究. 东北大学.

韦尔海姆·狄尔泰. 2004. 人文科学导论. 赵稀方译. 北京：华夏出版社.

魏英敏. 1993. 新伦理学教程. 北京：北京大学出版社.

我国农民工工作"十二五"发展规划纲要研究课题组. 2014-6-1. 中国农民工问题总体趋势：

观测"十二五". http://www.360doc.com/content/12/0121/07/4310958_195803991.shtml.

吴红宇，朱轶. 2010. 低工资率下向左上方倾斜的劳动力供给曲线分析——"民工荒"现象的
又一种解释. 广东商学院学报，（3）：9-14.

吴鲁平，俞晓程，闫晓鹏，等. 2006. 城市青年农民工的弱势特征及其后果. 中国青年研究，
（6）：7-24.

吴鹏森. 2001. "民工潮"对中国东西部地区发展差距的负面影响. 社会，（7）：7.

吴向东. 2006. 重构现代性：当代社会主义价值观研究. 北京：北京师范大学出版社.

吴学琴. 2010. 日常生活化的意识形态与新中国流行语的变迁. 马克思主义研究，（3）：75-83.

吴勇民. 2006. 我国产业结构与经济增长关系之协整模型的建立与实现. 当代经济研究，（6）：
47-51.

鲜开林，刘晓亮. 2011. 新生代农民工的精神生活问题研究. 东北财经大学学报，（1）：81-89.

项贤明. 2000. 泛教育论. 太原：山西教育出版社.

谢建社. 2004. 新产业工人阶层——社会转型中的"农民工". 北京：社会科学文献出版社.

谢建社. 2009. 风险社会视野中的农民工融入性教育. 北京：社会科学文献出版社.

谢建社，牛喜霞. 2004. 中国乡土社会"差序格局"新趋势. 江西师范大学学报，（1）：8-13.

谢宇. 2010. 公共管理视野下的新生代农民工基本服务均等化探析. 青年探索，（3）：24-30.

谢玉冰. 2011. 后金融危机时代"民工荒"问题研究. 武汉大学硕士学位论文：116.

辛占军. 2008. 老子译注. 北京：中华书局.

邢占军. 2005. 测量幸福——主观幸福感测量研究. 北京：人民出版社.

熊贵彬. 2009. 国家权力与社会结构视野下的农民工城市化. 北京：中国社会出版社.

熊易寒. 2009. 城市化的孩子：农民工子女的城乡认知与身份意识. 中国农村观察，（2）：2-11.

熊易寒. 2016-6-29. 教育吸纳对农民工子女融入城市作用甚微. http://news.sina.com.cn/pl/
2010-06-29/113220571613.shtml.

徐海波. 2009. 意识形态与大众文化. 北京：人民出版社.

徐海波. 2011. 当前"民工荒"问题的经济学分析及其对策. 铜陵学院学报，（2）：11-12.

徐华，陈兴中，李富忠. 2010. 基于教育发展和缺位视角下的"民工荒"成因分析. 山西农业
大学学报，（3）：282-286.

徐文财. 2011. 新生代农民工的身份认同及影响因素分析. 学习论坛，（8）：12.

徐永祥. 2001. 社区发展论. 上海：华东理工大学出版社.

徐志达，庄锡福. 2011. 新生代农民工政治参与：从非制度化到制度化. 长白学刊，（3）：16-19.

许宝林. 2002. "民工潮"问题探析. 大庆师范学院学报，（2）：32.

许传新. 2007. 新生代农民工的身份认同及影响因素分析. 学术探索，（3）：58-62.

许飞. 2009. 新生代农民工社会福利问题研究. 青年与社会，（2）：307.

许经勇. 2005. 透过"民工荒"现象看其问题的本质. 学术研究,（1）：125

许耀桐，胡叔宝，胡仙芝. 2006. 政治文明：理论与实践发展分析. 北京：中央编译出版社.

许叶萍，石秀印. 2010. 新生代农民工的价值追求及与老一代农民工的比较. 思想政治工作研
　　究,（3）：11-13.

亚里士多德. 1990. 尼各马可伦理学. 廖帕译. 北京：中国社会科学出版社.

亚里士多德. 2003. 尼各马可伦理学. 苗力田译. 北京：中国人民大学出版社.

阎德民. 2004. 当代中国农民工阶层特征分析. 中州学刊,（5）：9-13.

颜纯均. 2003. 博客和个人媒体时代. 福建论坛（人文社会科学版）,（3）：28-32.

晏辉. 2009. 现代性语境中的价值与价值观. 北京：北京师范大学出版社.

杨昌勇. 1994. "新"教育社会学产生的归因分析. 国外社会科学,（4）：54-58.

杨春华. 2008. 关于新生代农民工问题的思考. 学习论坛,（8）：76.

杨春华. 2010. 关于新生代农民工问题的思考. 农业经济问题,（4）：17-19.

杨静. 2013. 新生代农民工继续教育的政府供给探究. 科教文汇旬刊,（3）：6.

杨立英. 2003. 网络思想政治教育论. 北京：人民出版社.

杨立英. 2004. 现代公民教育的方法论思考. 思想理论教育导刊,（10）：50-53.

杨立英. 2005. 论网络思想政治教育的主客体关系特性与教育创新. 思想理论教育导刊,（11）：
　　60-65.

杨立英. 2006. 意识形态、经济发展与科学发展观的价值合理性. 马克思主义与现实,（2）：
　　149-151.

杨立英. 2009. 马克思经济伦理思想与和谐社会的制度伦理建设. 思想理论教育导刊,（4）：
　　12-15.

杨立英，曾盛聪. 2006. 全球化、网络化境遇与社会主义意识形态建设. 北京：人民出版社.

杨柳桥. 2007. 庄子译注. 上海：上海古籍出版社.

杨敏. 2004. 社会行动的意义效应：社会加速转型期现代性特征研究. 北京：中国人民大学出
　　版社.

杨梅. 2009. 基于价值观的新生代农民工就业培训探讨. 农村经济与科技,（9）：49.

杨善华. 1999. 当代西方社会学理论. 北京：北京大学出版社.

杨善华，侯红蕊. 1999. 血缘、姻缘、亲情与利益——现阶段中国农村社会中"差序格局"的
　　"理性化"趋势. 宁夏社会科学,（6）：51-58.

杨肖丽，张广胜，杨欣. 2010. 农民工城市间流动的影响因素及流动后果研究——对沈阳市农
　　民工的实证调查. 沈阳农业大学学报（社会科学版）,（4）：393.

杨艳，陈力坤，唐荣. 2005. 农民工医疗保障问题探讨. 北京市计划劳动管理干部学院学报,
　　（3）：12-15.

姚刚. 2011. 提升传播主体性：论新生代农民工媒介话语权的建设. 学习论坛，（7）：37.

姚上海. 2008. 新生代农民工现代性培育与全面发展问题探讨. 理论月刊，（4）：179-182.

姚先国. 2005. 民营经济发展与劳资关系调整. 浙江社会科学，（2）：78.

叶文. 2006. 城市休闲旅游. 天津：南开大学出版社.

佚名. 2010-07-20. 工资上涨暗示中国经济面临重要转折. 上海证券报，第 3 版.

殷陆君. 1985. 人的现代化——心理·思想·态度·行为·成都：四川人民出版社.

于光远. 2005. 论普遍有闲的社会. 北京：中国经济出版社.

于芹. 2011. 农民的生存伦理和行动逻辑——读《农民的道义经济学：东南亚的反叛与生存》
　　有感. 四川教育学院学报，（4）：46-49.

晏智杰. 1982. 威廉·配第的价值论是二重的. 经济科学，（1）：45-47.

余品华. 2007. 社会主义核心价值体系是价值观理论的重大飞跃. 马克思主义研究，（9）：
　　83-86.

郁建兴，阳盛益. 2008. 城市政府在农民工市民化进程中的作用. 学习与探索，（1）：88.

袁贵仁. 1988. 人的主体性和价值的哲学本质. 人文杂志，（2）：10-14.

袁贵仁. 1991. 价值学引论. 北京：北京师范大学出版社.

袁贵仁. 2006. 价值观的理论与实践：价值观若干问题的思考. 北京：北京师范大学出版社.

袁贵仁，韩庆祥. 2003. 论人的全面发展. 南宁：广西人民出版社.

约翰·霍兰. 2000. 隐秩序——适应性造就复杂性. 周晓牧译. 上海：上海科技教育出版社.

约翰·斯道雷. 2006. 文化理论与通俗文化导论. 杨竹山，郭发勇，周辉译. 南京：南京大学
　　出版社.

《哲学动态》杂志社记者. 2000. "重读马克思"：时代与逻辑的双重诉求——访何中华教授. 哲
　　学动态，（11）：2-5.

詹玲. 2008. 关于农民工问题的研究综述. 当代论坛，（7）：6-8.

詹姆斯·科尔曼. 1999. 社会理论的基础（上）. 邓方译. 北京：社会科学文献出版社.

张车伟. 2012-4-3. 中国步入了劳动力短缺时代了吗? http：//iple.cass.cn/show—News.aspid=
　　26066.

张德瑞. 2009. 中国农民平等权利法律保护问题研究. 南昌：江西人民出版社.

张惠. 2011. 论农民工阶层的城市适应. 中国党政干部论坛，（9）：33.

张建军. 2004-09-12. "民工荒"为何突袭珠三角. 经济日报，第 5 版.

张晶. 2003. 论审美文化. 北京：北京广播学院出版社.

张军. 2008. 电力"春暖"返乡农民工. 国家电网，（5）：11.

张丽. 2012. 农民工权利的法律保护研究. 辽宁大学硕士学位论文：231.

张亮. 2010. 促进农村劳动力成功转移：对五大制度的审视. 西北农林科技大学学报（社会科

学版），（5）：4.

张敏. 2011. 新生代农民工社会保障困境与解决对策. 云南农业大学学报：社会科学版，（5）：8.

张敏. 2012. 新生代农民工城市融入的主要障碍及实现途径. 天津商业大学硕士学位论文：44.

张森林. 2011-03-13. "争夺战"能使农民工走进"春天里"吗. 工人日报，第4版.

张曙. 2011. 采取措施妥善解决"民工荒"问题. 广西教育学院学报，（6）：23.

张曙光. 2011. 论现代价值与价值观的问题. 马克思主义与现实，（1）：150-153.

张炜，景维民. 2011. 经济结构调整下的"民工荒"透析. 领导之友，（5）：28-30.

张显学. 2011. 新时期"民工荒"成因及对策研究. 理论导刊，（6）：65.

张晓水. 2007. "民工潮"及其负效应. 调研世界，（4）：38.

张新光. 2006-10-28. 新中国农地制度变革的一条主线——平分土地. http://www.66wen.com/09glx/gonggongguanli/xingzheng/20061028/24115_2.html.

张兴海. 2010. 社会转型与价值观念冲突. 长白学刊，（6）：123-125.

张兴祥. 2007. 工会组织缺位下的工人个人谈判博弈——兼论我国民工的策略抑制问题. 财经科学，（4）：74.

张兴祥，罗雪梅. 2013. 新生代农民工价值取向辨析. 厦门特区党校学报，（3）：20-26.

张旭东. 2011-10-18. 让核心价值观根植于心. 中国教育报，第4版.

张学龙. 2011. "民工荒"产生的原因及对策研究. 吉林大学硕士学位论文：43.

张学英. 2005. 关于我国"民工荒"与农民工福利待遇的探讨. 南方人口，（2）：50.

张艳玲. 2010. 论以人为本：从马克思的唯物史观到科学发展观. 北京：中国社会科学出版社.

张洋. 2010. 价值主体视阈中的社会主义核心价值体系认同问题探究. 理论界，（2）：10-11.

张耀灿，郑永廷，吴潜涛. 2006. 现代思想政治教育学. 北京：人民出版社.

张耀灿. 2006. 中国共产党思想政治教育史论. 北京：高等教育出版社.

张一兵. 1991. 西方人学第五代. 上海：学林出版社.

张鸷远 2011. 近期我国"民工荒"现象出现的原因及其对策. 哈尔滨市委党校学报，（2）：24-28.

张钟汝. 2001. 城市社会学. 上海：上海大学出版社.

章海荣，方起东. 2005. 休闲学概论. 昆明：云南大学出版社.

章铮. 2007. 民工：缺还是不缺. 职业技术教育，（4）：12.

赵海鹏. 2012. 浅议我国新生代农民工价值观的嬗变. 人口与经济，（12）：6.

赵婧. 2010. 城镇化进程中"民工荒"问题的成因及对策分析. 复旦大学硕士论文：45，55.

赵君哲，韩霞. 2008. 新疆"民工荒"现象解析——基于斯塔克模型. 现代企业，（12）：41-42.

赵麟斌. 2009a. 关于发展党内民主防范风险问题研究. 新视野，（4）：51-54.

赵麟斌. 2009b. 论领导文化的概念与范式. 东南学术，（5）：63-68.

赵麟斌. 2009c. 马克思主义中国化研读. 上海：同济大学出版社.

赵麟斌. 2010. 马克思主义中国化研究述评. 学术界，（4）：201-210.

赵莎莎. 2011. 对当前我国"民工荒"的调查与研究. 中国统计，（8）：20-22.

赵书超，刘秀娥，张春花，等. 2012. 农民工城市融入研究的价值澄清——多元文化主义视角. 石家庄学院学报，（1）：27-31.

赵文斌，袁积盾，樊德勇，等. 2002. 浅谈职工维权. 中国职工教育，（11）：41.

赵小娜. 2010. 注重三个方面的转化：建设社会主义核心价值体系的关键. 长白学刊，（3）：44-45.

赵秀芳. 2010. 从公民话语权看弱势群体利益的维护. 理论与现代化，（3）：10-15.

赵园媛. 2009. 从城乡文化差异看农民工的城市适应问题. 世纪桥，（15）：147-148.

赵中建. 1996. 教育的使命：面向 21 世纪的教育宣言和行动纲领. 北京：教育科学出版社.

郑传芳. 2005. 保持党的先进性的历史经验. 科学社会主义，（12）：74-76.

郑传芳. 2006. 党的执政能力建设和先进性建设的关系. 科学社会主义，（6）：45-47.

郑传芳，朱清. 2004. 邓小平理论与"三个代表"重要思想概论. 福州：福建人民出版社.

郑功成，黄黎若莲. 2006. 中国农民工问题：理论判断与政策思路. 中国人民大学学报，（6）：123-133.

郑国强. 2013-7-10. 中学生主流价值观专题教育的实践研究. http://www.zjwmw.com/07zjwm/system/2013/07/10/019458542.shtml.

郑杭生. 2007. 社会建设：理论与实践创新. 上海：上海人民出版社.

郑晖国. 2011-12-8. 新生代进城务工者婚恋生活状况调查结果. http://acwf.people.com.cn/GB/16543989.html/2011-12/8.

郑瑞，彭必源. 2007. "民工潮"：农村现代化的契机. 农业经济，（7）：45-46.

郑艳婷，刘盛和，陈田，等. 2003. 试论半城市化现象及其特征——以广东省东莞市为例. 地理研究，（5）：760-768.

郑也夫. 1995. 代价论. 北京：生活·读书·新知三联书店.

郑永廷. 2006. 人的现代化理论与实践. 北京：人民出版社.

郑又贤. 2006. 马克思主义中国化研究的思想方法审视. 马克思主义研究，（5）：74-78.

郑又贤. 2008a. 关于中国特色社会主义理论体系主要特征的辩证思考. 马克思主义研究，（12）：24-30.

郑又贤. 2008b. 科学发展观的核心的以人为本. 思想理论教育导刊，（3）：25-27.

郑又贤. 2008c. 马克思主义哲学新探. 北京：社会科学文献出版社.

郑又贤. 2010a. 马克思主义中国化之思想方法透视. 北京：社会科学文献出版社.

郑又贤. 2010b. 推进马克思主义中国化研究的辩证思考. 思想政治理论，（1）：15-20.

中共中央马克思恩格斯列宁斯大林著作编译局. 1957. 马克思恩格斯全集（第2卷）. 北京：人民出版社.

中共中央马克思恩格斯列宁斯大林著作编译局. 1958. 马克思恩格斯全集（第4卷）. 北京：人民出版社.

中共中央马克思恩格斯列宁斯大林著作编译局. 1960. 马克思恩格斯全集（第3卷）. 北京：人民出版社.

中共中央马克思恩格斯列宁斯大林著作编译局. 1964. 马克思恩格斯全集（第16卷）. 北京：人民出版社.

中共中央马克思恩格斯列宁斯大林著作编译局. 1972. 马克思恩格斯全集（第23卷）. 北京：人民出版社.

中共中央马克思恩格斯列宁斯大林著作编译局. 1974a. 马克思恩格斯全集（第25卷）. 北京：人民出版社.

中共中央马克思恩格斯列宁斯大林著作编译局. 1974b. 马克思恩格斯全集（第26卷），北京：人民出版社.

中共中央马克思恩格斯列宁斯大林著作编译局. 1979a. 马克思恩格斯全集（第21卷）. 北京：人民出版社.

中共中央马克思恩格斯列宁斯大林著作编译局. 1979b. 马克思恩格斯全集（第26卷）. 北京：人民出版社.

中共中央马克思恩格斯列宁斯大林著作编译局. 1979c. 马克思恩格斯全集（第42卷）. 北京：人民出版社.

中共中央马克思恩格斯列宁斯大林著作编译局. 1979d. 马克思恩格斯全集（第47卷）. 北京：人民出版社.

中共中央马克思恩格斯列宁斯大林著作编译局. 1995a. 马克思恩格斯全集（第3卷）. 北京：人民出版社.

中共中央马克思恩格斯列宁斯大林著作编译局. 1995b. 马克思恩格斯选集（第1～4卷）. 北京：人民出版社.

中共中央马克思恩格斯列宁斯大林著作编译局. 1998. 马克思恩格斯全集（第32卷）. 北京：人民出版社.

中共中央马克思恩格斯列宁斯大林著作编译局. 1985. 列宁全集（第2版）. 北京：人民出版社.

中国发展研究基金会. 2010. 中国发展报告 2010：促进人的发展的中国新型城市化战略. 北京：人民出版社.

中国社会科学院课题组. 2010-4-6. 用工荒出现的成因及对策分析. http://www.govinfo.so/

news_info.php?id=13305.

周长城. 2003. 中国生活质量：现状与评价. 北京：社会科学文献出版社.

周长城. 2004. 社会发展的终极目标是提高人民的生活质量. 武汉大学学报（哲学社会科学版），（5）：581.

周长城. 2008a. 客观生活质量：现状与评价. 北京：社会科学文献出版社.

周长城. 2008b. 主观生活质量：指标构件及其评价. 北京：社会科学文献出版社.

周长城. 2009. 生活质量的指标构建及其现状评价. 北京：经济科学出版社.

周大鸣. 2005. 移民文化——一个假设. 江苏社会科学，（5）：20.

周海英. 2004. "博客"的传播学分析. 江西社会科学，（7）：170-172.

周健. 2008. "刘易斯转折点"被推迟与"民工荒". 岭南学刊，（3）：67.

周莉. 2004. 价值观研究. 南京：南京师范大学出版社.

周频. 2007. "民工荒"现象的经济学分析及其理性认识. 内蒙古农业大学学报（社会科学版），（5）：39-41.

周怡. 2004. 解读社会：文化与结构的路径. 北京：社会科学文献出版社.

朱力. 2000. 准市民的身份定位. 南京大学学报（哲学社会科学版），（6）：113-122.

朱晓慧. 2007. 哲学是革命的武器——阿尔都塞意识形态理论研究. 上海：学林出版社.

朱永华. 2012-01-05. 靠"老弱妇孺"种粮非久长之计. 大众日报，第3版.

朱志刚. 2013-5-12. 城乡居民收入差距不断扩大. http://blog.sina.com.cn/s/blog_5379ecc80100 kw7u.html.

朱志强. 1988. 马斯洛需要层次理论述评. 武汉大学学报（社会科学版），（20）：124-126.

竹叶青. 2012-12-3. 中国"民工荒"开始蔓延. http://blog.sina.com.cn/s/blog_4877f3f3010002jd. html.

F. 奥格本. 1989. 社会变迁：关于文化和先天的本质. 王晓毅等译. 杭州：浙江人民出版社.

H. 孟德拉斯. 1988. 当代法国社会学. 胡伟译. 北京：生活·读书·新知三联书店.

Acemoglu D. 1997. Training and innovation in an imperfect labour market. *Review of Economic Studies*，64（3）：11.

Acemoglu D. 2003. Labour and captial augmenting technical change. *Journal of the European Economic Association*，1（1）：113.

Acemoglu D. 2009. When Does Labour Scarcity Encourage Innovation？*Journal of Political Economy*，118（6）：1037.

Aigner D J，Lovell C A K，Schmidt P. 1977. Formulation and estimation of stochastic frontier production function models. *Journal of Econometrics*，6（1）：54.

Alston P. 1992. The committee on economic，social and cultural rights//Alston P. *The United*

Nations and Human Rights：*A Critical Appraisa*. Oxford：Clarendon Press.

Bhattacharyya A，Parker E. 1999. Labor productivity and migration in Chinese agriculature A stochastic frontier approach. *China Economic Review*，（10）：115.

Blanchflower D G，Oswald A J. 1998. What makes an Entrepreneur. Journal of Labor Economic，1.

Brauw A D，Huang J，Rozelle S，et al. 2002. The Evolution of China's Rural Labor Markets During the Reforms. *Journal of Comparative Economics*，（30）：34.

Chan K W，Liu T，Yang Y. 1999. Hukou and non-hukou migrations in China：Comparisons and contrasts. *International Journal of Population Geography*，（5）：79.

Chen G，Hamori S. 2009. Solution to the dilemma of the migrant labor shortage and the rural labor surplus in China. *China and World Economy*，17（4）：565.

Coelli T J. 1992. A guide to frontier version 4. 1：A program for stochastic frontier production and cost function estimation. *Economics Letters*，39（1）：29-32.

Couzy C，Dockes A C. 2008. Are farmer's business people? Highlighting transformations in the profession of farmers in France. International Journal of Entrepreneurship and Small Business，6（3）：407-420.

Dinitto R. 1994. Who Leave? The outmigration of the foreign-Born. *Review of Economics and Statistics*，（78）：165-176.

Fan C. 2002. Association of american geographers. *Annals of the Association of American Geographers*，（92）：156.

Fan C. 2002. The elite，the natives，and the outsiders：Migration and labor market segmentation in urban China. *Association of American Geographers*，（92）：112.

Fan Y，Chen N，Kirby D A. 1996. Chinese peasant entrepreneurs：An examination of township and village entreprises in rural China. *Journal of Small Business Management*，34（4）：72-76.

Fei J C H，Ranis G. 1997. *Growth and Development from Evolutionary Perspective*. Oxford：Blackwell Publishers.

Feomme K，Katz E C，Rivet K. 1997. Outcome expectancies and risk-taking behavior. *Cognitive Therapy and Research*，21.

Foster J，Greer J，Thorbecke E. 1984. A class of decomposable poverty measures. *Econometrica*，52（3）：11.

Furman J L，Porter M E，Stern S. 2002. The determinants of national innovative capacity. *Research Policy*，31（6）：33.

Gartner W B. 1985. A Conceptual framework for describing the phenomenon of new venture creation. *Academy of Management Review*，10（4）：110.

George P. 1959. Type of migration of the population according to the professional and social composition of migration. *Journal of Political Economics*，（2）：67.

Gottmann J. 2007. Megalopolis：The urbanization of the northeastern seaboard. *Economic Geography*，33（3）：1411-1416.

Gough I，Olofsson G. 1999. *Capitalism and Social Cohesion*. London：Macmillan Press.

Grant E，Blue I，Harpham T. 2000. Social exclusion：A review and assessment of its relevance to developing countries. *Journal of Developing Societies*，16（2）：11.

Green S. 2008-01-4. On the word's factory floor how china's workers are changing china and the clobal economy. Https：//research at and ardchartered. com/research documents/pasearch Article aspx?&R=50615.

Hare D. 1999. "Push" versus "Pull" factors in migration outflows and returns：Determinants of migration status and spell duration among China's rural population. *Journal of Development Studies*，35（3）：132.

Hare D. 2002. The determinants of job location and its effect on migrants' wages：Evidences from rural China. *Economic Development and Cultural Change*，50（3）：137.

Harris J R，Todaro M P. 2009. Migration，unemployment and development：A two-sector analysis. *American Economic Review*. 60（1）：132.

Haugen M S. Vik J. 2008. Farmers as entrepreneurs：A case of farm-based tourism. *International Journal of Entrepreneurship and Small Business*，6（3）：321-336.

Heckman J. 1979. Sample selection bias as a specification error. Econometrica，47（1）：383.

Hendrischke H，Feng C Y. 1999. *The political Economy of China's Provinces*. London：Routledge.

Hildenbrand B，Hennon C B. 2008. Beyond the concept of "getting big or getting out"：entrepreneurship strategies to survive as a farm family. *International Journal of Entrepreneurship and Small Business*，6（3）：479-495.

Huang P，Frank N P. 2003. China Migration Country Study. The Conference on Migration，Development and Pro-Poor Policy Choices.

Huang P，Frank N P. 2008. China Migration Country Report. DFID Research Report.

Hugo G J. 1982. Circular migration in indonesia. *Population and Development Review*，8（1）：22.

Islam N，Yokota K. 2008. Lewis growth model and china's industrialization. *Asian Economic Journal*，22（4）：12.

Johnson D G. 1999. Agricultural adjustment in China：The taiwan experience andits implications. Office of Agricultural Economics Research，The University of Chicago.

Kaufman B E. 1979. Scale of plant relative to market size in U. S. manufacturing. *Southern*

Economic Journal，46（2）：55.

Keller W. 1996. Absorptive capacity：On the creation and acquisition of technology in development. *Journal of Development Economics*，49（1）：165.

Knight J B，Song L. 1995. Towards a labor market in China. *Oford Review of Economic Policy*，（4）：189.

Knight J，Song L，Jia H. 1997. Chinese rural migrants in urban enterprises：Three perspectives. *Journal of Development Studies*，35（3）：73-104.

Knight J. 2007. *China，South Africa and the Lewis Model. Palgrave Macmillan Uk.*

Lee F A. 1997. *China Superpower：Requisites for High Growth*. New York：St. Martins Press.

Leones J P，Feldman S. 1998. Nonfarm activity and rural household income：Ecidence from philippine microdata. *Economic Development and Cultural Change*. 45（4）：112.

Lewis A. 1954. Economic Development with Unlimited Supplies of Labor. *The Manehester School*，22（2）：139-191.

Lewis W A. 1958. Economic development with unlimited supplies of labor，the manchester school of economic and social studies，22，139-191. Reprinted. // Agarwala A N，Singh S P. *The Economics of Underdevelopment*. Bombay：Oxford University Press.

Li Q. 2002. Stratification in China's resident and peasant workers'social status. *Social Science in China*，23（23）：89，121.

Lin N. 1996. *Social Capital：A Theory of Social Structure and Action*. London：Cambridge University Press.

Louis H. 1936. *Die Geographische Gliederung von Gross*. Berlin：Stuttgart Engelhorn.

Ma Z. 2002. Social-capital mobilization and income returns to entrepreneurship：The case of returnmigration in rural China. *Environment and Planning*，34（10）：1763-1784.

Mbiba B，Huchzermeyer M. 2002. Contentious development：Periurban studies in sub saharan Africa. *Progress in Envelopments Studies*，2（2）：113-131.

MeGee T. 1991. The Emergence of Desakota Regions in Asia：Expanding a Hypothesis. *Environment Devopment & Sustainability*.//Ginsburg N, Koppel B. and McGee T G.（eds.），*The Extended Metropolis：SettlementTransition in Asia*. Honolulu：University of Hawaii Press：3-25.

Meng X，Zhang J S. 2001. The two-tier labor market in urban China. *Journal of Comparative Economics*，（29）：43.

Meng X. 2001. The informal sector and rural-urban migration：A Chinese case study. *Asian Economic Journal*，15（1）：143.

Nash J. 1953. *Philosophy of Recreation and Leisure*. Dubuque: William C. Brown Company.

Northrup D. 2003. Free and unfree labor migration, 1600-1900: An introduction. *Journal of World History*, (14): 54.

Núñez R J. 2009. *Circular Migration and Employment in Southern Africa*. Plating and Finishing.

Pahl R E. 1965. *Urbs in Rure: The Metropolitan Fringe in Hertfordshire*. London: London School of Economics and Political Science.

Perkins D H. 1998. Reforming China's economic system. *Journal of Economic Literature*, 26 (2): 113.

Piore M J. 2009. The Dual Labor Market: Theory and Implications//Grusky D B. *Social Stratification: Class, Race, and Gender in Sociological Perspective*.

Portes A, Stepick A. 1985. Unwelcome immigrants: The labor market experience of 1980 (Mariel) cuban and haitian refugees in south florida. *American Sociological Review*, 50 (4): 112.

Putnam R D. 1993. The prosperous community: Social capital and public life. *The American Prospect*, (13): 11.

Ravenstein E G. 2015. The laws of migration. *Journal of the Royal Statistical Society*, 151 (1385): 289-291.

Roger G, Li D D. 1999. The effects of wage distortions on the transition: Theory and evidence from China. *European Economic Review*, 43 (23): 112.

Rosenzweig M R, Stark O. 1989. Consumption Smoothing and Migration: Evidence from Rural India. *Journal of Political Economy*, 97 (4): 905-926.

Rozelle S, Debrauw A. 1999. Migration, Remittances, and Agricultural Productivity in China. *American Economic Review*, 89 (2): 287-291.

Seeborg M C, Jin Z, Zhu Y. 2000. The new rural-urban labor mobility in China: Causes and implications. *The Journal of Socio-Economics*, 29 (1): 39-56.

Sergio D-B, Cheney C C. 2003. Foreign scientists at the national institutes of health: Ramifications of U. S. immigration and labor policies. *The International Migration Review*, (37): 45.

Shane S, Ventakaraman S. 2000. The promise of entrepreneurship as a field of research. *Academy of Management Review*, 25 (1): 34.

Solow R. 1957. Technical change and the aggregate production function. *Review of Economics and Statistics*, 39 (3): 76.

Stark O, Bloom D E. 1985. The new economics of labor migration. *American Economic Review*, 75 (2): 23.

Stark O, Taylor J E. 1991. Migration ineentives, migration types: The role of reltivede privation.

Eeonomie Journal，101（408）：1163-1178.

Taylor J E，Rozelle S，Brauw A D. 2003. Migration and incomes in source communities：A new economic of migration perspective from China. *American Economic Review*，52（1）：75-101.

Timmons J A. 1999. *New Venture Creation*. Singapore：MeGraw-Hill.

Todaro M P. 2005. A model of labor migration and urban unemployment in less developeol countries. *Ameriean Eeonomia Review*，59（1）：114.

Todaro M P. 1969. A model of labor migration and Urban Unemployment in Less Developed Countries. *American Economic Review*，59（1）：138-148.

transformations in the profession of farmers in France. *International Journal of Entrepreneurship and Small Business*，（3）：407-420.

Vanwey L K. 2003. Land ownership as a determinant of temporary migration in nang rong，thailand. *European Journal of Population*，19（2）：45.

Wang F，Jin X. 1999. Inside China's cities：Institutional barriers and opportunities for urban migrants. *Aea Papers and Proceedings*，89（2）：11.

Wang F，Zuo X J. 1999. History's Largest Labor Flow：Understanding China's Rural Migration-Inside China's Cities：Institutional Barriers and Opportunities for Urban Migrants. *The American Economic Review*，（89）：45.

Webster D. 2002. *On the Edge：Shaping the Future of Peri-urban East Asia*. Stanford University：The Asia Pacific Research Center.

West L A，Zhao Y H. 2000. Rural labor flows in China. *Review of Development Economics*，5（1）：45.

Wickham P A. 1998. *Strategic Entrepreneurship*. New York：Pitman Publishing.

Williamson J G. 1988. Migration and urbanization. *Handbook of Development Economics*，1：425-465.

Wolf P D，Mcelwee G，Schoorlemmer H. 2007. The European farm entrepreneur：Acomparative perspective. *International Journal of Entrepreneurship and Small Business*，4：679-692.

World Bank. 2007. China Quarterly Update World Bank Office，Beijing. Beijing Review.

Yao Y. 1999. Rural industry and labor market integration in eastern China. *Journal of Development Economics*，59（2）：54.

Yap L Y L. 1977. The attraction of cities. *Journal of Delelopment Economics*，（24）：32.

Yates J F，Stone E R. 1992. The Risk Construct.//Yates，J. Frank（Ed）. 1992. *Risk-taking behavior*.，（pp.1-25）. Oxford，England：John Wiley & Sons.

Zappo D F C. 1961. Reading in the sociology of migration. *The Economics Journal*，（101）：134.

Zhang L X，Huang J K，Rozelle S. 1997. Land policy and land use in China.//Organization

Economic Cooperation & Development，1997：71-77.

Zhao Y H. 1997. Labor migration and returns to rural education in China. *American Journal of Agricultural Economics*，（79）：234.

Zhao Y H. 1999. Labor migration and earnings differences：The case of rural China，economic development and cultural change. *American Economic Review*，47（4）：112.

Zhao Y H. 1999. Labor migration and earnings differences：The case of Rural China. *Economic Development and Cultural Change*，47（4）：43.

Zhao Y H. 1999. Leaving the countryside：Rural-to-urban migration decision in China. *American Economic Review*，89（2）：154.

Zhao Y H. 2001. The role of migrants networks in labor migration：The case of China. Working paper，E2001012，China Center for Economic Research，Peking University.

Zhao Y H. 2002. Causes and consequences of return migration：Recent evidence from China. *Journal of Comparative Economics*，（30）：54.

Zhao Y H. 1999. Migration and earnings differenee：The ease of rural China. *Economic Development and Cultural Change*，47（4）：21.

Zhu N. 2002. The impact of income gaps on migration decisions in China. *China Economic Review*，（13）：23.

附录　调查问卷

亲爱的新生代农民工们：

你们好！

你们进城务工为城市经济发展和社会进步做出了巨大的贡献。为了进一步全面准确地了解农民工朋友的生活状况和探索新生代农民工的价值观现状，以更好地为在城市生活的新生代农民工提供教育引导策略，我们开展了这项调查。

本次调查严格按照《中华人民共和国统计法》的要求进行，不填写姓名，所有回答只用于统计分析，绝对保密，答案无对错之分。您只需根据自己的实际情况，在您所选的答案上打√。注：若没有特别说明，每题只选一个答案。

占用您宝贵的时间为我们填写这份问卷，不胜感激，衷心感谢您的支持与合作！

《民工荒视域下的新生代农民工价值观研究》课题组

2013 年 3 月

1. 您的性别

（1）女　（2）男

2. 您的年龄

_____（请填写具体数字）

3. 您的文化程度

（1）文盲　（2）小学　（3）初中　（4）高中　（5）中专、技校

（6）大专以上

4. 您的婚姻状况

（1）未婚　（2）已婚　（3）离婚　（4）丧偶

5. 您的政治面貌是

（1）共青团员　　（2）中共党员　　（3）民主党派　　（4）群众

6. 您的来源地是

＿＿＿＿省

7. 您的户籍所在地是

（1）本地户籍居民　　（2）外地户籍居民

8. 您个人平均月收入

（1）1500元及以下　　（2）1501～3000元　　（3）3001～5000元

（4）5000元以上

9. 您外出打工的时间是

（1）1～3年　　（2）3～6年　　（3）6～9年　　（4）9年以上

10. 您是否关注国家的时事政治

（1）关注　　（2）较关注　　（3）不关注　　（4）其他

11. 您获取时事信息的主要渠道是（多选题）

（1）网络　　（2）广播　　（3）电视　　（4）报刊　　（5）手机

（6）与同事朋友沟通交流　　（7）其他

12. 您认为国家大事应如何决定（可多选）

（1）全民讨论后由国家领导人决定　　（2）人大代表讨论决定

（3）专家提方案由领导决定　　（4）其他

13. 您对现政府执政能力的看法

（1）很满意　　（2）比较满意　　（3）一般　　（4）不太满意　　（5）很不满意

14. 您是否愿意加入政治性团体

（1）已经加入　　（2）正在积极申请　　（3）目前还没有这个准备

（4）坚决不加入

15. 您关注哪些国家问题（可多选）

（1）公民福利　　（2）政治民主化　　（3）国家安全　　（4）社会秩序

（5）清除腐败　　（6）其他

16. 您在日常学习生活中是否会谈及政治问题

（1）经常和朋友讨论　　（2）发生国家大事时会谈及　　（3）基本不会

17. 作为国家青年人队伍中的一员，您认为您是否应该具备爱国主义精神

（1）是　　（2）否　　（3）说不清　　（4）其他

18. 作为国家青年人队伍中的一员，您认为您是否应该具备改革创新精神

（1）是　　（2）否　　（3）说不清　　（4）其他

19. 对于"中国梦",您个人更认同以下哪一种说法

（1）这是一个理想境界,但实现起来是很困难的

（2）是一种为了凝聚国民,增加国家向心力的价值观的宣传

（3）空想,没有实现的可能

（4）与我好像没什么关系

（5）其他

20. 您认为马克思列宁主义作为中国共产党的指导思想是否已经过时

（1）是　（2）否　（3）说不清　（4）其他

21. 对于马克思主义在中国的运用,您认为

（1）马克思主义仅仅是科学,与其他科学是平等的,不应该有谁指导谁的关系

（2）中国要发展,必须坚持马克思主义,发展马克思主义

（3）马克思主义已经过时了,坚持它只会束缚人们的思想

（4）中国社会制度的思想理论基础应该是马克思主义

（5）马克思主义是经过历史和实践检验证明,唯一能指导中国革命和建设取得胜利的理论

22. 您对我国的廉政建设是否有信心

（1）非常有信心　（2）比较有信心　（3）没信心　（4）认为不可能

23. 您是否想加入中国共产党

（1）非常想　（2）有机会就加入　（3）不想　（4）没有考虑过

24. 如果您想加入中国共产党,那是为什么?

（1）中国共产党对我有感召力,加入可以提高自己的觉悟和能力

（2）别人都在入党,我也要入

（3）对以后的工作或事业有帮助

25. 您对我国一党执政、多党参政的政策有何看法

（1）是符合中国现在基本国情的

（2）是共产党巩固自己执政地位的手段

（3）对此不关心

26. 很多市政府前都立着"为人民服务",您觉得他们是

（1）表面工程,是为有钱人、有权人服务

（2）政府做得不够

（3）没有看法

27. 您是否对我国社会主义建设有信心

（1）有信心　（2）一般　（3）没信心

28. 您是否同意中国特色社会主义是全国各族人民的共同理想

（1）同意　　（2）不同意　　（3）说不清　　（4）其他

29. 在城市打工期间，您是否参加过政治活动

（1）是　　（2）否　　（3）不清楚　　（4）其他

30. 作为中华人民共和国的公民，您是否希望参加各种政治活动

（1）是　　（2）否　　（3）无所谓　　（4）其他

31. 作为社会的一分子，您的信仰是

（1）道教　　（2）佛教　　（3）基督教　　（4）伊斯兰教　　（5）没有

32. 您认为判断道德问题最主要的标准是什么

（1）大多数人的看法　　（2）权威人士的说法　　（3）传统标准

（4）是否损害他人　　（5）个人良心　　（6）说不清　　（7）其他

33. 在个人与他人关系上，您认可下面选项中的哪一种观点

（1）人不为己，天诛地灭　　（2）人人为我，我为人人

（3）遇事应该把方便留给别人，把困难留给自己

34. 在处理个人与集体的关系方面，您所持的态度是

（1）个人利益无条件服从集体利益　　（2）集体利益为主，兼顾个人利益

（3）个人利益为主，兼顾集体利益　　（4）集体利益无条件服从个人利益

（5）说不清

35. 下面选项中，您最不能容忍的行为是（不定项选择，限选三项）

（1）故意说谎欺骗别人　　（2）捡到财物归己　　（3）偷盗他人或公共财物

（4）为了得到自己利益而不择手段　　（5）不负责任　　（6）不守社会公德

36. 请问您对传统道德的看法是

（1）传统道德应该继承　　（2）传统道德已经过时　　（3）无所谓

37. 请问您认同下面哪一种道德观点

（1）人应该知足常乐　　（2）人怕出名猪怕壮

（3）积极进取，勇于创新和竞争是现代人不可缺少的

38. 您会扶起跌倒的老人吗

（1）会　　（2）不会　　（3）看情况　　（4）其他

39. 您的孩子路上遇到老人摔倒，您支持他扶还是不扶

（1）让孩子理智判断，再决定扶与不扶

（2）支持孩子去扶，这是起码的公德

（3）多一事不如少一事，不鼓励孩子去扶

（4）假装没看到他们

（5）其他

40. 在公共汽车上当您遇到老幼孕妇时，是否会给他们让座

（1）常常让座 （2）有时让座 （3）不让座 （4）假装没看到他们

41. 如果有同事出现困难，你是否会主动帮忙

（1）会 （2）不会 （3）看情况

42. 如果你有东西丢失，你是否相信会有人捡到还给你

（1）相信 （2）不相信 （3）不知道

43. 您认为新生代农民工的思想道德状况如何

（1）好 （2）一般 （3）差 （4）其他

44. 您觉得道德价值观更受

（1）自身的影响 （2）家庭的影响 （3）交友圈的影响

（4）学校教育的影响 （5）社会环境的影响

45. 对于从事公益事业和志愿工作，您的看法是

（1）往往被作为廉价劳动力，无法体现价值

（2）在求职时对自己有帮助，愿意参加

（3）有时间的情况下，参加一下无妨

（4）很有意义，愿意主动寻找机会参加

46. 您认为加强道德教育，最应该从哪方面着手

（1）课堂书本教育 （2）家庭渲染 （3）政府公共宣传

（4）个人参加实践活动

47. 您闲暇活动的主要内容是（不定项选择，限选三项）

（1）上网 （2）与同事或亲戚朋友聊天 （3）和朋友喝酒吃饭

（4）看电视 （5）睡觉休息 （6）逛街、散步 （7）看电影或录像

（8）打牌

48. 您平均每天的闲暇时间是（节假日、双休日除外）

（1）小于 2 小时 （2）2～4 小时 （3）4～6 小时 （4）大于 6 小时

49. 您每周用于闲暇消费的费用大概是

（1）200 元以内 （2）200～500 元 （3）500 元以上

50. 在闲暇活动中，您交往的同伴常常是（不定项选择，限选三项）

（1）老乡 （2）同事 （3）朋友 （4）同学 （5）亲戚 （6）包工头

（7）城市社区居民 （8）工会组织

51. 闲暇时，您是否愿意与城里人聊天

（1）愿意 （2）一般 （3）不愿意

52. 您觉得参加团体活动是否有意义

（1）很有意义　（2）没有意义，是浪费时间　（3）不清楚

53. 您认为闲暇生活的主要作用是什么

（1）得到放松　（2）做自己感兴趣的事　（3）没什么作用

54. 您是否规划过自己的闲暇时间，并按规划执行

（1）有规划并能实行　（2）有规划但不能实行　（3）没有规划

55. 您认为闲暇生活对您的生活质量影响如何

（1）影响非常大　（2）有一定影响　（3）影响不大　（4）没有影响

56. 您对您本人的闲暇生活的满意度是

（1）很满意　（2）基本满意　（3）一般　（4）不太满意　（5）很不满意

57. 您认为什么因素决定着您的闲暇生活质量

（1）经济因素　（2）个人因素，如个性、能力、兴趣爱好等

（3）环境因素，如场地、设施、氛围灯等　（4）合适的方式

（5）合适的同伴　（6）其他

58. 您认为理想的闲暇生活是怎样的

（1）可提供寻找伴侣的机会　（2）休闲娱乐　（3）锻炼身体

（4）静心思考　（5）休息放松　（6）拓展知识　（7）满足发展兴趣爱好

59. 您觉得公司重视你们的闲暇生活吗？

（1）不重视　（2）一般　（3）不重视

60. 您的消费主要用于什么，请选出前三位，并排序____，____，____

（1）伙食　（2）购物　（3）恋爱　（4）娱乐　（5）住房　（6）交通

61. 您在消费时会考虑哪些因素（可多选）

（1）时尚　（2）使用　（3）价格　（4）心情　（5）品牌　（6）其他

62. 您想买某样东西，但发现钱不够时，您会

（1）不买　（2）向别人借钱买　（3）攒够钱了去买

63. 您觉得自己每月的消费情况如何

（1）过高　（2）比较高　（3）合理　（4）节俭　（5）偏低

64. 您每个月大概消费多少钱（请填写具体数字）

（1）总支出_____元

（2）伙食_____元　（3）服饰_____元　（4）住宿_____元

（5）交通_____元　（6）休闲娱乐_____元　（7）文化消费_____元

（8）教育培训_____元　（9）人情消费_____元　（10）补贴家用_____元

65. 您对住房有什么需求（可多选）

（1）宽敞舒畅 （2）设施齐全 （3）交通方便

66. 您的消费支出占您收入的比例为

（1）30%左右 （2）50%左右 （3）70%左右 （4）80%以上

67. 您如何看待您身边的新生代农民工消费情况

（1）过高 （2）比较高 （3）合理 （4）节俭 （5）偏低

68. 您对您的消费状况满意度为

（1）很满意 （2）基本满意 （3）一般 （4）不太满意 （5）很不满意

69. 您通常在何种情况下消费

（1）非常需要此物品 （2）满足一时的消费欲望 （3）尝试新品

（4）其他

70. 您买一件商品时，会还价吗

（1）会 （2）不会 （3）偶尔会

71. 您和朋友一起出去玩，需要付钱时，您会选择

（1）AA 制 （2）你一个人付 （3）等朋友付 （4）看情况而定

72. 假设你某个月生活费快花完了，你会

（1）向父母要 （2）找朋友借 （3）节俭些

73. 如果您每个月生活消费有所增加，您会增加哪方面的消费（最多选两项）

（1）伙食 （2）交通或通信 （3）购物 （4）学习 （5）交际

（6）娱乐 （7）其他

74. 您在选择您从事的职业时所考虑到的最主要的因素是什么

（1）对这职业有兴趣

（2）自己选择的职业发展很快，前景很好

（3）反正能找到工作就好，还没有仔细考虑这个问题

75. 谁对您的职业选择有影响

（1）父母 （2）朋友 （3）恋人 （4）自己 （5）社会舆论

（6）政府政策 （7）其他

76. 您认为职业选择的有效途径是

（1）网络 （2）报纸刊物 （3）人才市场 （4）社会关系 （5）自荐

（6）其他

77. 您愿意去什么样的单位工作

（1）收入高但不稳定 （2）稳定但收入一般

78. 您是否了解您的就业优势或特长

（1）了解 （2）不太确定 （3）不了解 （4）没考虑

79. 您认为您能够胜任您理想中的职业吗

（1）完全可能　　（2）基本可以　　（3）有所欠缺　　（4）不能够

80. 如果您目前的能力知识不足以胜任您理想中的职业，您将怎么做

（1）加强学习　　（2）参加培训　　（3）考证

81. 请问您有阅读过有关职业生涯规划方面的书籍或者培训吗

（1）经常　　（2）偶尔　　（3）没有

82. 您是否清楚自己应该往哪些职业方向发展

（1）清楚　　（2）不太确定　　（3）没有考虑

83. 您对您的职业生涯做出过规划吗

（1）有清楚的规划　　（2）比较模糊　　（3）没有规划

84. 如果您有规划，您的规划属于哪种类型

（1）短期规划（2 年内）　　　　（2）中期规划（2～5 年）

（3）长期规划（5～10 年）　　　（4）人生规划（整体职业规划）

85. 您认为什么是影响您进行职业规划的最重要原因

（1）兴趣爱好　　（2）个人性格　　（3）父母期望

（4）发展前景　　（5）职位薪水　　（6）其他

86. 据您了解，您身边的其他新生代农民工对他们的职业生涯有规划吗

（1）有　　（2）不清楚　　（3）没有

87. 如果有机会，您愿意参加职业培训吗

（1）非常愿意　　（2）会参见　　（3）不会参加　　（4）没有考虑过

88. 您对自己的就业前景持何种态度

（1）乐观　　（2）一般　　（3）不乐观　　（4）其他

89. 与当地城镇人相比，您感觉在寻找工作方面是否受到了限制

（1）没什么限制，感觉与城镇人一样　　（2）有些限制，但不严重

（3）很多行业不让进入，限制很严重　　（4）其他

90. 您的择业动机是

（1）希望自己有更好的发展空间　　（2）赚钱养家

（3）向往追求城市生活　　（4）为社会发展做出贡献　　（5）其他

91. 您对工作的看法是

（1）工作能赚钱，让我生活得更好　　（2）工作能让我为社会做贡献

（3）工作能让我养家糊口　　（4）其他

92. 您对您现在的工作满意度如何

（1）很满意　　（2）基本满意　　（3）一般　　（4）不太满意　　（5）很不满意

93. 您现在的感情状况是

（1）还未有过恋爱经历　　（2）恋爱中　（3）曾经恋爱过，目前单身

（4）有恋爱的计划

94. 当您想要恋爱时，您会选择的恋爱对象是

（1）同学　（2）老乡　（3）一起打工的熟人　（4）同事　（5）网友

（6）其他

95. 您认为您最有可能以哪种方式进入恋爱

（1）和熟悉的朋友　　（2）通过网络或者社交　（3）等人来追　　（4）相亲

96. 如果您遇到了一个喜欢的人，您会选择主动去追吗

（1）一定不会，羞于启齿　　（2）一定会　（3）不一定，看喜欢程度

（4）不一定，看心情

97. 您对网恋持何种态度

（1）能接受　（2）不能接受　（3）看情况而定

98. 您如何看待异地恋

（1）异地恋不长久　　（2）异地恋好的话，也会在一起

（3）异地恋和恋人在身边没什么本质区别

（4）主要看人的性格，没什么固定套路

99. 您对同性恋持何种态度

（1）能接受　（2）不能接受　（3）看情况

100. 您认为恋爱一定要以结婚为前提吗

（1）是的　（2）不是

101. 如果分手，您会选择如何与过去的恋人相处

（1）完全不在乎，和对待朋友一样嬉笑打闹

（2）老死不相往来，不再交流

（3）见面会打招呼，但会觉得尴尬

（4）和仇人一样，处处针对报复

102. 婚姻大事，会听从父母的安排吗

（1）会听取他们的意见

（2）不会，自己很有主见和想法

（3）听从父母安排，父母都是为了我好

103. 您认为在当代社会，门当户对很重要吗

（1）是的，门当户对的夫妻有相同的价值观更容易交流

（2）不是，如果真的相爱，就不会顾忌这些外在因素

（3）不能确定

104. 您认为是什么维系婚姻的基础

（1）爱情　　（2）物质经济条件　　（3）权利和社会地位　　（4）门当户对

105. 您如何看待婚前性行为

（1）贞操观太过传统，婚前性行为很正常

（2）贞操观是传统美德，不应该有婚前性行为

（3）看情况，没什么是绝对的

106. 您会在何种经济条件下结婚

（1）双方父母赞助　　（2）经济独立后　　（3）不清楚

107. 您觉得哪种因素是促使你结婚的最重要原因

（1）真心相爱　　（2）经济利益　　（3）繁衍后代　　（4）家人期望

（5）其他

108. 对于择偶标准，您最看重什么

（1）对方的人格品质　　（2）对方的家世背景和社会地位

（3）对方的外表　　（4）对方的能力和学历　　（5）对方的工作和收入

（6）对方能否得到自己父母的认可　　（7）其他

109. 您是否接受裸婚

（1）会　　（2）不会　　（3）看情况

110. 您认为从恋爱到结婚多长时间比较合适

（1）1 年以内　　（2）1～2 年　　（3）3～4 年　　（4）5 年以上

111. 您理想的结婚年龄是

（1）20～23 岁　　（2）24～30 岁　　（3）30 岁以上　　（4）其他

112. 您的生育意愿是

（1）20～24 岁　　（2）25～29 岁　　（3）30～35 岁　　（4）其他

113. 当您想要生育时，请问您的性别期待是

（1）生男生女都无所谓　　（2）想要个男孩　　（3）想要个女孩

114. 关于未来的职业规划，在下列选项中您的选择是

（1）回乡务农　　（2）回乡创业　　（3）在城市做生意

（4）继续打工　　（5）向高薪行业、职位发展

115. 您对目前社会就业形势的了解有多少

（1）比较了解　　（2）非常了解　　（3）不了解

116. 你认为影响你未来发展的最大困难是

（1）没有城市户口　　（2）知识技能缺乏　　（3）学历低　　（4）年龄危机

117. 你对你未来发展的预期态度

（1）很乐观　（2）乐观　（3）不乐观　（4）很不乐观

118. 造成你工作流动的原因是什么

（1）管理方式不适应　（2）工作条件差　（3）工资被拖欠

（4）收入低　（5）遭受各种歧视

（6）不喜欢在一个地方待太久，换个环境　（7）其他

119. 生活中遇到麻烦时会找谁帮忙？

（1）当地政府或街道等组织机构　（2）老板　（3）老乡或同事

（4）自己解决　（5）党组织　（6）工会组织　（7）团组织

120. 您觉得您是？

（1）城市人　（2）工人　（3）农民工　（4）农民　（5）不清楚

调查至此结束，衷心感谢您的合作!祝您不断进步，生活愉快!

后 记

　　新生代农民工是在改革开放下成长起来的新一代群体，大量从农村涌入城市，已经成为农民工的主体，并必将成为产业工人的主体。目前新生代农民工在价值观上表现出有别于传统农民工的新特征、新诉求和新问题。新生代农民工的这些新特征、新诉求和新问题直接决定着我国经济、政治和社会的稳定与发展。党和政府应高度重视愈演愈烈的"民工荒"问题，这既是事关国家发展大局的紧迫问题，也关乎着农民工家庭的幸福及其个人的发展。

　　第一，"民工潮"自 1989 年出现以来，突破了数十年牢不可破的城乡二元分割制度，是当代中国最具爆炸性的社会问题和经济问题之一。"民工潮"导致劳动力在地域、城乡发展及社会转型上都有所变化，反映出中国数量庞大的农民群体的社会流动轨迹。"民工潮"使我国城乡关系出现新的变化，折射出传统的农业大国向工业化迈进的历程，对整个社会结构产生了革命性的影响。对于"民工潮"现象，目前尚存在着许多争议。有人认为它是"盲流"，冲击了城市社会，扰乱了社会秩序，加剧了交通紧张，必须加以限制；有人认为它是经济发展的正常现象，可以促进社会进步。因此，对于"民工潮"问题，必须根据农村改革和经济发展的客观情况，站在现代化建设全局的高度，进行客观、公正、辩证的认识和评价。

　　第二，"民工荒"在一定程度上说明：越来越多农民工的权益意识在全面觉醒，他们"饥不择食"找工作的时代将逐渐消失；从生存理性向经济理性和社会理性过渡是农民外出就业理性选择与跃迁的鲜明体现。

　　第三，当今我国农民工内部已经产生了较大的代际分化，农民工已不再是一个高度同质的群体。新生代农民工逐渐成为农民工群体的主体。正是新生代农民工崭新的价值观加剧了"民工荒"的形成和发展。因此，在民工荒视域下，理解新生代农民工价值观问题必须置于具体的制度和环境背景中进行考察。

第四，新生代农民工价值观现状总体上是积极的，但也呈现出矛盾多样化、潜在冲突性等特征。对于新生代农民工而言，其特殊的务工经历都会或多或少地影响到他们对社会和自我的价值认知，其价值认知具有多元化特征，表现出价值认知与价值情感的矛盾。由于不稳定性和流动性特征，在认识价值关系时，新生代农民工在抽象层面上得到的是一种价值认知；但各种正确的与错误的、积极的与保守的价值观在新生代农民工内心交织，使其正确的价值认知未必能转化为正确的价值行为，从而出现价值认知与价值行为倾向的矛盾。

第五，民工荒视域下新生代农民工价值观现状备受制度、环境、主体的影响。在制度影响方面，城乡二元结构体制的壁垒使得新生代农民工在就业环节上始终处于弱势地位。在环境影响方面，社会急剧转型带来的复杂多变的形势使新生代农民工处于希望与危机并存、成功与失败同在的心理困惑和心理紧张之中，常常感到无所适从。在主体影响方面，随着社会主义市场经济体制逐渐取代计划经济体制，主体意识空前觉醒后的新生代农民工开始对过去一切陈旧的价值观念进行深刻反思和重审，他们意识到自己存在的价值，其价值观也从一元价值观转向多元价值观。另外，由于先赋角色和自致角色之间的冲突，新生代农民工既对自己农民身份不认同，同时也对自己城市人的身份不认同，出现对其自身认识十分模糊的现象。

第六，新生代农民工市民化中的价值观引导涉及多头多重多场的结构，是一个庞大的社会系统。解决当前"民工荒"问题的根本之举，需要在政策、组织、制度上赋予新生代农民工更多的权利，需要从政府、企业、社区、城市层面去寻找引导新生代农民工价值观的对策和途径，充分发挥好新生代农民工的主体性。

"在一定的物质基础上，思想掌握一切，思想改变一切。"民工荒视域下的新生代农民工价值观问题是一个内涵丰富的有机体系。它全面反映了在工业化、城镇化、现代化进程中，新生代农民工对社会、自身的认知、情感、信念及由此而采取的行为，因此它既是一种意识范畴，更是一种实践范畴。正确认识民工荒视域下的新生代农民工价值观这一问题必须坚持反思性研究。同时，我们应该看到，价值观是与理想、信念联系在一起的，且是通过价值认知、价值判断和价值选择来对现实产生影响的。一个社会要达到达成社会共识、增进社会团结的目的，只能在全体公民中建构起更为积极、有机的价值认同。在这个意义上说，科学引导新生代农民工价值观有助于解决困扰我国经济社会发展中的民工荒问题。

本书是国家社科基金项目"'民工荒'视域下的新生代农民工价值观研究"

和河南省教育厅哲学社会科学基础研究重大项目"城镇化进程中农民工市民化的基础理论研究"的阶段性成果。本书的出版得到科学出版社领导的大力支持，几位编辑为本书的出版付出了艰辛的劳动，在此表示衷心的感谢！

笔者的妻子张莉参与了本书的资料收集工作，爱女李博洋更是给了笔者坚定的信心，对笔者完成此书给予了极大的鼓励。在写作的过程中，笔者参考并引用了许多专家和学者的研究成果，在此表示衷心的感谢；参考文献若有遗漏，也恳请谅解。

由于笔者水平所限，书中难免有不足之处，敬请广大读者批评指正。

李贵成

2016 年春天于郑州